スタンフォード
行動デザイン研究所
の自分を変える方法

習慣超大全

TINY
HABITS

The Small Changes
That Change Everything

BJ FOGG, PhD

BJ・フォッグ 著
須川綾子 訳

ダイヤモンド社

TINY HABITS

by

BJ Fogg, PhD

私の探求心を刺激してくれた
素晴らしい人たちへ。

INTRODUCTION

変化は簡単に起こせる(しかも楽しい)

小さいことは強力だ。

少なくとも、大きな変化を起こす手段としては。

私は20年にわたり、食生活の改善、ダイエット、運動量の増加、ストレスの軽減、睡眠の質の向上など、「何らかの変化」を起こしたいという誰にでもある願望と向き合ってきた。

また、私たちはよりよい親やパートナーになりたいと願っている。生産性や独創性を高めたいという思いもある。

しかし、メディアで伝えられ、また私のスタンフォード大学での研究によっても裏づけられているように、今日の社会では、肥満、不眠症、ストレスは深刻な悩みであり、行動に関する理想と現実には痛ましいほどのギャップがある。

その原因はさまざまだ。

ところがたいていの人は、問題の原因は自分にあると思っている。

「悪いのは自分だ！　もっと運動すべきなのにサボってる。自分はなんてダメなんだ！」

そんな文化的メッセージにがんじがらめになっている。

そこで私は言いたい。**あなたは悪くない**、と。

そして、前向きな変化を起こすのは、あなたが思っているほど難しくない、と。

「やり方」がすべてを決める

あなたはこれまでずっと、あやふやな俗説や誤解、善意であっても非科学的な助言に惑わされ、失敗してきたかもしれない。

自分を変えようとしたのに結果につながらなかった経験があると、変わるのは難しいとか、自分にはやる気が足りないと思い込むようになる。

しかし、それはどちらもまちがいだ。

問題はあなたではなく、アプローチにある。

こう考えてみよう。イスを組み立てようとしても、説明書にまちがいがあって、しかも部品が欠けていたら、苛立（いらだ）ちが募（つの）るばかりで完成するはずがない。

だが、そのときはきっと、自分を責めたりはせず、メーカーを責めるのではないだろうか。

ところが、行動の変化に失敗したときは、アプローチ法の設計者を責めることはない。あなたは自分自身を責める。

結果が期待どおりにならないとき、自分の心の中の「批評家」が、何が原因で、どんな手順を踏んだのかと振り返る。

私たちは、生産性の向上、ダイエットや定期的な運動を実現できないと、自分自身に何らかの欠陥があると考える。

「自分がもっとちゃんとしていれば失敗しなかったのに」
「計画にきっちり従うか、自分との約束を守るかしていれば、うまくいったはず」
「もっと自分を鼓舞して、次はうまくやらなくては」

そう思うのではないだろうか？

けれど、それはちがう。そうではない。私たちに欠陥があるわけではない。

まちがっているのは変化に向けた「アプローチ」だ。

問題は「設計」の欠陥であって、「人格」の欠陥ではないのだ。

「数値目標」も「自分へのごほうび」もいらない

習慣を身につけて前向きな変化を起こすのは難しくない。ただし、「最適なアプローチを使えば」の話だ。

必要なのは、**「人間の心理に逆らわない手順」「変化を容易にする工夫」「推測や誤った原理に頼らない道具立て」**である。

効果的な習慣をデザインして行動を変えるには、3つのことを実行すべきだ。

1. 自分自身を裁くのをやめる。
2. 目標を決め、「小さい行動」に分解する。
3. 過ち（あやま）を発見として受け入れ、前進するために役立てる。

こんなことを言われてもぴんとこないかもしれない。

なぜなら、**多くの人にとって「自己批判」が習慣になっている**からだ。そんな人は、自然と自分を責めるように思考が流れていってしまうのだ――雪上のそりが踏み固められた斜面を滑り落ちていくように。

だが、本書のメソッドである「タイニー・ハビット」のプロセスに従えば、別の道を選べるようになるだろう。

自信喪失のわだちはすぐに雪で覆われ、やがて新たな道がいつもの経路になるはずだ。

それにはあまり時間はかからない。タイニー・ハビットを身につければ、居心地の悪さを感じることなく、心地よく、しなやかに変化できる。

「忍耐力」などいらないし、「数値目標」を設定することも、「自分へのごほうび」も不要だ。「期限」を設定する必要もない。

そうした**誤ったアプローチは、習慣というものの本質に寄り添っていないため**、変化に向けた確実な手段にはならない。それどころか、うまくいかずに気を滅入らせてしまうものだ。

「インスタグラム共同創業者」も学んだ原則

本書では、変化につきまとう不安に別れを告げる。さらには、「いまの自分」と「なりたい自分」とのギャップを簡単に、楽しく埋める方法を指南する（どんなに大きなギャップでも問題ない）。

本書で伝える手順には「根拠」がある。

私は長年にわたって研究と改良を重ねながら、４万人以上を対象に実験を行ってきた。毎週のように被験者たちに直接指導し、タイニー・ハビットがうまく機能することは実証済みだ。

本書では、かつて私のもとで学んだ**インスタグラムの共同創業者が、画期的なアプリをつくろうと研究した「人間の行動原則」**についても紹介する。あなたも同じ原則を用いれば、自分の人生に、そして他者の人生にも、画期的な変化を起こせるだろう。

しかも何よりもいいのは、楽しめることだ。自己批判を捨てれば、あなたの行動は自己発見の楽しい旅になる。実際のストーリーを学びながら探求を楽しむことが成功への道となるはずだ。

これが「行動デザイン」の世界だ

――人間の行動を変えるシンプルな方法

行動デザインの世界へようこそ！

これは私が考案した包括的なシステムであり、**人間の行動について明晰(めいせき)に捉え、人生を変えるシンプルな方法をデザインする**ことを目的としている。

行動デザインに関する私の初期の研究は、イノベーターたちが多様な製品を創造する力になった。何百万もの人々が健康増進や貯金、車の運転の効率化といった目的のために、毎日利用する製品だ。

ビジネスの分野でこの手法が見事に解決策を導き出すのを確認したあと、私は個人に焦点を移した。**自分自身の行動を変えるにはどうすればいいのだろう**、と。人々が自分について変えたいと思っていることに着目したのだ。

そこで鏡をのぞき込むと、改善できることがたくさんあった。

私は熱心な科学者なら誰もが一度や二度は経験のあることに取り組むことにした。つまり、自分を実験台にしたのである。

まずは自分の生活に取り入れたいと思う行動について試行錯誤した。

ばかげているように見えて、かなり効果的な行動もあった。たとえば、「トイレから出るたびに腕立て伏せを2回する」というような。

合理的だと思えたのに、まるでうまくいかないこともあった。たとえば、「毎日、昼食にオレンジを食べようとした」のだが、これは挫折した。

うまくいかないときは、かならずその行動の構造を振り返り、何が起きたのか分析した。**すると、「パターン」が浮かび上がってきた。**

私は直感に従って試し、失敗したらもとに戻ってと、試行錯誤の工程を何度もえんえんと繰り返した。

「変化の維持」も自然にできる

私は行動科学者だが、自分自身の生活となると、習慣を身につけるために正しい方法を学習しなければならなかった。それは私にとって当たり前のことでも、自然なことでもなかった。意識して行わなければならないプロセスだったのだ。

それでも練習によって、**弱みを強みに変え、6か月後には人生が大きく変化していた。**体重が9キロ減り、前より健康で強くなったように感じた。かつてないほど生産的に、そして効率よく仕事ができるようになった。

朝食には卵とほうれん草を食べ、午後のおやつにはマスタードをつけたカリフラワーを食べるようになり、自分にとってよくない食べ物は退けた。朝は気分を高める習慣で一日を始め、睡眠の質を高めるために生活と環境をデザインし、うまくいかないときはデザインを修正した。

私は紆余曲折（うよきょくせつ）を経てそこまで到達し、**変化する力が高まり、自分の勢いが増す**のを実感した。そして、いくつもの新たな習慣（ほとんどは小さい習慣（タイニー））を身につけていくうちに、それらが融合して大きな変化につながった。

変化を維持するのは苦痛ではなかった。私の生み出した方法による変化の達成は、自然なことであり、不思議と楽しく感じられた。

私は実験の結果に勇気づけられ、2011年からほかの人たちにもこのメソッドを伝えるようになった。そして、**このアプローチが誰にとっても有効であり、実践する人々の人生が変わることを確認した。**

私が驚き、うれしく思うのは、行動デザインの世界で始めた気まぐれな自己分析が、「タイニー・ハビット」という裏づけのある手法へと成長したことだ。自分を変えるのにもっとも手っ取り早く、簡単な方法である。

「永続的な変化」を起こす方法は3つしかない

先に進む前にひとつはっきりさせておきたい。

「行動を確実に変えるには、情報だけでは不十分」ということだ。

これはよくある誤解で、多くの専門家たちでさえ誤解している。「正確な情報を提供すれば、人は考えを改め、結果的に行動も変わるだろう」という思い込みを、私は「情報と行動の誤謬(ごびゅう)」と呼んでいる。

多くの製品やプログラム、善意の専門家たちが、人々を変える手段として「教育」を試みる。専門家が集まる会議ではこんなことが言われる。「人は事実さえ知れば、変わるものだ!」

だがあなたも自分の経験を振り返ってみれば、情報だけでは人生を変えられないと納得できるだろう。

そしてもちろん、それはあなたのせいではない。

私は2009年から行っている「習慣の形成」に関する研究の中で、**永続的な変化を起こす**

ためにできることは3つしかないと気づいた。

「天啓を得る」か、「環境を変える」か、あるいは「小さなところから習慣を変える」かの3つだ。

自力で（または他人の力でも）本物の天啓を得るのは不可能に近い。魔法の力でもないかぎり（私にはない）、この選択肢は取り得ない。

だが心配はいらない。

ほかの2つの選択肢は、適切なプログラムに従えば、永続的な変化へと導いてくれる。

そしてタイニー・ハビットは、環境と小さなステップの威力を最大限に引き出す手段になる。まずは「前向きな習慣」の形成が出発点となるが、その中でも小さい習慣は、はるかに大きな習慣を育てるカギとなる。

小さい習慣がどう機能し、なぜ機能するのかを理解すれば、大きな変化を起こせるようになる。そして**望ましくない習慣をやめられる**ようになる。最終的には、マラソンを完走するといった大きな目標まで達成できるようになるだろう。

あなたが遭遇する「行動変化」の筋書きは無限だが、私はあなたがどんな局面でも乗り切れるように案内するつもりだ。

タイニー・ハビットのポイントは、次のとおりだ。

〈あなたが望む行動を1つ選び、それを「小さい行動」に分解し、生活の中で自然に組み込め

る場所に植え、成長させる〉

長期的な変化を望むなら、小さいことから始めるのが最善だ。これからその理由を説明しよう。

「時間がない」人でもできる

時間──。それは十分にあったためしがなく、私たちはいつも「もっと時間があれば」と嘆いている。車の中でしけったハンバーガーを食べ、子どもたちとビーチで過ごしながら電話会議に参加する。それもこれも時間に追われているからだ。

そのプレッシャーがもたらすのは、焦燥感だ。いつになっても「時間がない」と焦り続け、「前向きな習慣を身につける余裕なんてない」とあきらめ、変化に対する拒否反応を示している。「1日30分の運動?」「毎晩健康的な夕食をつくる?」「毎日、感謝の気持ちを日記に綴る?」とんでもない。そんな時間がどこにある?

そんな人生を楽にするには、時間のかからない「小さいこと」から始めるしかない。

タイニー・ハビットでは、**30秒もかからずにできる「小さい行動」**に的を絞る。

小さい行動はすぐに生活に取り入れることができ、やがて自然と大きく成長していく。小さいことから始めれば、時間的な負担を気にせず、大きな変化への第一歩を踏み出すことができるのだ。

タイニー・ハビットでは、「3つのとても小さい行動」から始めることを推奨している。あるいはたった1つでもかまわない。

ストレスが多く、時間がない人ほど、この方法は適している。

健康的な習慣を身につけたいとどんなに願っても、大きなことから始めると継続するのが難しく、新しい習慣はなかなか定着しない。人生において、小さいことは最良の選択肢であるだけでなく、唯一の選択肢といえるかもしれない。

「いますぐ」始められる

小さいことは、あなたが自分自身と人生に向き合えるようにサポートしてくれる。

小さいことは、いますぐ始められる。

人生が絶望的な悪循環に陥っているときでも、それなりに順調だがストレスが大きいようなときでも、現状に合わせられるのだ。

誰もがそれぞれ、対処すべき生活環境や望ましくない思考のあり方、前進を阻止する心理的な癖を抱えている。それについて失望し、情けなく思うのも、小さい習慣を実践してその流れ

私のレシピ

これをしたら……	これをする	習慣を脳に定着させるため実行後すぐにこれをする
目を覚まして床に足をつけたら、	「今日は素晴らしい日になる」と声に出して言う。	

を断ち切るのも、あなた次第だ。

本書では、具体的な習慣を推奨するつもりはない。私が伝えるのは、あなたが望む何らかの習慣を身につける方法だ。習慣を選ぶのはあなただ。

それでも、ここでは特別に、ある新しい習慣を練習してみよう。毎朝起きたら最初にする、とても簡単なことだ。**3秒くらいしかかからないこの習慣を、私は「マウイ習慣」と呼んでいる。**

朝起きて床に足をつけたら、まずこう言ってみよう。

「今日は素晴らしい日になる」

ただそれだけを声に出して言い、楽観的で前向きな気分になるように心がける。

タイニー・ハビットの**「レシピカード」**のフォーマットで表現するなら、上のようになる。

私は何年ものあいだ、大勢の人たちにマウイ習慣を推奨し、素晴らしい成果を確認してきた。もちろん、私の人生にも効果があった。マウイ習慣を実践すれば、よりよい未来に向けてすぐに、そしてほとんど努力なしにスタートを切ることができるだろう。

人によっては、「今日は最高の日になるぞ」というように少し表現を変えている。自分にとって効果的に思える言葉があるなら、自由にアレンジしてほしい。

また、**「朝起きて鏡に向かったとき、決まった言葉を口にする」**など、タイミングをアレンジしてもいい。もっとも、これは私の場合はまったくうまくいかないが（そもそも鏡は見ないようにしているからだ。困ったものだ！）。

私は毎朝マウイ習慣を実践するとき、声を出す前に少し間を置いている。起きた瞬間はぼんやりしているし、言葉の意味をしっかりと感じたいからだ。

もし**「そんな習慣を実践したくらいで素晴らしい日になるわけがない」と思っていても、ぜひ声に出してやってみてほしい。**

私はひどく疲れていたり、打ちのめされていたり、その日に心配事が待ち受けていたりする朝でも、欠かさず口にしている。ベッドの端に座った瞬間、楽天的になろうと努めている。

それでも空々しく感じるときは、セリフと言い方を少し調整して、こんなふうに言う。

「今日は素晴らしい日になるぞ、少しくらいは」

不思議なことに、私にとっては最悪の日でさえ効き目がある。心配事が待ち受けている日でも、この言葉を口にすると、実際にいい一日を過ごせる扉がほんの少しだけ開く気がする。

たとえ疑わしそうな声で言ったとしても、効果はある。実際、私自身、ほとんどの日はほんの少し疑わしい気持ちで言っている。

マウイ習慣については、**毎朝3秒でできる簡単な習慣の練習**だと思って実践してみよう。

そうすれば、第一歩を踏み出すことがどんなに簡単か実感でき、行動変化における唯一最大のスキル、つまり自己肯定感の習得に役立つはずだ。

「失敗」があり得ない

私の親友の一人に、ウィラという名の娘がいる。

生後18か月のウィラは歩き始めて間もないため、まだ足元がおぼつかない。

ある日、ウィラがわが家の庭で私の愛犬ミリーを追いかけて走りまわっていたときのことだ。私はウィラが何度もつまずいて転ぶのを目にした。よちよち歩きの幼児にとって、縁石を登り、排水溝の鉄格子の蓋(ふた)の上を歩くのは大変だ。ウィラはあちらこちらで泣き声を上げたが、どこもケガはしていなかった。そして何度もまたミリーを追いかけはじめた。

もしいまの私が歩き方を学びはじめたばかりだとして、舗装された道で転んだらかなりのケガをするだろう。身長が180センチ以上の私が転んだら、ウィラのようにはいかない。

新たな行動の習得にも同じことがあてはまる。たとえば、あなたが一度もヨガをしたことがなくて、これから始めるとしたら、どの段階から始めるか、いくつもの選択肢がある。

太陽礼拝のポーズを一度だけすると決めてもいいし、近くのスタジオで1か月無制限で通えるコースに申し込むことも、フライトを予約してインドへ1週間の修行の旅に向かうこともできる。

どれを選ぶかで、投資する時間も資金も、期待も大きく異なる。

だが**ヨガマットに足をつけたこともないのに、インドに旅立つ人はめったにいない。**なぜか？　私たちは生まれながらにして、脳のもっとも原始的な部分で、それはリスクが高すぎると判断できるからだ。

それと同じく、**何か新しいことを始めようとしても、あまりに壮大な計画だと困難に感じる。**

私がサーフィンを始めたばかりで、マウイ島のコーブ・パークの穏やかな波でも苦労するようなら、島の反対側の本格的なサーフスポットで大波に挑もうとは思わない。そんなことをしたらケガをして、ちょっとした波でもすっかり自信を失いかねない。コーブ・パークにとどまるのが賢明だ。

小さい習慣ならリスクを心配する必要はない。

小さければ人に知られることもない。目立たずに変化に向けた行動を始められる。誰もとやかく言わないだろう。だからプレッシャーも少ない。

小さい習慣の計画はひじょうに柔軟であるため、感情的なリスクも排除できる。小さい習慣に大きな失敗はない。**ちょっとつまずいても、また立ち上がればいいだけだ。**まだ習慣を身につけようとしている途中なのだから。

自然と大きく「成長」する

私はこれまで習慣を大きく育てる方法を模索してきた。

約20年間の研究の結論として得られたのは、**着実かつ持続的な唯一の方法は「小さく始める」こと**だという事実だ。

かつての私の教え子エイミーは専業主婦をしながら、教育メディア事業を立ち上げようとしていた。自分で事業を始め、好きなことを仕事にするという考えはスリルに満ちていた。

ただし、考えるべきことが山積みだった。社員を雇い、仕事場にする賃貸物件を探し、税金関係の規則を理解する。それなのに彼女は、契約交渉などの重要なことは先送りにして、ロゴのデザインなど自分の好きな作業に打ち込んでいた。

やがて事業計画を立てる時間がなくなり、冒険的な計画が自分の手の中で崩れつつあると気づいたとき、彼女は呆然とした。

事業を立ち上げたいエイミーは、大きな問題に向き合うべきだと改めて自分に言い聞かせた。ところが、そう考えてから数か月が過ぎても、計画は少しも前進しなかった。

エイミーを阻んでいたのは変化をめぐる神話だった。世の中に蔓延している**「中途半端は許されない」**という考えだ。

私たちの文化は、「すぐに得られる達成感」に支配されている。段階的な進歩のための努力は荷が重く、苛立ちさえ感じてしまう。

しかし現実には、有意義な長期的変化を育むには、段階的に前進することが不可欠だ。

エイミーはタイニー・ハビットと出合い、**巨大なクジラを食べる最善の方法は「一度にひと口ずつ」口に運ぶこと**だと気づいた。

エイミーは中途半端は許されないという考えを捨て、小さく進むことにした。

毎朝娘を幼稚園まで連れていったあと、道端に車を停め、すべきことを1つ付箋に書くようにした。

たった1つだけ。それも簡単にできることだ。「営業のメールを1通送信する」「企画会議の予定を立てる」「プレゼン資料を1つ作成する」……。

「作業を1つだけ書くこと」にエネルギーを集中するという単純な行動は、彼女を終日前進させる連鎖反応を引き起こし、最終的に会社は見事に離陸した。

車のダッシュボードに貼った付箋をはためかせながら帰路につく彼女には、自己肯定感が寄り添っていた。帰宅して車を停め、鮮やかなピンクの付箋を手に取ると、すぐに達成できる成功を手にするため、そそくさと家に入るようになった。

ほんのひと口かじるだけの**「たった1つの行動」は、初めのうちは無意味に感じるかもしれない。**しかし、それはあなたがより大きな課題や、より素早い進歩を達成するのに欠かせない勢いをつけてくれる。気がついたとき、あなたはクジラを食べ尽くしているのだ。

「やる気」や「意志の力」を使わない

行動の変化に関して世間で言われていることの多くは、あなたを誤った方向に導いている。だから十分な警戒が必要だ。よく引用される学術論文でさえ、現実の世界では人々の生活を変えるのに役立たないものが多い。

ご存じのように、やる気や意志の力についてはメディアでもさかんに取り上げられる。多くの人がこれらの能力を強化し、持続力を高める方法を探している。しかしながら、**やる気も意志の力も、その性質上、移ろいやすく、あてにできない**ものだ。

一例を紹介しよう。シカゴ出身のジュニは、私がこれまでに会った誰よりも変わりたいと望んでいた。彼女の砂糖中毒は健康や仕事に悪影響を及ぼしていた。

彼女は早朝のラジオ番組の司会者として目まぐるしいスケジュールに追われ、いつも猛烈に忙しかった。昼食はきちんと取らず、スターバックスのキャラメルマキアートですませるのが常だった。放送中は張り詰めた空気の中で過ごすため、そのペースを維持するには砂糖が欠かせないと思っていた。

ジュニは私と出会う数年前に、母親を糖尿病で亡くしていた。それが警鐘になればよかったのだが、彼女はますますアイスクリームを食べて苦痛を紛らわそうとした。

夏のあいだに体重が7キロ近く増えた。ほどなくして、彼女の姉妹が二人とも糖尿病と診断され、やはり糖尿病を患(わずら)っていた祖母が亡くなった。

彼女は何年ものあいだ自分の砂糖中毒を「甘いもの好き」ですませていたが、ようやく危機的な状況にあると自覚した。**彼女は自分をコントロールする力を失っていた**のである。

ジュニは砂糖を退けるのは意志の力の問題で、自分は「ノー」と言えるほど強くないのだと考えていた。これは彼女にとって腹立たしく、理解しがたいことでもあった。なぜなら、自分は並外れて意志が強いと思っていたからだ。でなければラジオの人気番組の司会など務まるはずがない。

ところが、**悪習を解消するのは意志の力だという考えはまったくの誤り**だった。

ジュニは仕事の関係で私の「行動デザイン・ブートキャンプ」に参加する機会があり、その後すぐに自分の生活を見つめ直し、砂糖への依存は性格上の欠陥ではなく、デザインの問題だと気づいた。やる気に波があるのは自分のせいではなかった。精神的な弱さではなかったのだ。**シンプルなことこそが行動を変える。**

行動デザインのカギとなるこの考え方を理解したジュニは、小さい習慣をつくることにした。大それたことではないが影響力は大きく、砂糖への依存を解消するのに役立つ習慣だ。**環境を見直し、大好きな甘いお菓子をほかのものに切り替えた。**セロリやニンジンのスティックなど魅力のないものではなく、砂糖の量は少なくてもおいしいお菓子だ。そうやって砂糖を求める気持ちを締め出し、それを抑えるような運動と食事の習慣を養った。

そしてこれが何よりも大切なことだが、ジュニは新たな習慣を取り入れようとするとき、おおらかな気持ちと自分を労(いたわ)る姿勢を保つようにした。

甘いものを手に取ってしまうこともあったが、それを性格上の欠点とはみなさず、**アプローチの仕方を改善するのに役立つメッセージ**と捉えた。

やる気や意志の力といった援軍の頼りなさを考慮するなら、変化は小さなものにとどめ、期待を低く保つことがデザインのポイントとなる。小さいことは実践しやすい。つまり、あてにならないやる気に頼る必要はないということだ。

どんな小さな成功も「祝福」する

タイニー・ハビットでは、どんな小さな成功も「祝福」する。

これは神経科学に基づき、「意識的な行動」を「無意識の習慣」へと短期間で転換できるテクニックだ。

うまくいったという感覚が新たな習慣を取り入れる原動力となり、継続への意欲をかきたてる。私は毎週のように、具体的な成功事例をデータの中に発見している。

だがそれだけではない。「祝福」は、人生を心地よいものと感じられるテクニックでもある。自分を責めるのをやめて「ほめる」力を身につけることで、人生を好転させるための揺るぎない基礎を育むことができるのだ。

タイニー・ハビットの構造

❶アンカーの瞬間

すでに習慣となっている日課（歯磨きなど）や、何かが起きたとき（電話がかかってきたときなど）。**この「錨（アンカー）」によって、「小さい行動」をすることを思い出す。**

❷ **小さい行動**

身につけたいと思う新しい習慣を簡単にした行動。たった1本の歯をフロスする、腕立て伏せを2回だけ行う、といったこと。**「アンカー」の直後に、この「小さい行動」を実践する。**

❸ **祝福**

ポジティブな感情を生み出す行動。たとえば「よくできた!」と自分に言う。**「小さい行動」を取った直後に自分を「祝福」する。**

すべての行動が起こる理由は「同じ」である

ある朝、私はベッドにとどまり、「ささやかな一歩」というものについて徹底的に掘り下げてみようと考えた。

そして最初に突き止めたのが人間の行動の仕組みだった。

謎を解くカギを見つけるには、10年も行動観察をしなければならなかったが、2007年にある発見をした。答えは驚くほど単純だった。

それまで誰も気づかなかったことが不思議なくらいだったが、いまでは謎というのは、なぜなぞに似ていることがあると考えている。答えを知らないうちは難しすぎて歯が立たない。ところがひとたび答えを知れば、何でもないことに思えるのだ。

私が発見した法則を応用すれば、行動の背景にあるものを読み解くことができる。

そして、どんな行動でも同じように扱える。

歯ブラシを新しい決まった場所に置く。朝食前にかならず食洗機の中の食器を棚にしまう。夕方に庭の水やりをする。朝、コーヒーを入れるときにスクワットを2回する。水曜日にゴミを出す。タバコを吸う。タバコを吸わない。時計で時刻を確認する。スマートフォンで時刻を確認する。午前3時にインスタグラムをアップする。夫が仕事から帰ってきたらキスをする。ベッドを整える。ベッドを整えない。チョコレートを食べる。チョコレートを食べない。この本を読む。この本を読まない。あなたが何年ものあいだ身につけようとしてきた習慣。あなたが何年ものあいだやめようとしてきた習慣——。

これらの行動の中には望ましい習慣もあれば、そうでないものもある。

私が突き止めたのは、

「あらゆる行動が同じ構成要素によって生じている」

ということだ。

そして各要素の関係が私たちのあらゆる行動と反応を決めている。それらがまさに人間の行動の「原料」にほかならない。

本書では私が考案した行動デザインのモデルを紹介する。それは行動について明晰に考える手助けになるはずだ。また、**あなたが習慣をデザインしていくための手順**も説明する。

本書のモデルとメソッドの一覧をまとめた表については、550ページを参照していただきたい。

私が紹介するモデルとメソッドは、行動科学の研究と関連分野のエビデンスに裏づけられている。出典についてはウェブサイトをご参照いただきたい(https://tinyhabits.com/references/〔英語〕)。

行動の構成要素を調整する方法を知れば、**人生に必要なあらゆる行動変化を推進できるようになる**。あなたはもう、袋小路に迷い込むことはなく、自分の望むどんな人物にもなれる。

そんなことを言われてもとても信じられず、やや戸惑うかもしれないが、心配はいらない。私があなたに寄り添い、何千人もが人生を変える手助けをしてきた経験から学んだことをお伝えする。

では、どこから始めるべきか？　まずは謎を解くカギから説明しよう。

名づけて**「フォッグ行動モデル」**である。

「タイニー・ハビット」を始めるための小さなエクササイズ

タイニー・ハビットを習得する最良の方法は、すぐに練習を始めることだ。先延ばしはいけない。まずはすでに述べた「マウイ習慣」から始めよう。

加えて次のエクササイズにも取り組んでもらいたい。

ここでは**パーフェクトを目指さないように。**代わりに、ハビティア（タイニー・ハビットの修業をする人）たちの姿勢を取り入れよう。

それは**「まずは飛び込んで、進みながら習得する」**というものだ。ストレスを感じたり、神経質になったりせずに、柔軟に楽しもう！

エクササイズ① 「フロスの習慣」を定着させる

歯をフロスする方法はわかりきっている――すべての歯にフロスをかける。

私のレシピ

これをしたら……	これをする	習慣を脳に定着させるため実行後すぐにこれをする
歯を磨いたら、	歯を1本だけフロスする。	

それでも、あなたが多くの人たちと同じなら、フロスを習慣にはできていないだろう。生活の中で無意識にすることにはなっていないはずだ。

このエクササイズでは、フロスをどう行うかではなく、**習慣を無意識化すること**に照準を定める。

ステップ1：好みのタイプのフロスを探す。自分に適したものを見つけられるまで、何種類か試すべきかもしれない。

ステップ2：フロスをバスルームのカウンターに置く。歯ブラシのとなりが理想的。

ステップ3：歯磨きをして歯ブラシを置いたら、フロスのケースを手に取り、適当な長さに切る。

ステップ4：1本の歯にフロスをかける。

ステップ5：鏡の中の自分にほほ笑みかけ、新しい習慣を身につけつつあることを心地よく思う。

【注意】 何日か経ってあなたが望むなら、2本以上の歯

私のレシピ

これをしたら……	これをする	習慣を脳に定着させるため実行後すぐにこれをする
朝、ビタミン剤を飲んだら、	健康的なチョコレートをひと口食べる。	

をフロスしてかまわないが、**まずは1本で十分**だということを忘れないように。増やす必要はない。

エクササイズ
②「毎日のダークチョコ」を定着させる

少量のダークチョコレートは健康にいい。少しだけ食べることを毎日の習慣にしよう。

ステップ1：健康によさそうなダークチョコレートを買う。

ステップ2：朝コーヒーを入れたあとか、ビタミン剤を飲んだあとにひと口食べる。行動の流れは「朝ビタミン剤を飲み終わったら、健康的なチョコレートをひと口食べる」となる。

ステップ3：チョコレートを味わい、生活に健康的な習慣を加えられたことをうれしく思う。

【注意】 毎日のチョコレートは大きく育てる習慣ではな

い。小さくても存在感がある、盆栽のようなものだと思おう。

エクササイズ 3 「人は心地よく感じるときに変化できる」と自覚する

本書を読んで心に留めてもらいたいことをひとつだけ選ぶとしたら、**「人は不快さではなく、心地よさを感じることで前向きに変わることができる」**という考え方だ。

そこで私はあなたのために、こんなエクササイズを考えた。

ステップ1：小さな紙に「不快さではなく、心地よさを感じることで私は前向きに変わることができる」と書く。

ステップ2：それを洗面所の鏡など、目につきやすい場所に貼る。

ステップ3：繰り返し読む。

ステップ4：自分の暮らしの中で（また周囲の人々にとって）、こうした意識がどう作用するのかを観察する。

習慣超大全　目次

CHAPTER 2

〈モチベーション〉編

「黄金の行動」をマッチングする 89

CHAPTER 3

〈能力〉編

習慣を「簡単なもの」に変える

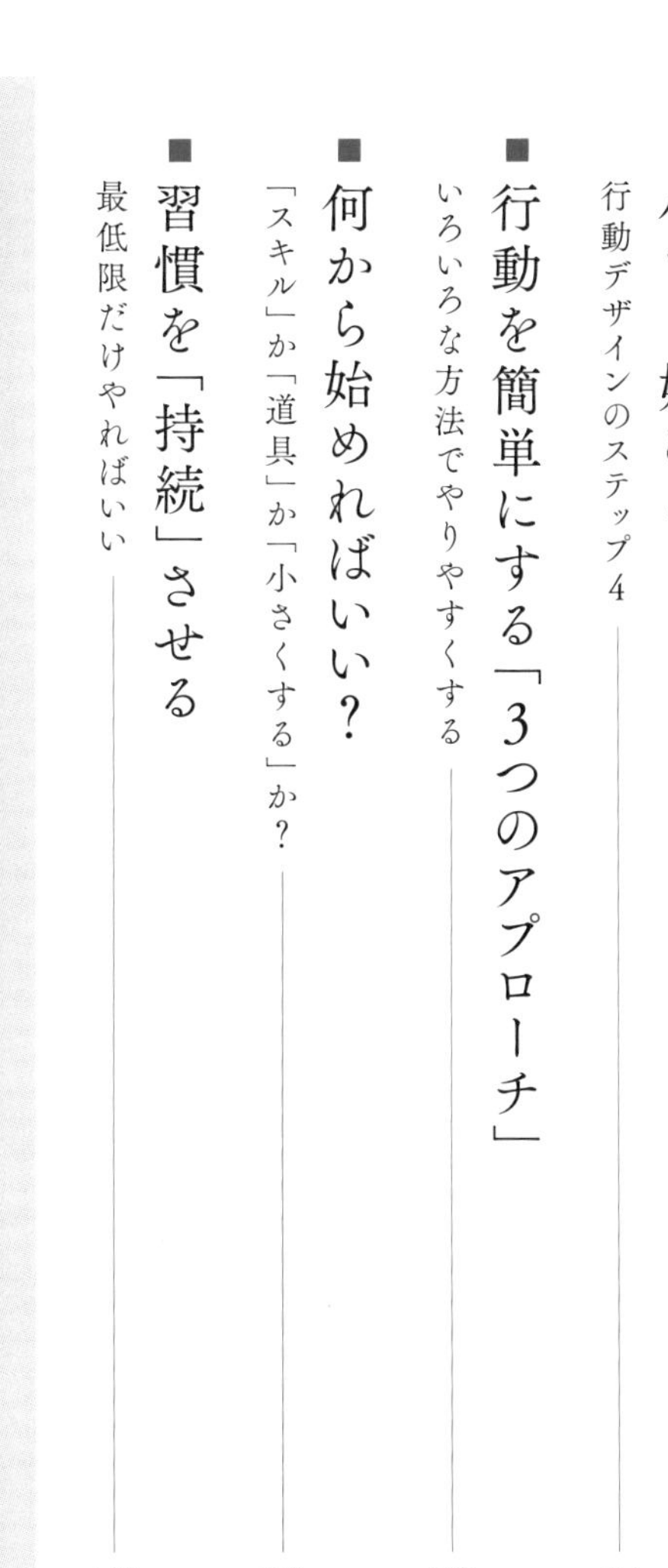

CHAPTER 4

〈きっかけ〉編

「どの日課」のあとに行動する？

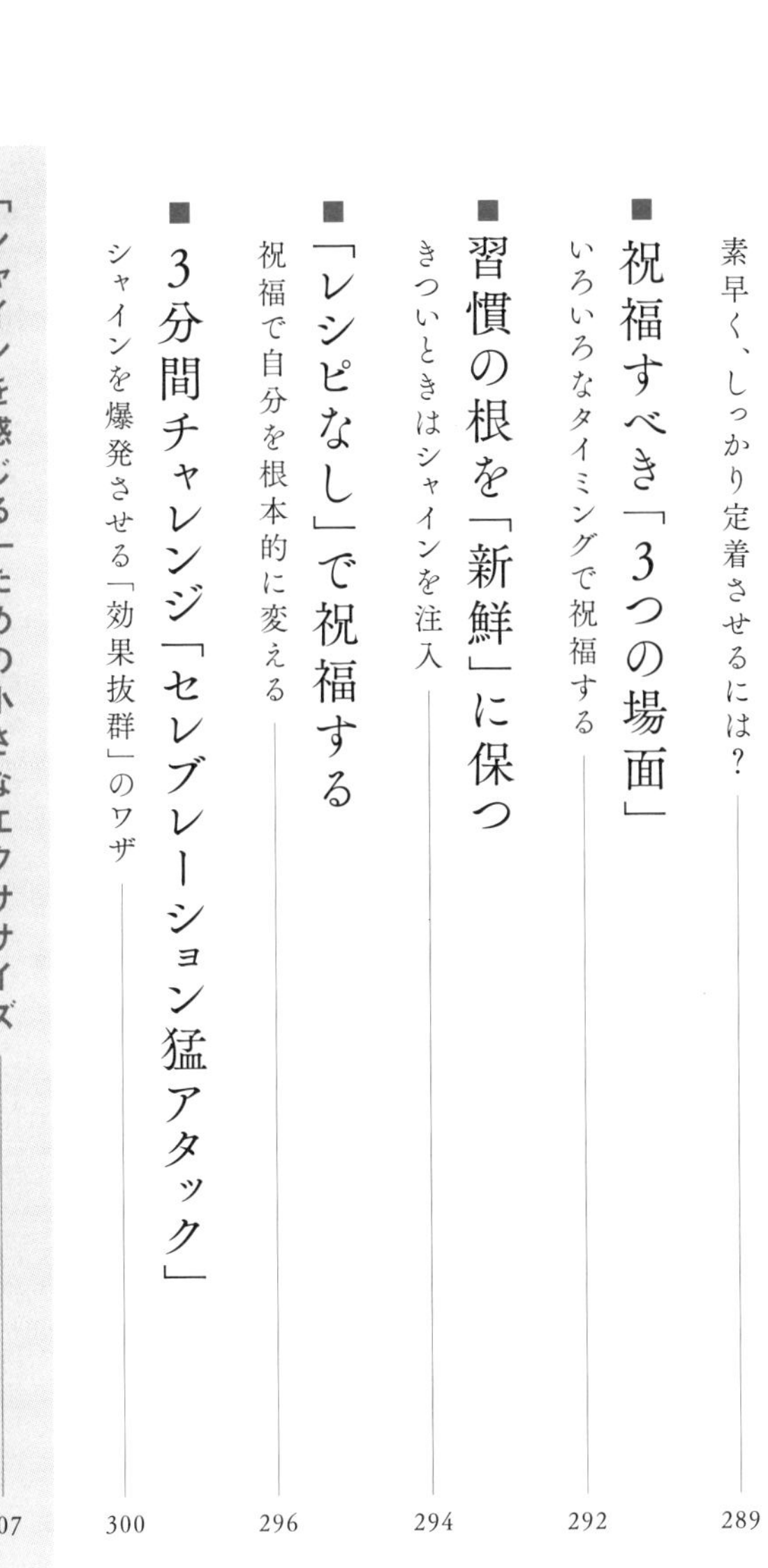

CHAPTER 6

小を大に育てる

変化のスキルを活用する

CHAPTER 7

悪習をやめる

習慣の結び目をほどく

CHAPTER 8

一緒に変わる

みんなで人生を変える

CONCLUSION

CHAPTER

行動を分析する

「3つの要素」が
行動を生む

行動を変えれば人生が変わる。しかし、行動をうながすのはたった3つの変数だということを、あなたは知らないかもしれない。

その謎を解くカギとなるのが、「フォッグ行動モデル」だ。

これは人間の行動に関する3つの普遍的要素と、それらの相関性を表したモデルである。**この3つの要素は相互に作用しながら、私たちのあらゆる行動に影響する。**このことは「歯をフロスする」といった小さな行動にも、「フルマラソンを完走する」といった大きな行動にも、同じようにあてはまる。

この行動モデルを理解すれば、ある行動がなぜ起きるのかを分析でき、自分をまちがった理由（とくに性格や自制心など）で責めずにすむようになる。そしてこのモデルは、あなた自身、さらには他者の行動の変化をデザインするためのツールになる。

ある行動が起きるのは、**MAP（モチベーション、能力（アビリティ）、きっかけ（プロンプト））が、一定の条件を満たしたとき**だ。

「モチベーション」とはどれだけそれをしたいかというあなたの思い、「能力」はその行動に対する自分の能力の高さ（やりやすいか、やりにくいか）、「きっかけ」は行動をうながす何らかの刺激を意味する。

分析

「その行動」はなぜ起きたか？
――行動理由の詳細を分析する

具体的に説明しよう。

2010年のある日、私はジムで汗を流しながら（ジャネット・ジャクソンの曲に合わせてマシンのペダルを踏みながら）、**心拍数が120を超える状態で、人の役に立つ、いつにない行動を取った。**赤十字に寄付をしたのだ。

それは寄付を呼びかけるテキストメッセージに反応して取った行動だった。

このときの私の行動を分解してみよう。

【行動】テキストメールに反応して赤十字に寄付をした。

- **モチベーション**：地震の犠牲者を支援したかった。
- **能力**：テキストメールに応答するのは私にとって簡単だった。
- **きっかけ**：赤十字からのテキストメールに刺激された。

B=MAP

Behavior　　Motivation & Ability & Prompt

行動　　モチベーション　能力　きっかけ

この例では、3つの要素がそろい、私は寄付という行動を取った。もし3つの要素のうち1つでも不十分だったら、そうしなかった可能性が高い。

この行動に対する私の「モチベーション」は高かった。地震の影響は詳しく報じられ、ひどく胸が痛んでいたからだ。

「能力」についてはどうか？

仮に赤十字が「テキストメール」ではなく、「電話」をかけてきてクレジットカードの番号を教えてくれと依頼していたとしたら？　私はジムで運動中で財布は車に置きっぱなしにしていたので、行動するのはかなり難しかった。

「きっかけ」は？

寄付を募る相手がそもそもスマートフォンという手段を使っていなかったら？　彼らが郵便で寄付を募り、私がいつものダイレクトメールだと思ってゴミ箱に放り込んでいたら？　私は中身を読むことさえなかっただろう。

きっかけがなければ、行動は生まれない。

幸いにも、赤十字は私の願いをかなえてくれた。私にはもともと寄付したいという気持ちがあり、彼らがそれを簡単に実現できる方法を示してくれたのだ。

意識的だったかどうかはともかく、**赤十字の担当者たちはうながしたい行動のために、「MAP」を見事にデザインした。**

効果があったのは私だけではない。このテキストメールによる呼びかけは大成功し、開始から24時間で300万ドル以上を集め、その週の終わりには2100万ドルを突破した。じつに見事だ！

行動＝モチベーション・能力・きっかけ
――あらゆる行動を司る「究極の公式」

私は行動モデルを研究テーマに選び、この「行動＝モチベーション・能力・きっかけ」こそが普遍的なモデルであると教えるようになった。初めのうちは半信半疑といった反応のほうが多かった。**こんな単純な行動モデルが、あらゆる文化のあらゆる行動を説明するなんてあり得**

ない、と。

そもそも行動といっても、「好ましい」ものと「好ましくない」ものがある。それらを同列に扱うのは無理があるのではないか、と。

たいていの人にとって、ネットショッピングでの気晴らしと、計画的な運動のあいだに共通項があると言われてもぴんとこない。運動を継続するには大きな努力が必要なのだから、その根底にはもっと複雑な仕組みがあるはずだと考える。

コートを階段の手すりにかけるのではなく、ちゃんとクローゼットにしまうといった単純な行動変化とはまったく別の原理があるはずだと考えるのである。

しかし、それは思い込みだ。

行動は、たとえば自転車のようなものと考えられる。いろいろなタイプの自転車があるが、基本的な構造はどれも同じだ。車輪、ブレーキ、ペダル。

もちろん、あらゆる行動に共通する要素があるからといって、異なる行動から生まれる感覚や印象、あるいは影響が同じというわけではない。

要素がうまく噛み合っていないこともあるし、喜ばしい行動と、困難をともなう行動に対して抱く感情には大きなちがいがある。一輪車とロードバイクくらいの差があると感じることもあるだろう。

その点からすれば、両極端な行動に共通点があるとは信じられないのも当然だ。しかし、何らかの行動を変えようとするなら、本書で説明するコンセプトの理解がきわめて重要だ。

「よくない」とわかっていてもやってしまう

私はだいたい月に一度、「行動デザイン・ブートキャンプ」というワークショップを主催している。これはビジネスパーソン向けのもので、**健康や経済的安定、持続可能な環境づくりといったテーマについて有効な解決策を考える**手助けをしている。

参加者は学んだことを持ち帰り、実際の生活で試してみるように推奨される。

そのためこのブートキャンプでは、身近なテーマのエクササイズから始めることが多い。

私は参加者に、**あまり努力せずに身につけることができた「いい習慣」**と、**後ろめたく感じ、やめたいと思っている「悪い習慣」**を1つずつ話してもらう。

ここでは習慣に関するさまざまな素晴らしいエピソードに出合うが、あるイベントに参加したケイティという女性は、この2つの習慣はしばしば似ても似つかないように見えるということを浮き彫りにした。

ケイティは数十人の部下と1000万ドルの予算を管理する有能な幹部社員で、彼女の「いい習慣」は生産性の向上につながるものだった。

彼女は退社前、毎日かならずデスクをきれいに片づける。一日の終わりにパソコンの電源を落とすと、書類をきちんと整え、ホワイトボードの「やること」「作業中」「完了」の欄に貼った付箋を並べ替える。デスクがすっきりしたら、椅子を収めてオフィスをあとにする。

翌朝出勤してデスクを見渡すと、ささやかなエネルギーが感じられる。**一日を始める準備が万全で、いい一日になりそうだと前向きな感覚がみなぎる**のだ。

この習慣は意識して身につけたのかと私が聞くと、答えは「ノー」だった。いつの間にか始めていたという。

ケイティはデスクを整理する習慣についてあまり考えたことがなかった。これがいい習慣だと気づくまで、しばらく時間がかかったほどだ。

ところが、やめたいと思っている習慣について聞くと、彼女は文字通り椅子から飛び上がった。

「ベッドでスマホをいじること！　やめたいのに、どうしてもやめられない。ベッドでえんえんとフェイスブックに没頭してしまうせいで、朝の運動をサボってしまうことがあるの」と彼女は打ち明けた。

どうやら、**スマホを目覚まし代わりにしているのがそもそもの原因**だった。ベッドの脇のテーブルに手を伸ばしてアラームを止めると、横になったまま操作を始めるのだ。

アラームは何時に設定しているのかと聞いた。

答えは、午前4時半。

「ワオ」と私はうなった。


その年の初め、ケイティは「毎朝、起きたらまず運動をする」と誓いを立てた。

実際、**運動する日もあったが、しない日がほとんどだった。**

だがこれは、意図してそうなったわけではない。せっかく早起きしても、デジタルの渦に飲み込まれてしまうのだ。新着を知らせる赤い表示があると無視できなかった。タッチして動画を観ると、そこから知りもしない誰かのコンテンツへ飛び、さらにまた次の動画となり、やがて5時半を知らせるアラームが鳴る。

そうしてまた、自分自身に約束した運動をせずに一日が始まる。**待ち受けているのは自己嫌悪と罪悪感。**彼女は自分が陥っているパターンがよくないとわかっていたが、毎日、あまりに多くのことをしているせいで、「自制心」を使い果たしているのだと自分に言い訳していた。

あらゆる行動が「同じ要素」で成り立っている

「デスクの整理」と「スマホ依存」というケイティの2つの習慣について考えてみよう。

2つの行動に共通項があると言われても、ぴんとこないだろうか。

一方は、ケイティの気分をよくし、生産的でありたいという大きな望みを後押しする力になっている。この習慣は体に染みついていて、意識することさえない。

対照的に、スマホに釘づけになる習慣は、そのときは楽しいが、あとで自分に失望するのは確実だ。この悪循環には自分でもうんざりしながら、どうしてもやめられない。

この2つの行動は、ケイティにとってまったく相反するもののように思えるかもしれない。だが行動の根底にある要素を見ると、そんなことはない。**あらゆる行動には、共通する3つの要素が作用している**のだ。

私がケイティに伝えたかったのは、彼女は自制心や意志の力を使い果たしているわけではないということだった。彼女にはスマホに没頭してしまうという「もうひとつの習慣」があり、それが運動の習慣を邪魔しているだけだった。

振り返ってみよう。**ある行動が起きるには、「モチベーション」「能力」「きっかけ」の3要素がそろわなくてはならない。**

このモデルには深い意味がある。誰にとっても、モチベーションと能力、きっかけは状況によって異なるものだ。またモチベーションや能力の捉え方は、文化や年齢によって異なるかもしれない。

それでもひとつ、確かなことがある。世界は果てしなく複雑だが、現象を観察し、あらゆる状況にあてはまるいくつかの原則を用いれば、**そんな複雑な世界も分析できる**ということだ。

デスクの整理

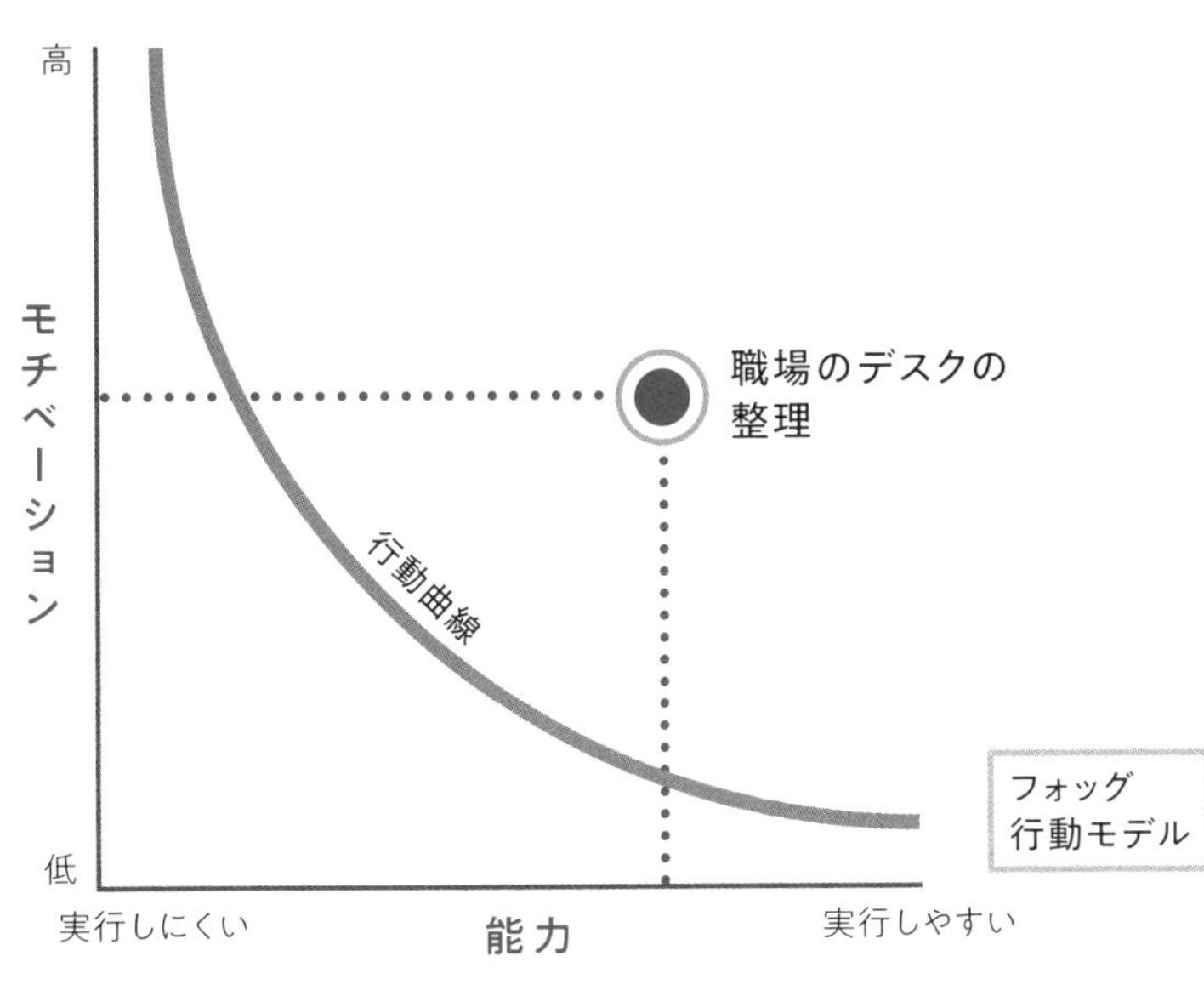

上のグラフを見てみよう。これは**モチベーションと能力の相関関係**を示している。

これはケイティの「デスクを片づける習慣」についてのグラフだ。

大きく示された点の位置は、行動をうながすきっかけを得たとき、**彼女のモチベーションと能力がどのくらいのレベルにあるか**を表している。

この例では、モチベーションが中程度で、能力については実行しやすい位置にある。

次は「行動曲線」を見てみよう。

にっこりしたようなカーブの印象にふさわしく、行動曲線は私たちのよき友人だ。**墓石に何かひとつだけ刻むとしたら、私はこのかわいらしい曲線を選ぶ**だろう。

人がある行動を取るのは、行動曲線を上回る状態で刺激（きっかけ）を得たときだ。

たとえば、モチベーションは高いのに能力がともなわない状況を考えてみよう（体重が55キロしかないのにベンチプレスで230キロを持ち上げたい）。

そんなとき、あなたは行動曲線の下にいて、刺激を受け取ってもストレスを感じるだけだ。

反対に、実行する能力はあってもモチベーションがゼロなら、刺激を受けても行動に結びつかず、ただわずらわしいだけだろう。

ある行動が曲線の上にあるか、下にあるかを決めるのは、縦方向に表されるモチベーションと、横方向に表される能力の組み合わせだ。

そこで重要な考察が得られる。

習慣として根を下ろす行動は、行動曲線よりもつねに上に位置する、と考えられるのだ。

ケイティがスマートフォンに夢中になる行動をグラフに表してみよう（次ページ）。

これは驚いた！　この点の位置ときたら！

モチベーションはきわめて高く、能力も高い。つまり、簡単に実行できる。しかも、ケイティのきっかけは確実だ。**毎朝4時半にかならずアラームが鳴り響く**のだから。

このようにモデル化してみると、ケイティのような有能な成功者でさえスマホに没頭する習慣をやめられずに苦労することが納得できる。

この習慣から抜け出せないのは無理もない。**何かが変わらないかぎり、彼女は運動をせず、**

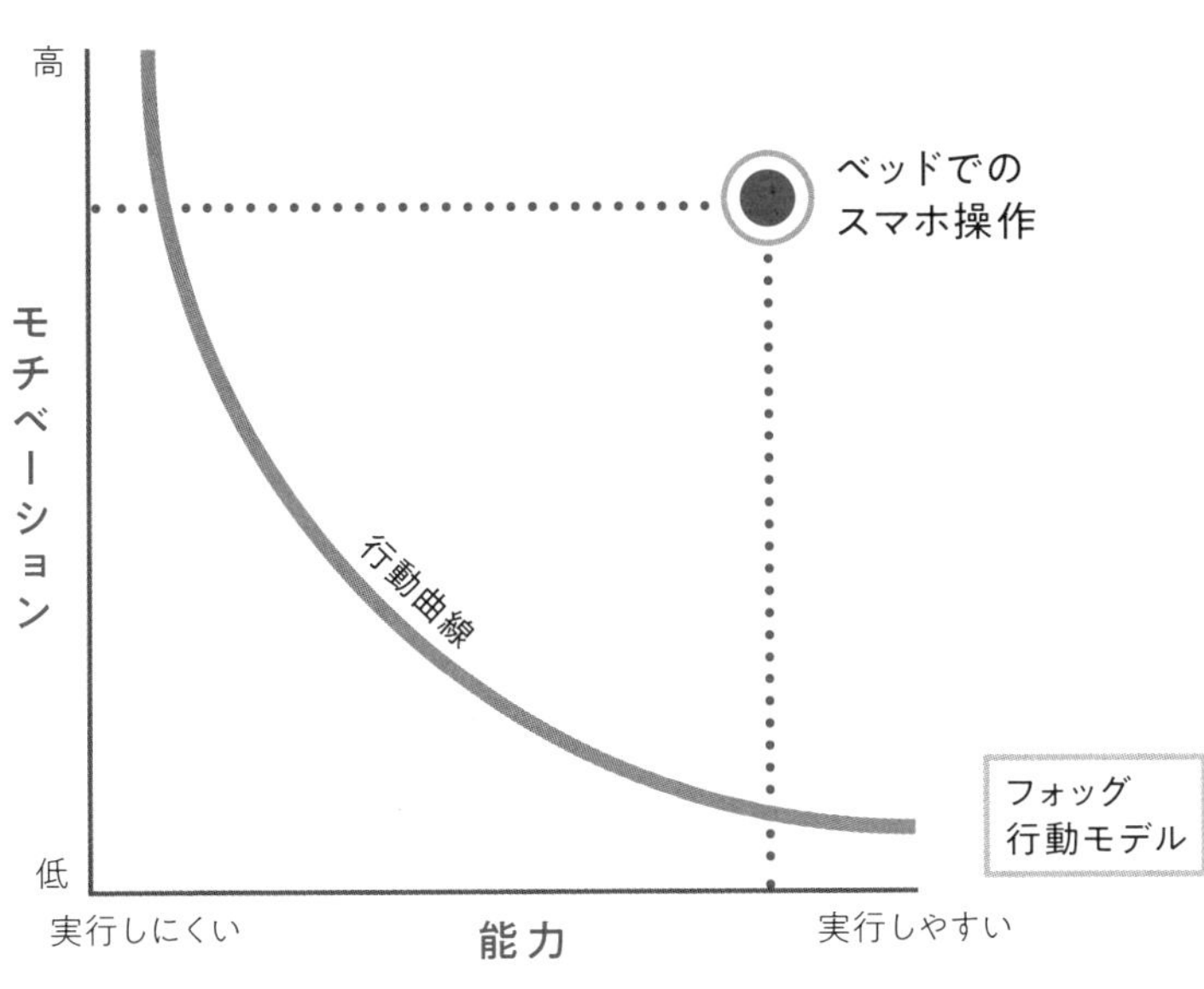

スマホの虜(とりこ)になったままだろう。

すべきことは2つだ。

この習慣のデザインを見直し、さらには運動の習慣についてもデザインを修正する。

ただし、**行動上のあらゆる課題を解決する万能薬はない。**まずはモチベーション、能力、きっかけの3要素を調整し、自分が望む行動を引き寄せる「最適な組み合わせ」を探さなくてはならない。

ケイティの場合は、**スマホを操作しにくくするか、動画を観たいというモチベーションを低下させるか**のどちらかが必要となり、運動の習慣について検討するのはそのあとだ。

モチベーション、能力、きっかけの各ダイヤルを調整して行動を分析するにあたり、基本的な原則があるので紹介しよう。

「3つの要素」のダイヤルを調整する
——どれかでカバーすればいい

3つの要素のダイヤルを調整するための基本原則を理解すれば、あらゆる行動について的確にデザインできるようになる。グラフの行動曲線はこの原則を視覚的に表現しているが、言葉で説明すると次のようになる。

❶モチベーションが高いほど、それを実行する可能性は高い

ある行動に対してモチベーションが高いとき、人はきっかけさえあれば行動を起こし、難しいこともやってのける。

母親が子どもを救うためにクマを撃退したとか、列車が侵入する地下鉄のホームに居合わせた乗客が、線路に転落した見知らぬ人を救出したという話を聞いたことがあるだろう。危険が迫っているとき、アドレナリンが分泌され、モチベーションが一気に高まる。そんなとき人は普通ならできないようなこともできてしまう。

子どもを守る

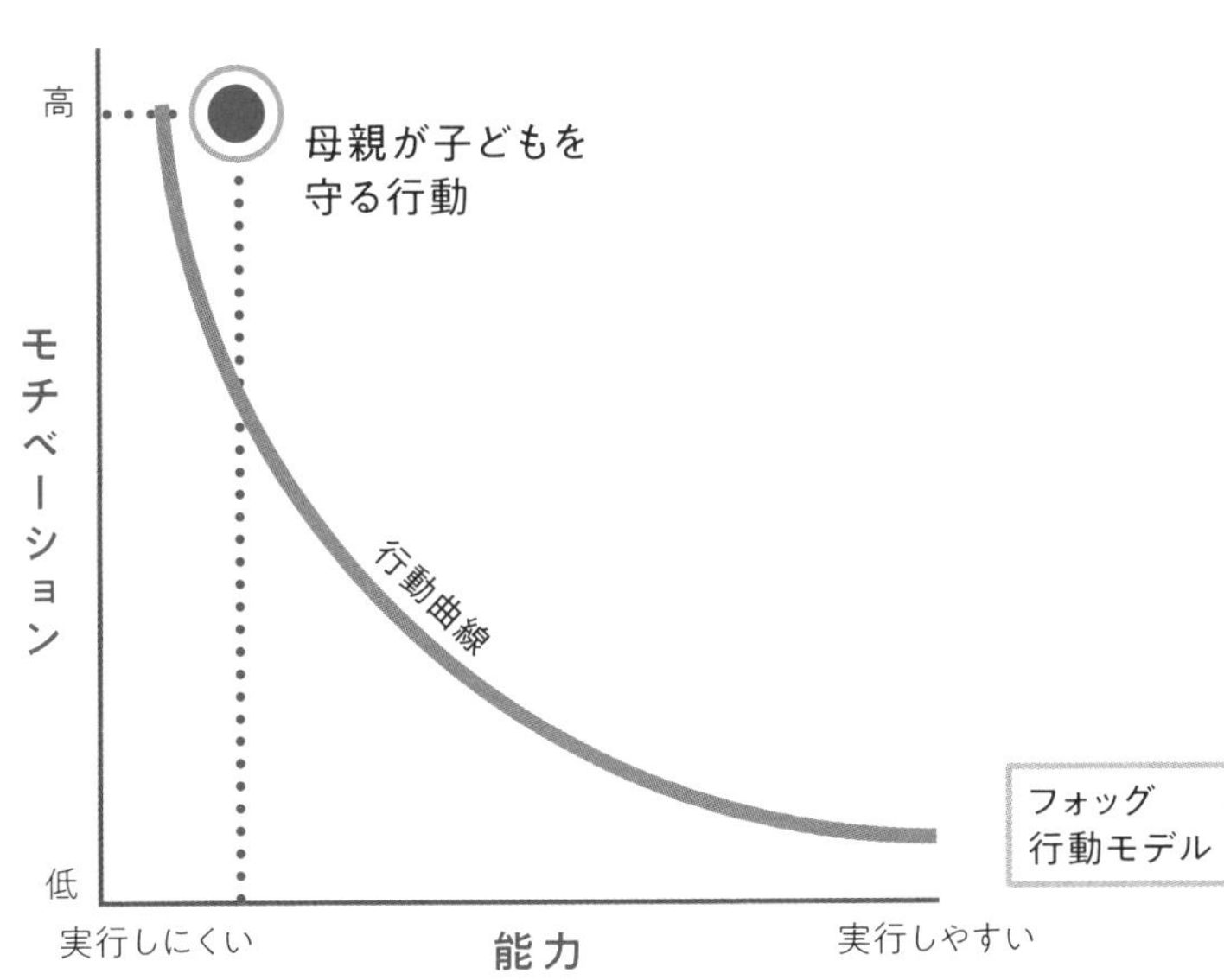

モチベーションが中程度のときは、簡単な行動なら実行できる。ケイティがデスクを片づけるように。

❷ 実行が難しいほど、それを実行する可能性は低い

あなたは、いま読んでいる本の表紙を見せてほしいと誰かに頼まれたらどうするだろうか？ **おそらくすぐに応じるだろう。** ちょっと読書を中断して手首を返せばすむので、たいした手間ではない。簡単にできる。

では、その本を最初から最後まで音読してほしいと頼まれたらどうか。

この行動を実行に移すにはかなりのモチベーションが必要だ。 たとえば、目の不自由な人に頼まれたとか、1000ドルの謝礼を提示されたというように。

表紙を見せる／音読する

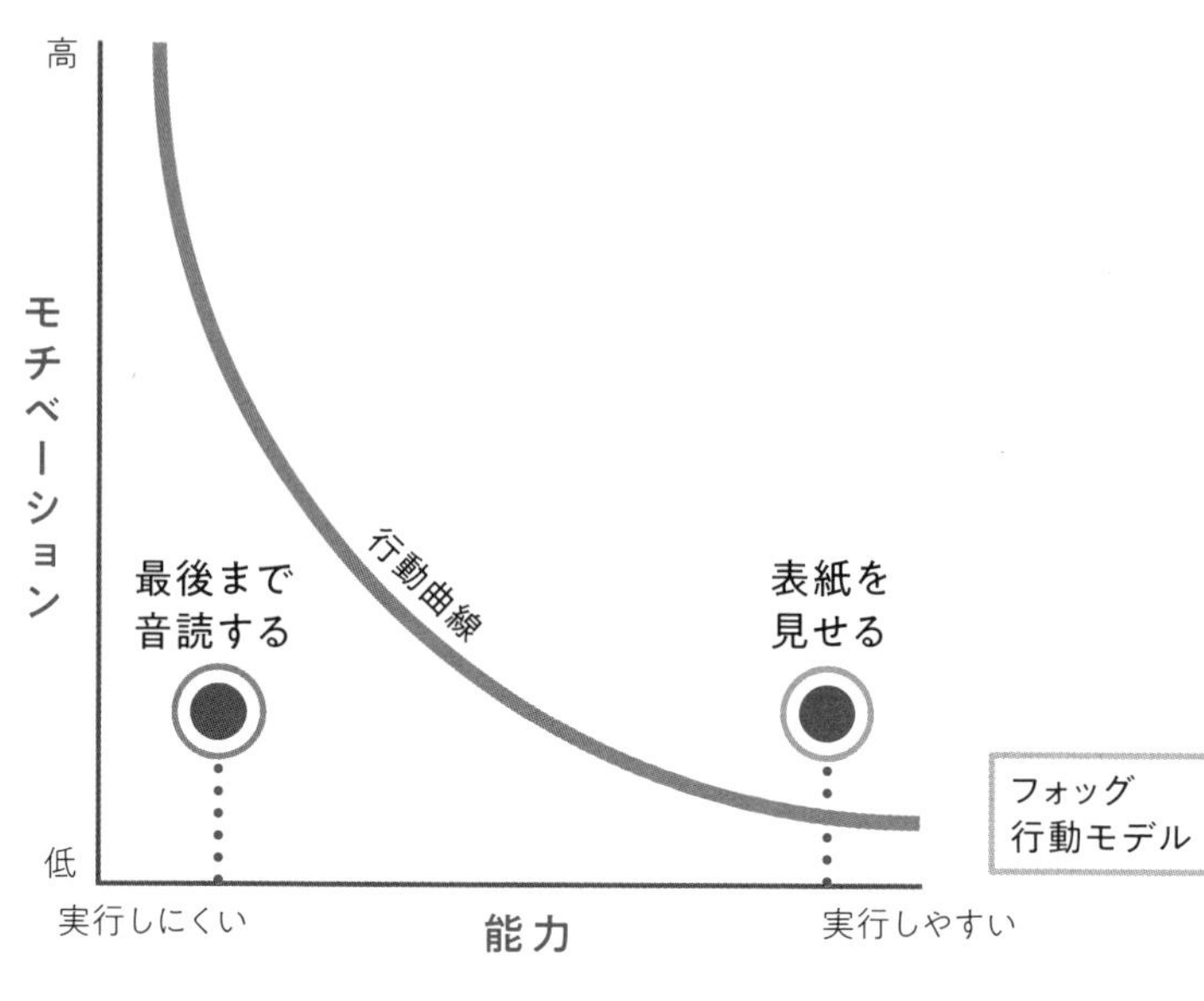

そんな事情があればモチベーションは高まるかもしれない。

つまり、困難なことを実行するには切実なモチベーションが必要になる。

これに関連する法則がある。もしかすると、それはあなたの人生を変えることになるかもしれない（私の人生は変わった）。

その法則とは、**「ある行動の実行が簡単であればあるほど、習慣化する可能性が高まる」**というものだ。

これは私たちが「いい」と思う習慣にも、「悪い」と思う習慣にもあてはまる。どちらであろうと、行動は行動なのだ。同じ法則が適用できる。

ケイティのベッドでのスマホ依存について考えてみよう（59ページの図参照）。

アラームが鳴るため、彼女はいやおうなし

にスマホを手に取る。それをスクロールする行為は、いとも簡単に実行できてしまう。

❸ モチベーションと能力は、チームメイトのように協力する

行動を行動曲線の上に持ってくるには、モチベーションと能力の調整が必要だが、両者はチームメイトのように協力できる。**どちらかが弱いときは、もう一方を強くすればいい**。言い換えれば、一方のレベルが、もう一方に求められるレベルを左右するのだ。

モチベーションと能力の補完関係を理解すれば、行動を分析し、デザインする新たなアプローチへの扉が開く。

ケイティの場合、デスクを片づけるモチベーションはかなり高く、それは簡単にできることでもある。3分もあれば終わるので、子どもたちのお迎えに遅れるようなことではない。これはもともと簡単に実行できることだったが、毎日繰り返すことで、その行動はさらに簡単になった。一般に、**行動は繰り返すほど簡単になる**。

フォッグ行動モデルは、ある時点でのスナップショットだ。

だがこのモデルは、行動が時間とともに変化する様子を示すうえでも有効だ。次ページの図の**行動①→行動②→行動③のように変化を追跡できる**のだ。これはフォッグ行動モデルの強力な応用編だが、この段階ではまず、多くの行動は反復によって実行がより容易になると指摘するにとどめておこう。

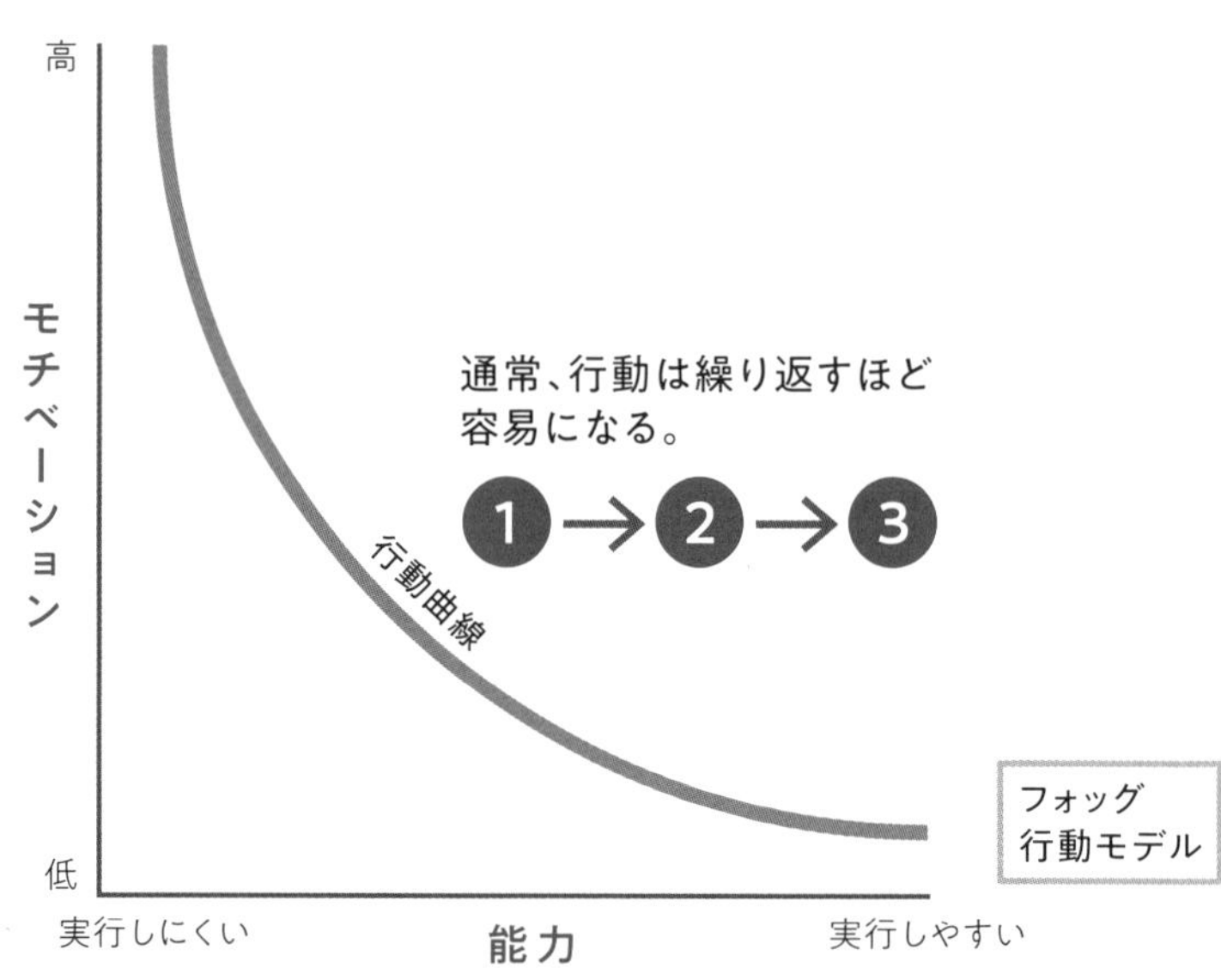

デスクの片づけは、ケイティのモチベーションが落ち込んだ日でさえ、その落ち込み分をカバーできるほど簡単な作業だ。

重要なのは、彼女がもし、「毎日、オフィス全体を掃除しよう」と決意していたら、その行動はきっと習慣化していなかったということだ。ちょっと急ぎの用事でもあれば、実行せずに帰宅してしまうはずだ。

❹「きっかけ」がなければ行動は起こらない

きっかけがなければ、モチベーションと能力がどれほど高いレベルにあっても行動は起こらない。**きっかけなくして行動はない**――。単純にして揺らぐことのない法則だ。

モチベーションと能力は、程度の差こそあれ、つねに存在している。あらゆる行動に対して、あなたはかならず、あるレベルのモチベーションと能力を持っている。電話が鳴ったとき、それに応答するモチベーションと能力はかならず存在する。

ところが、きっかけは稲妻のようなものだ。一度現れても、次には消えてしまう。電話の音に気づかなければ、応答することはない。

したがって、**きっかけを排除すれば、望まない習慣をやめることができる。**

これはかならずしも簡単ではないが、悪習を解消するには、きっかけを排除するのが最善の策だ。

数年前、テキサス州オースティンでの複合イベント「サウス・バイ・サウスウェスト」のカンファレンスに出席したときのことだ。

私はホテルの部屋に入ると、ベッドに荷物を投げ出した。それからデスクを見て、思わず声に出して言った。「おい、これはまずいぞ」

バスケットに山盛りのお菓子があったのだ。プリングルズにブルーチップス、棒付きキャンディ、グラノーラバー、ピーナッツ。

私はふだんから健康的な食事を心がけているが、塩分の多いスナック菓子には目がない。これから数日、長い一日を過ごして部屋に戻ったとき、このお菓子が私を誘惑するのは明らかだった。

そこにバスケットがあるかぎり、私はいずれ誘惑に負けるにちがいない。まずはブルーチップスだ。その次はあのピーナツを食べるだろう。

そこで私は、**この行動を阻止するために何をすべきか**自問した。

「食べたいというモチベーションを取り去ることはできるか？」

無理に決まっている。しょっぱいスナックが大好きなのだから。

「食べるのを難しくすることはできるか？」

それはできるかもしれない。フロントに頼んでスナックを値上げしてもらうか、部屋から持ち去ってもらうという手も考えられる。だが、そんなことをするのは少し気が引ける。

そこで私は自分できっかけを取り除くことにした。**魅惑的なうるわしいバスケットをテレビ棚のいちばん下の引き出しに入れ、ぴしゃりと閉めた**のだ。バスケットが部屋にあることに変わりはないが、スナック菓子が大声で「さあ食べて！」と誘惑するのは止められる。

翌朝にはスナック菓子のことは忘れていた。幸いにも、私はオースティンに滞在した3日間、テレビ棚の引き出しを開けずに過ごすことができた。

注目すべきは、私が**きっかけを取り除くという「たった一度の行為」**で、**望ましくない行動を阻止できた**点だ。

それでも効果がなければ、ほかにも調整できるダイヤルはあった。

だが行動デザインの中で、もっとも取り扱いが簡単なのが、きっかけである。

フォッグ行動モデルを「人に教える」

——説明できれば、自分の身につく

フォッグ行動モデル（B＝MAP）が多様な行動に応用できるとわかったところで、このモデルの使い方を詳しく説明したい。

私はスタンフォードの学生と議論したり、産業界で活躍する人々にレクチャーをしたりする機会が多いが、**彼らにはこの行動モデルを2分以内で人に説明するように指導している。**

まずは私がホワイトボードを使い、グラフを描いて説明する。この2分の見本のあと、定番のフレーズを交えながら、よりうまく伝える秘訣について話す。そして最後に一人ずつ、ホワイトボードか紙を使ってグラフで図解しながら、人に説明するように実演してもらう。

行動デザインに習熟するには、フォッグ行動モデルを手早く人に説明できるようになるのが近道なのだ。

読者のみなさんには私が直接この説明スキルを教えられないので、この章の最後に簡単なエクササイズを用意した。

フォッグ行動モデルはほんの数分もあれば教えられるようになるし、その数分は有益な時間の投資になるだろう。この行動モデルを習得したら、実際にさまざまな方法でそれを活用し、悪習をやめたり、問題を解決したりできるようになる。順を追って説明しよう。

フォッグ行動モデルで「悪習をやめる」
――3要素で行動をコントロール

モチベーションと能力が補完関係にあり、行動にはきっかけが欠かせないと理解したところで、ケイティの話に戻ろう。**彼女はどうすればスマホにのめり込む習慣をやめられるだろう。**この習慣に関して彼女のモチベーションは高く、行動はきわめて簡単だ。したがって、この習慣は彼女の行動曲線のはるか上に位置している。

彼女が変えられるのは何か？

モチベーションだろうか？

それは無理そうだ。自分が発信した情報に「いいね」をしてもらったときのうれしさは格別だ。ケイティは友人の近況を知りたいし、フェイスブックはそれをかなえてくれる。モチベー

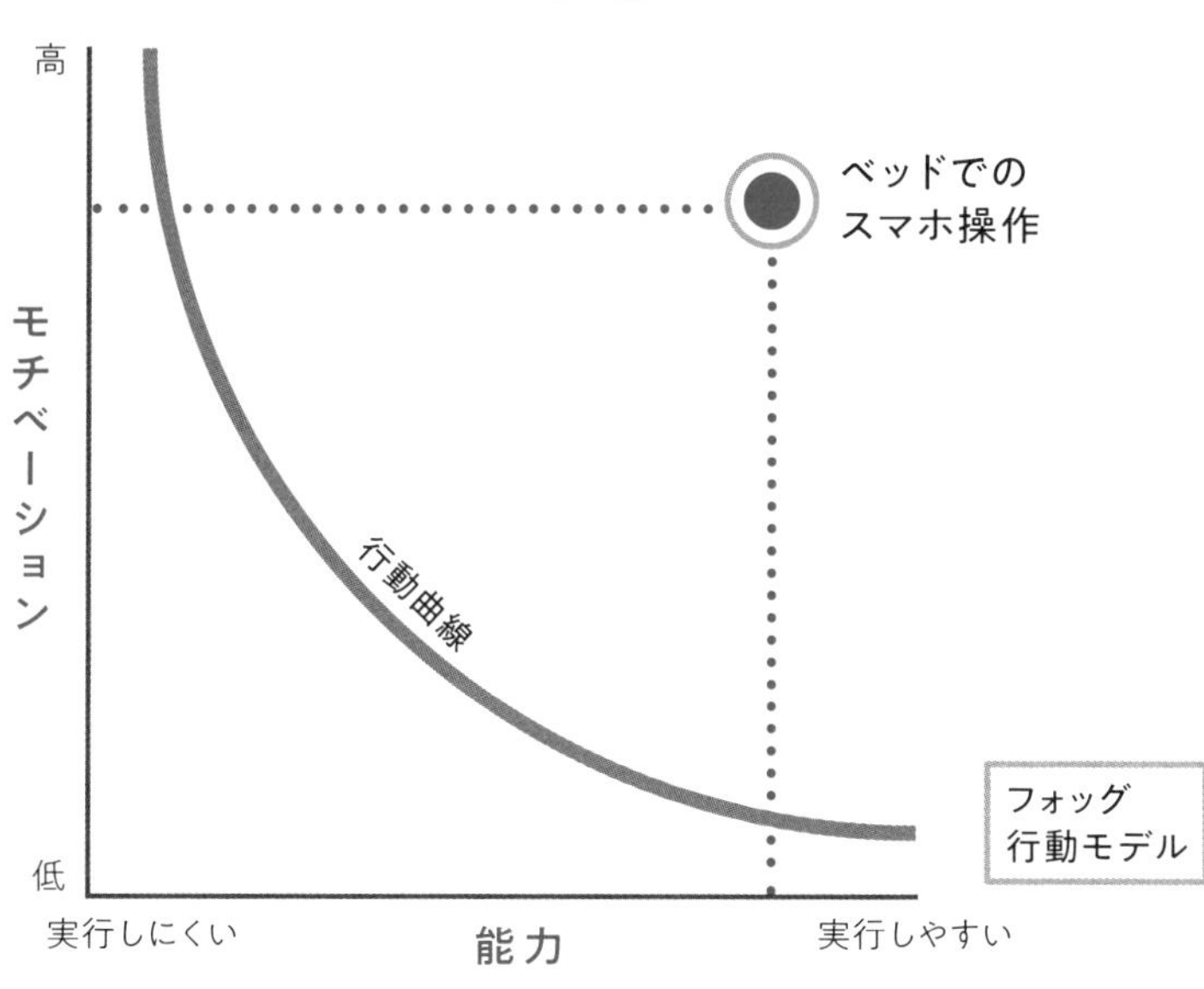

ションは低下しそうにない。

能力はどうだろう？　**これは変えられる可能性が大いにある。**

ケイティには、フェイスブックのアカウントを抹消するという選択肢がある。だが、これは極端すぎるだろう。余裕のあるときにニュースをチェックするくらいなら問題はないのだから。

そこで考えてみると、**ベッドの中でスマホを操作しにくくする**方法はほかにもある。

まず、フェイスブックのアプリをスマホからアンインストールする手がある。スマホを部屋の隅のチェストに置くこともできる。あるいは、車に置きっぱなしにするのはどうだろう。

ケイティはSNSや動画を閲覧（えつらん）したいというモチベーションがあまりに強かったため、

いろいろな方法を試し、最終的に2本立ての解決策に落ちついた。**夜はスマホをキッチンに置き、寝室では昔ながらの目覚まし時計を使うことにした**のだ。スマホと物理的な距離を保つことで操作をやりにくくし、深夜や起床時にスマホを見るきっかけを完全に排除したのである。

フォッグ行動モデルの3つの要素のうち、ある要素を変えられないなら（ケイティの例ではモチベーション）、他の要素（能力ときっかけ）を変える方法に集中すべきだ。

ケイティの運動の習慣はどうなったか？　結果的に、何の調整もいらなかった。スマホという邪魔者を取り去ると、すでに整っていた計画と器具のおかげで運動を開始できた。

工夫すれば、身につけたい行動でも、避けたい行動でも、自分が望むようにデザインできる。ケイティはそれをかなり簡単に実現したが、**まずはベッドでスマホに没頭する習慣の原因を理解する必要があった**。

行動デザイン・ブートキャンプから数か月後、ケイティは、ようやく自分の生活に運動の習慣をしっかりと組み込めて満足していると語ってくれた。朝食時やちょっとしたスキマ時間などに、まだスマホに熱中することはあるが、以前のようにとりつかれることはない。ほとんど毎日、朝の時間を有意義に過ごせるようになった。

彼女は体がかつてないほど強くなったと感じているが、何より重要なのは、行動デザインによって人生におけるどんな行動も改善できると学んだことだ。

フォッグ行動モデルで「人を動かす」
――他人の行動原理も同じ

あなたが自分自身の行動、もしくは他人の行動を変化させる強い力を手にしたいなら、フォッグ行動モデルの習得こそがカギとなる。

行動の仕組みを正しく理解すれば、自分だけでなく、他人の行動も解読できるようになる。

これは強力なスキルだ。前向きな習慣を養い、悪習をやめられるようになり、さらには他人のあまり望ましくない行動にも対処できるようになるのだ。

「小さな子ども」の行動を変える

数年前に飛行機に乗ったとき、後ろの席にやんちゃな男の子が座っていた。座席に落ち着くと、その子が小さな足で私の背もたれを蹴りはじめた。これはまいった。フライトのあいだじゅう蹴られるのは目に見えている。なんといっても小さな子どもだ。そこで私は、離陸する前に、**その行動をやめさせるか、控えめにさせるにはどうすべきか**考えた。

思い浮かべたのはフォッグ行動モデルだ。

まずはきっかけ。私はきっかけを取り除けるか？　無理だ。男の子の内なる欲求や退屈さなど、座席を蹴る刺激になっているものを取り去ることはできない。

では能力はどうか。蹴るのを難しくすることはできるだろうか？　ダメだ。

そこで残る選択肢はひとつ。モチベーションである。穏やかで遊び心のある方法で、この小さな男の子が座席を蹴りたいというモチベーションをそぐにはどうすればいいか？

私は**「返報性の法則」**を利用しようと考えた。

人は贈り物をもらうと、自然と何かしらお返しをしたくなるものだ。**この力学は円滑な人間関係を保つのに役立つが、他人のモチベーションに影響を与える手段にもなる。**私は試してみることにした。

パソコンの入ったカバンには黄色いスマイルマークのバッジが入っていた。バッジを取り出して小さな乗客と両親に見せて、こう言った。

「いいかな、きみにこの小さなスマイルマークのバッジをあげたいんだ。これを見て、飛行機が飛んでいるあいだ、シートを蹴らないでいてくれるとうれしいんだけど」

男の子は「わかった！」と答え、両親は屈託のないほほ笑みとともに、ありがとうと言った。このあとの空の旅は、後ろから席を蹴られることなく、じつに快適で、ちょっとした友情も芽生えた。私たちは手荷物受取所で手を振って別れたのだ。

「家の問題」を解決する

フォッグ行動モデルは家庭で利用すれば、同居人から協力を引き出す手段になることもある。長年同居していれば誰でも心あたりがあるものだが、**家事をめぐる約束事は馴れ合いになっていく。**

私とパートナーのデニーは、家の掃除について基本的な姿勢がちがう。私は「そこそこ片づいていればいい」のだが、デニーは「すべてを殺菌したい」タイプなのだ。

何年ものあいだ、シャワールームの掃除が懸案となっていた。デニーはカビを目の敵（かたき）にしているが、私たちのシャワールームは水はけが悪い。つまり、カビが生えやすい。デニーからはいつも、シャワーを使ったらきれいに水気をふきとるように注意されていた。しかし私はあまりそうしなかった。というより、めったにそうしなかった。

ある日、デニーは私をシャワールームに連れていき、行動デザインを実践した。

「僕らはどちらも清潔なシャワールームがいいと思っている」と彼は切り出した。

私は同意した。彼は、私にある程度のモチベーションがあることを確かめたのだ。

次に彼は、能力について聞いた。水気をふきとることの何が難しく思えるのか？　私は「**具体的にどうすればいいのかわからない**」と答えた。タオルを使うのか、掃除用ワイパーを使うのか？　壁もふくのか？

デニーはそこで、はっと気づいた。彼はどうしてほしいのかを具体的に言っていなかった。その曖昧（あいまい）さのせいで私は難しく感じていたのだ。彼の次の行動は素晴らしく単純明快だった。**どうすべきか教えてくれた**のだ。

私にシャワールームの中に入るように言うと、こう続けた。「いいかい、シャワーを止めたら（きっかけ）、棚から専用のタオルを取って、こんなふうにサッと全体をふく。そしたらタオルを洗濯かごに放り込んでおしまい」

デニーの実演はあまりにも簡単で、最初からそうしなかったことがばかばかしく思えるほどだった。10秒もあれば完了する。お手本を見せてもらうと、この作業の難しさについて認識が変わった。**急に簡単だと思えるようになった**のだ。

デニーが大げさに実演してくれてから、私は毎日その作業をするようになった。

なぜか？　そもそも、私は清潔なシャワールームが好きだし、彼を喜ばせたかった。つまり、少なくともそれなりにモチベーションはあった。だが、行動そのものが難しく思えていた。**どうすべきか具体的に教えてもらうと簡単だとわかり、行動曲線を一気に上回った**のだ。

いまはどうかというと、家事についてよくわからないことがあると、こう言うようにしている。「どうすべきか具体的に教えてほしい」。そうして彼を観察することで、私の能力は高まる。フォッグ行動モデルは他人に対しても用いることができ、以上のエピソードはそれを示すささやかな例である。これについては、後の章でさらに詳しく紹介しよう。

人の行動を変える「3ステップ」
——正しい順序でアプローチする

誰にでも、ある行動をしたいのに、もしくは他人にある行動をさせたいのに、うまくいかなかった経験があるだろう。そこで耳寄りな話がある。

このよくある状況を打開するには、行動デザインの考え方が役に立つのだ。しかもそれは、あなたが思い浮かべるような難しいものではない。

たとえば、**週に一度のチームミーティングを時間どおりに始めたいのに、部下たちがいつも何分か遅刻してくる**としよう。多くのマネージャーは、遅れてきた部下に対して叱責したり、罰を与えたり、にらみつけたりする。いずれも時間どおりに集まるという行動を引き出すために、モチベーションに働きかけようとする対応だ。

だが、どれもまちがっている。

問題を解決するときは、モチベーションから対処してはいけない。

代わりに次の順序で進めてみよう。各ステップを順番に試し、うまくいかなければ、次のステップに移る。

1. 行動をうながす**「きっかけ」**があるか確認する。
2. 実行する**「能力」**があるか確認する。
3. 実行する**「モチベーション」**があるか確認する。

自分や他人の行動を確実に変化させるには、まずはきっかけから考える。

遅刻する部下には、「ミーティングに遅れないようにリマインダーをセットしているか？」と聞いてみるといいだろう。もしセットしていないなら、セットすることできっかけをつくるように指示しよう。それだけで解決するかもしれない。

騒ぎ立てる必要はない。にらむ必要もない。**必要なのは、「効果的な刺激」をデザインすることだけだ。**

それがうまくいかないときは、次のステップに移る。

相手に行動する能力があるかを確かめよう。遅刻する部下たちに、どんな理由で時間どおりに集まるのが難しいのか質問する（さらに詳しいアプローチについては第3章で説明する）。もしかすると、部下たちはぎりぎりまで別の会議があって、定刻に間に合わないのかもしれない。そうなると答えは明らかだ。問題は能力であって、モチベーションではない。

だが、**きっかけと能力がそろっているとしたら、いよいよモチベーションの問題になる。**その場合、時間を守るモチベーションを高める方法を探すことになる。

注目すべきは、**「問題解決の方法を検討するにあたって、モチベーションは最後のステップ」**だということだ。

「忘れること」を責めても意味がない

たいていの人は、行動を起こすには、まずモチベーションに集中すべきだと誤解している。しかし、**問題解決の正しい流れに従えば、職場でも家庭でも不満をくすぶらせずにすむ。**

たとえば、あなたがティーンエイジャーの娘に、教会の教育活動で使う厚紙を学校帰りに買ってきてほしいと頼んだとする。娘に車を貸しているので、あなたとしては正当な頼み事だ。その日、帰宅した娘は厚紙を買ってこなかった。あなたは腹を立て、厚紙をどれだけ必要としていたかを説明する（**モチベーションに訴えかける戦略だ**）。

娘は「ごめんなさい。明日買ってくる」と約束する。

ところが、翌日も買ってこなかった。

そこであなたは、怒りをあらわにして居間の床を踏み鳴らしながら、「もう車は使わせない」と脅し、「なんてあてにならない子なんだ」とため息をつく(これもモチベーションに訴えかけている)。


もちろん、これでは問題は解決しない。


では、この話を巻き戻し、正しいステップを知っていた場合を想像してみよう。

まず1日目、**娘が厚紙を買わずに帰宅しても腹を立てず、問題解決モードでこう聞いてみる。**

「ねえ、厚紙を買うのを思い出す工夫はしていたの?」

「してない。覚えていられると思ったから。でも忘れちゃって」

そこであなたは、翌日のためにこう聞くことで、きっかけをデザインする。

「明日は思い出せるようにどんな工夫をすればいいと思う?」

すると彼女はスマホにメモすると答える。

結果はどうだろう? 翌日、彼女は満面の笑みであなたに厚紙を渡す。

この方法を自分自身の行動に適用すれば、自分を責めずにすむようになる。

たとえば、あなたは毎朝瞑想したいのに、できていない。そんなときは意志やモチベーションが足りないと自分を責めずに、きっかけ、能力、モチベーションについて順を追って考えてみよう。

きっかけとなるものはあるか？　実行を難しくしていることは何か？

多くの場合、ある行動を取れないのは、モチベーションのせいではないと気づくだろう。効果的なきっかけを見つけるか、行動を実行しやすくすることで解決できることが多いのだ。

「後悔する行動」をしてしまうメカニズム

——科学者のレンズで自分を見る

みなさんには、世界をフォッグ行動モデルのレンズを通して観察する練習をしていただきたい。

これは2つの点で意義がある。

第一に、楽しい。

第二に、物事をモチベーション、能力、きっかけという要素に分けて分析することで、**自分自身だけでなく他人の行動についても、何が推進力なのかを理解できる**ようになる。

この章の最後に紹介するエクササイズでは、フォッグ行動モデルを現実に応用する力が身につくはずだ。

問題解決のために段階的なアプローチを組み込んだ行動モデルを学び、実践した大勢の人々が、これによって人間の行動の仕組みを理解できるようになったと述べている。

あなたは、自分が変わるための努力を分析し、それらがどのように損なわれているか、もしくは支えられているかを把握できるようになる。

また、**自分があとで悔やむような行動を取ってしまう理由についても理解を深められる**はずだ。

行動にはかならず「理由」がある

私たちは誰もが不本意なことをしている。

夕食をポップコーンですませる。

子どもを怒鳴りつける。

ネットフリックスでドラマを観続ける。

しかし、私たちはこうした行動に目をつぶる必要もなければ、苛立ちを感じる必要もない。

私たちは本当に、絶対に、自分を責めるべきではない。

このことを誰よりも思い出させてくれたのは、才能あるグラフィック・アーティストで、よき母親でもあるジェニファーだ。

彼女はタイニー・ハビットのオンラインセミナーに参加するまで、運動ができない自分を情けなく思っていた。かつて、彼女はいつも運動を楽しんでいた。学生時代は熱心なランナーで、出産の数年前にはハーフマラソンに出場した経験もある。

ところがセミナーに参加したころは、体を動かすのは炊事と洗濯くらいだった。運動したくて仕方がないのに、体調がすぐれないため、ゆっくりと着実に始めなくてはならないと考えていた。

ジェニファーはときどき、自宅のオフィスで仕事の合間に15分ほどヨガをするようになり、家の前の通りを曲がり角まで走ることもあった。

調子がいいときは運動したが、あきらめてワインに逃げてしまうことも多かった。**どれも無理なくできることで負担も少ない**。**それなのに規則的に続けられなかった**。

近くの郵便ポストまですら走りに行けない日がほとんどで、8キロも走るのはとても無理だった。かつてはそれくらいの距離は難なく走り、大きな喜びを感じていたのに。

彼女は自分がどこかおかしいのではないかと不安になった。**どうしてちゃんとできないのか？**

ジェニファーに見られるのは、「閉塞感（へいそくかん）」、もしくは「抵抗感」というよくある感情だ。

彼女は毎日、ウエイトトレーニングかジョギングをすべきだと自分に言い聞かせていた。それなのに、子どもたちのためにネットショッピングをしなくてはとか、仕事のための調べ物をしなくてはと、サボる言い訳ばかりで、**毎晩のように自分がダメ人間のような気がしていた。**気がふさいでいるせいでできないのか？　自己嫌悪が強すぎるのか？　そもそも意志が弱いのか？　いったい何が起きているのだろう？

そもそも「モチベーションがない」のかもしれない

ジェニファーがタイニー・ハビットを学んでから数週間後。私がメールで様子を聞いたところ、運動の習慣の謎が解けたらしく、その経緯を教えてくれた。

彼女はまず、モチベーション、能力、きっかけの関係がどうなっているかを検討した。自分の行動を分析し、モチベーションについて考えてみたところ、**モチベーションがほとんどないことに気づいた。**

そもそも、オフィスで一人きりでヨガをするのは気が進まなかった。そこで、一人でヨガをする案を捨て、もっと自分にふさわしい運動を探そうと考えた。

魅力を感じるいくつかの運動には共通点があった。どれもグループで行うものだった。よく考えてみると、彼女は一人きりでする運動を楽しんでいなかった。**義務のような感じが**

して、行動曲線を超えるだけのモチベーションが湧かなかった。

ジェニファーは、グループで行う運動に取り組むことにした。まずは週に一度、ジムで自転車をこぐスピンクラスに参加し、次に週に一度のヨガクラスにも通い、やがて母親のためのランニンググループにも加わった。そして、気がつけば運動の習慣を取り戻していた。

これはジェニファーにとって大きな収穫だったが、彼女がいちばんうれしかったのは行動の謎を解明したことではない。それにも増して、**自己批判の呪縛から解き放たれ、自分の生き方について前向きな転換ができた**ことがうれしかった。

行動の仕組みを知るまでは、なぜかつてのように運動できないのかと悩み、幾度となく自問していた。「いったい私はどうなってるの?」

毎晩のようにそんな言葉を噛みしめ、自分で〝処方〟したワインに救いを求めた。ジェニファーは答えを探してあれこれ考えた。もしかすると老化かもしれない。あるいは抗うつ薬が必要なのかもしれない。それともトレーナーにつくべきなのか。やがてイライラがつのり、食事の支度やおもちゃの片づけに逃避するしかなくなった。

ところが行動分析のアプローチを学び、諸悪の根源は自分ではないと気づいた。行動に問題があったのだ。

行動を要素に分解すれば、デザイン上の欠陥が何なのかを知ることができる。彼女には能力はあったが、一人で運動したいという十分なモチベーションがなかった。また、オフィスでのヨガをうながす効果的なきっかけもなかった。

ジェニファーにとって（そして私たちにとっても）うれしいことに、フォッグ行動モデルには「怠惰（たいだ）」という軸も「弱さ」という軸もない。そこに**「自己批判」のつけ入る隙はない**。行動モデルを考えるうえでは、性格を評価する必要はないのだ。

ジェニファーは**「自分と行動はイコールではない」**と気づいてから、すべてが変わった。自分の習慣をレシピのように捉えられるようになった。結果が好みに合わなければ、自分を責めたりあきらめたりせず、比率を変えて、材料の組み合わせを試行錯誤すればいいのだ。

人生を「変化の実験室」にする

これからみなさんには、シャーレの培養物を観察する科学者のように、客観的な視点から好奇心をもって自分の行動を観察してもらいたい。

本書は、変化を呼びかける多くの書籍とは着眼点が異なる。私は意志の力や自分への厳しさについて論じたり、みなさんの居心地を悪くするようなことを指示したりするつもりはない。

私が提唱するのは、**人生を自分自身の「変化の実験室」として扱うことだ。**人生を自分がなりたいと思う人物像について実験する場にするのだ。それは、安心できるだけでなく、何らかの可能性を感じられる場所でなければならない。

次の章では、行動デザインのプロセスについて学び、それを使ってさっそく実験を開始する。タイニー・ハビットという手法に注目するのは、それが前向きな習慣を身につける基礎となり、将来さまざまな行動をデザインするのに欠かせない重要な原則を網羅しているからだ。

じっくり時間をかけて何らかの成果を挙げるにも、一度限りの大きな行動を起こすにも、あるいは望ましくない習慣をやめるにも、まったく同じプロセスが役に立つ。

いずれにせよ、**前向きな習慣を身につける第一歩は、まず「何を育てるか」を決めることだ。**実験に先立って、ここ数年、自分が何につまずいているのかをよく観察してみよう。本書を読んでいる以上、あなたはきっと、変えたくても変えられずにいる何かを抱えているはずだ。

では、変わろうとする意志を妨げている落とし穴は何か？

それは、**モチベーションの重要性を振りかざす「モチベーション・モンキー」**だ。

私たちはモチベーション・モンキーの巧みな誘導によって、あまりにも壮大な目標を設定してしまう。それはときに、私たちが驚くべき高みに到達するのを助けてくれるが、たいていの場合は頼りにならない存在である。

「フォッグ行動モデル」の小さなエクササイズ

エクササイズ1は簡単だ。2つめのエクササイズはもう少し手間がかかるが、省かないように。時間と労力に見合う成果があると保証する。

エクササイズ 1 「習慣をやめる」方法を知る

フォッグ行動モデル（B＝MAP）は、あらゆるタイプの行動変化に適用できる。このエクササイズでは、習慣をやめる方法を探る。

ステップ1：やめたい習慣を3つ書き出す。できるだけ具体的に。たとえば、「炭酸飲料を飲むのをやめる」ではなく「ランチに炭酸飲料を買うのをやめる」と書く。

ステップ2：それぞれの習慣について、きっかけを取り除く（または避ける）方法を探す。何も思いつかなければ、それでもかまわない。次のステップへ進む。
ステップ3：それぞれの習慣について、実行をより難しくする方法を探す。
ステップ4：それぞれの習慣について、モチベーションを低下させる方法を探す。
ステップ5：それぞれの習慣について、ステップ2、3、4から最良と思われる方法を選ぶ。
おまけの課題：選んだ解決策を実行する。

エクササイズ② 習得するために「プレゼン」する

物事を習得するには他人に教えるのが最善の方法だ。

ステップ1：フォッグ行動モデルのプレゼン用の台本を読む（548ページに掲載）。
ステップ2：台本を読みながら、フォッグ行動モデルの要素をグラフ化する。台本なしで説明できるまで練習する。
ステップ3：プレゼンの相手を見つける。
ステップ4：自分で描いたグラフを使って、B＝MAPの各要素について説明する。
ステップ5：2分間の説明を終えたら、「意外に思ったことは？」と問いかける。この問いかけによって、学習経験をよりよいものにする対話を引き出せるだろう。

CHAPTER

〈モチベーション〉編

「黄金の行動」を
マッチングする

サンドラとエイドリアンは、初めてのマイホームを購入した。仲介業者に案内してもらった日、二人はデッキに立ち、この家の唯一の欠点である裏庭を眺めていた。

ひどいありさまだった。石積みの塀は崩れかけ、雑草が膝の高さまで茂り、ガレージの裏にはとてつもない堆肥（たいひ）の山があった。だがその時点では、気にならなかった。アメリカンドリームに舞い上がっていたのだ。

すべてが可能性に満ちていた。家庭菜園やガーデニング。2本の立派なオークの木のあいだにハンモックをかける。レモンの木には見たことのない野鳥が舞い降りる。

売家の札を外したときは胸が高鳴った。

やるべきことのチェックリストをつくり、すぐに取りかかった。室内から始め、サンドペーパーをかけ、ペンキを塗り、どこもかしこも磨き上げた。2週間後にはリストをほとんど片づけ、残すは裏庭だけとなった。

二人はデッキに並んで立ち、状況を確認した。前とはまるでちがう気分だった。作業に疲れ、**リフォームへのモチベーションは下降気味だった**。

いったい、どうしたらいいのか？

サンドラは子どものころは両親の家の芝を刈ったものだが、ガーデニングの経験といったらそれくらいだ。エイドリアンはアパート育ちなので、さらに縁がない。庭仕事の道具もない。そもそもニューハンプシャーでレモンの木は育つのか？

望みははっきりしていた。友だちと楽しく過ごし、未来の子どもたちがスプリンクラーの水をよけて駆けまわり、秘密基地をつくるのを見守れるような美しい裏庭だ。ところがいまや、**そんなものはかなわぬ夢のように思えた。**その夢をかなえるには途方もない作業が必要だ。

こんなとき、たいていの人は庭に背を向けて部屋に戻り、あとでやろうと自分に言い聞かせる。あるいは、猛烈な勢いで庭仕事を始めてがむしゃらにがんばるまではいいが、3時間も悪戦苦闘すると降参して投げ出してしまう。

どちらにしても、夢は先送りとなり、罪悪感や失望、挫折感だけが残る。

では、彼らには何が起きていたのだろう？

サンドラとエイドリアンの問題は、モチベーションを唯一無二の頼みの綱にしてしまったことが原因だった。

モチベーションはあてにならない

――「モチベーション頼み」が失敗する理由

モチベーションはあてにならない。家の修繕に限らず、食生活や運動習慣、創作活動、税金の申告、事業の立ち上げ、職探し、大きな会議の計画など、前進しようとするあらゆる種類の行動において、モチベーションは不安定だ。

頭の中で、モチベーションこそがカギだとささやく「モチベーション・モンキー」の罠は手ごわく、どこにでも潜んでいる。重要なプロジェクトに挑戦しているときも、自分の習慣を変えようとしているときも、あなたを邪魔しようとする。

困ったことに、**大半の人が、モチベーションこそ行動変化の真の原動力だと誤解している。**「報酬」や「インセンティブ」といった言葉があまりにも頻繁に使われるため、適切なニンジンさえあればどんな習慣でも身につけられると誰もが信じている。そんなふうに考えるのは無理もないが、明らかなまちがいだ。

モチベーションは、行動をうながす3つの要素の1つであることは確かだ。

しかし、**モチベーションは気まぐれで、すぐに変化してしまう。**本章では、このことから生じる問題について掘り下げていく。

モチベーションはまるでパーティ好きの友だちのようだ――一緒に遊ぶのは楽しいが、空港への迎えを頼めるような相手ではない。その役割と限界を理解したうえで、すぐに気の変わる友をあてにしない行動を選ばなくてはいけない。

まずは、**モチベーション・モンキーが仕掛けるゲームの罠を、1つずつ分析していこう。**そうすれば罠を避け、本当に望むものを手に入れる術を知ることができる。ニンジンをぶら下げる必要も、罪悪感に苛（さいな）まれる必要もない。

モチベーションは「複雑」である

基本的な知識から始めよう。

モチベーションとは何か？

モチベーションとは、特定の行動（今晩、ほうれん草を食べる）、または一定の幅のある行動（毎晩、野菜とそれ以外の健康的なものを食べる）を取りたいという欲求である。

心理学者は、これを「外発的動機付け」と「内発的動機付け」という用語で区別して論じることがある。申し訳ないが、私は**この区別は説得力に欠け、現実の世界ではあまり役に立たな**

モチベーションの3つの源

いと感じてきた。

私はむしろ、**モチベーションの3つの源**に着目している。つまり、自分自身（人にもともと内在している欲求）、行為に対して与えられる報酬または罰（アメとムチ）、状況（友だちがみんなそれをしている、など）の3つだ。

これをイメージしやすいように私が考案したのが上のPACパーソンという人物モデルだ。この先、何度も登場することになる。

PACは人（Person）、行為（Action）、状況（Context）の頭文字で、**人間の行動を理解する基礎**になる。

モチベーションはこのPACパーソンの図が表している3つの源のうちの少なくとも1つから生まれる。

まず、**「人」には、もともと内在しているモチベーションがある**。たとえば、多くの人が自分を魅力的に見せたいと望んでいる。これは人間に自然な心理として組み込まれているものだ。

また、**モチベーションはある「行為」にともなう報酬や罰に由来することもある。**朝起きて、さあ税金を払いたいとは誰も思わないが、払わないと罰が待っているので、それが税金を払うモチベーションになる。

さらに、**モチベーションは「状況」によっても生まれる。**

たとえば、ある慈善団体を支援する美術品のオークションに参加しているとしよう。慈善団体の理念に共感し、適度なアルコールの助けがあって、競売人の熱意が強く伝わってきたら、あなたはこれらが組み合わさった状況（**入念にデザインされた文脈**）に後押しされて、つまらない絵画に大金を払うかもしれない。

実際には、ある行動をうながすモチベーションの源は1つとは限らない。こうしたさまざまなモチベーションが、ある行動へと人を後押ししたり、反対に行動から遠ざけたりする。あなたにとってのモチベーションは、あるグループに受け入れられたいという願望かもしれないし、肉体的苦痛に対する恐怖かもしれない。

モチベーションは行動を駆り立てることもあれば、後退させることもある。だが、モチベーションはつねに存在し、ある時点におけるその強さによって、あなたを行動曲線の上や下へと移動させる。

矛盾するモチベーション

モチベーションは「矛盾」する

こうしたモチベーションの複雑さは、心理的な綱引きを招くことがある。

たとえば、**サンドラとエイドリアンには矛盾するモチベーションがあった**と考えられる。

作業から離れて、きれいな家でくつろぎたいと思う一方で、裏庭の作業に取りかかり、やることリストからその項目を削除したいという思いもあっただろう。

こうした矛盾するモチベーションは、彼らを矛盾する複数の行動に駆り立てる。

あなたのまわりの友人も、矛盾するモチベーションをいくつか抱えているかもしれない。

それは心理的苦痛の原因になる。

「人工甘味料は口にしたくない。でも、どうしてもチョコレートカップケーキはやめられない」

こうした葛藤はまわりの出来事によって変化する場合がある。

モチベーションの葛藤

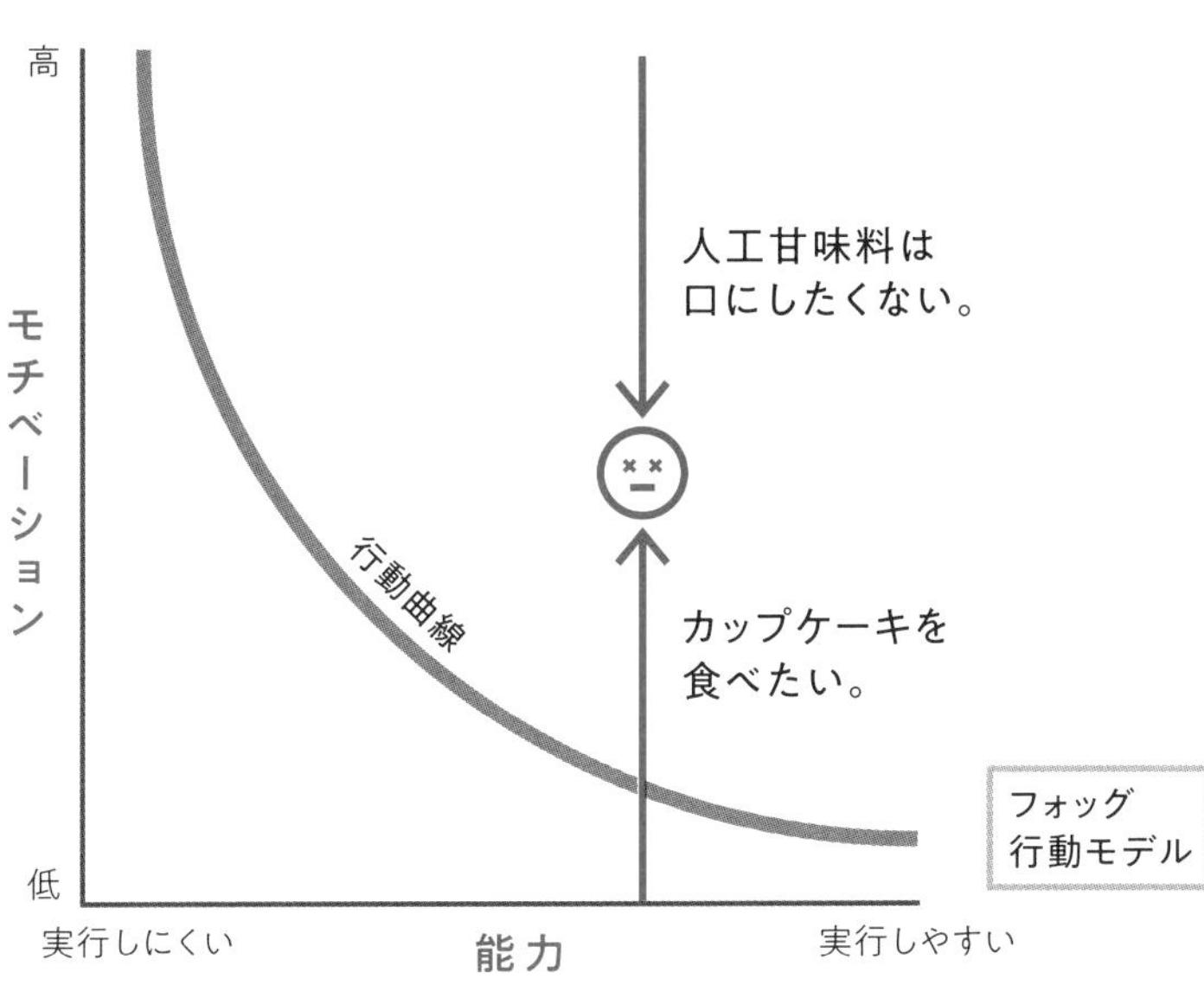

さらにやっかいなことに、**私たちはたいてい、自分のモチベーションを的確に把握していない。**

ある食べ物を食べたいという欲求がどこで生まれているのか、正しく理解していない可能性がある。

私はポップコーンが本当に好きなのか、それとも、ポップコーンを家族と食べながら映画を観た日々をなつかしく思うせいで、毎日食べる習慣が定着してしまっているのか？

モチベーションという要素は変化し、捉えどころがなく、矛盾し、対立するため、正しく理解してコントロールするのは難しい。

そのため、私たちは自分や他人に永続的な変化を起こす気持ちを鼓舞しようとして失敗し、ますます苛立ちを感じるのだ。

モチベーションには「波」がある

モチベーションの急激な高まりは、とてつもなく難しい挑戦をするときに底力を発揮する——**ただし、一瞬だけだ。**

わが子を危険から救う。

仕事を辞める。

家にあるジャンクフードをすべて捨てる。

フライトに間に合うように空港へ急ぐ。

初めての断酒会に参加する。

編集者に手紙を書く。

新年に立てた10の誓いをすべて守る……**一日だけ。**

高いレベルのモチベーションは散漫であり、持続性に欠ける。

サンドラとエイドリアンは毎日家を買うわけではない。初めてカギを手にした日、二人にはリフォームに対する強いモチベーションがあり、困難なことでも実行できる自信に満ちていた。

そしてたしかに、そのときは実行できた。それどころか、モチベーションはしばらく力にな

モチベーションの波

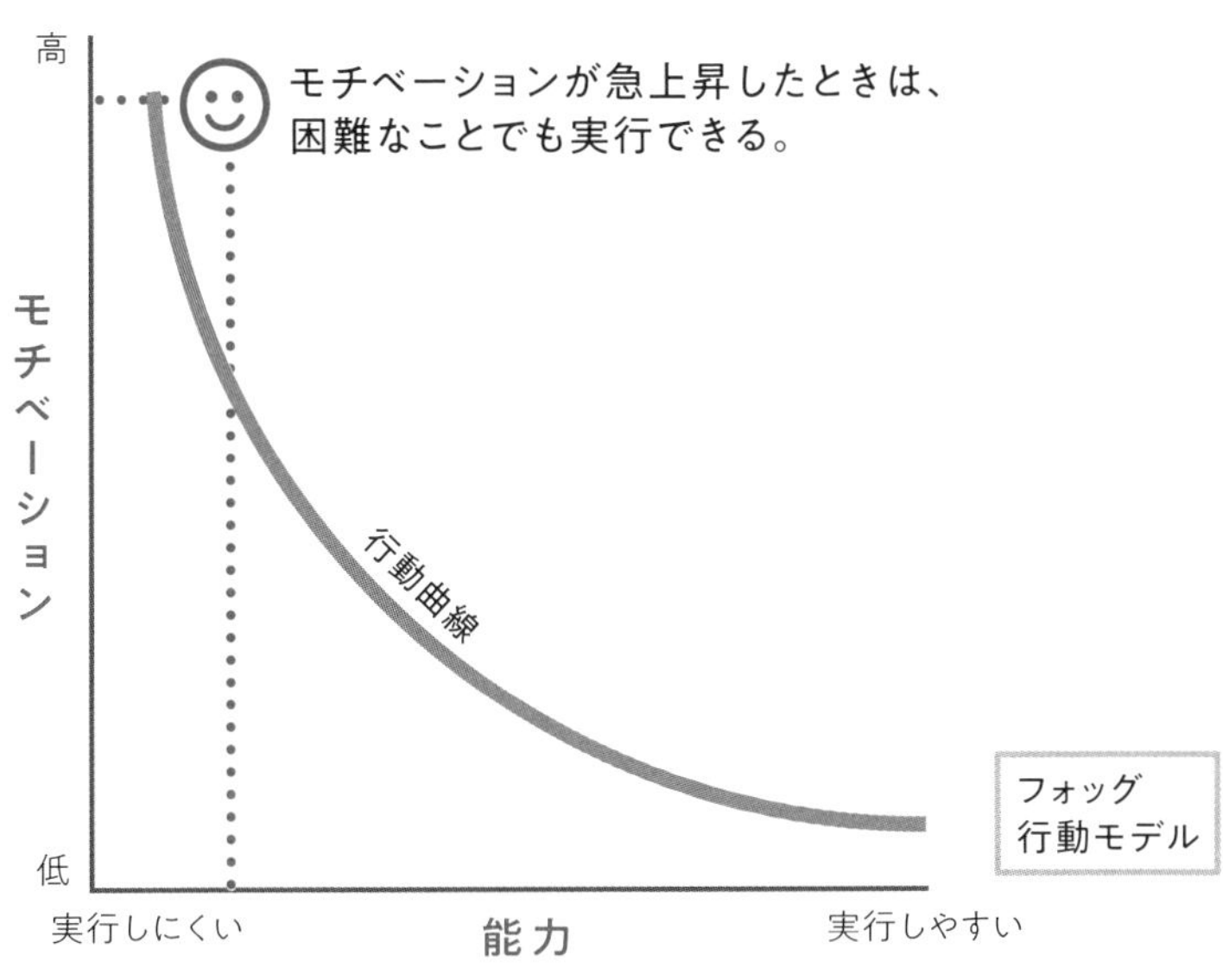

ってくれた。そのおかげで手間も時間もかかる室内のリフォームをやり遂げられた。

ところがやることリストをつくったとき、**翌日、翌週、翌月になって自分たちの感じ方がどう変化するのかを考えていなかった。**モチベーションはいずれ下がるという事実に気づいていなかったのだ。

私は行動デザインの研究において、モチベーションの一時的な高まりを**「モチベーションの波」**と呼んでいる。

あなたもモチベーションが最高潮に達し、そのあと急にしぼんだ感覚を味わったことがあるだろう。最高潮を維持できなかった自分を責めたかもしれない。

だが、あなたに落ち度はない。**これこそがモチベーションの本質的な仕組み**なのだ。

毎回「できる！」と思ってしまう

オンラインの学習講座の受講者は世界で毎年1億人近くに達するが、大多数は脱落する。多くの調査によると、**最後まで到達できる人は10パーセントにも満たない**。

学習者は最初のうちは張り切って取り組むが、やがてモチベーションが潮のように引いていく。受講料は成果に関係なく支払わなければならないとわかっていても、最後までやり抜くモチベーションにはならないのだ。

同じようなことは、そこらじゅうで起きている。あなたが肩凝りを解消しようとマッサージ器を買ったことがあるなら（テレビショッピングでおなじみの！）、残念ながら、最後に使ったのはいつか、思い出せないのではないか。それから、ショッピングモールで、いかにも健康そうな販売員に勧められた野菜ジューサーはどうだろう？　そう、家に持ち帰ってから2度ほど使っただけだ。

あなたは人間の思考によく見られる罠にはまっている。つまり、**将来のモチベーションを過大評価しているのだ**。どんなに優秀な人も例外ではない。あなたが愚かだとか、浮ついているとか、だまされやすいわけではない。**人間とはそういうものなのだ**。

私たちは経験上、自分が楽観的になりすぎることはわかっている。それでもこの「波」にはいつも流されてしまう。なぜか？

行動を駆り立てる刺激を受けたとき、あなたには何らかの感情が生まれる。それは欲求や高揚感、あるいは恐怖かもしれない。いずれにしても、**行動の裏にある感情は脳によってただちに正当化される。**その行動が多大な費用や時間をともなうものであっても、身体的な負担が大きくても、日常生活に支障をきたす可能性があっても、その感情は即座に脳によって肯定されるのだ。まずは感情が先走り、そのあとすぐに脳は行動すべき理由を見つける。

先史時代のサバンナでは、この仕組みは好都合だった。モチベーションの源泉である感情は、人類が繁栄し、生き残る力になった。おかげで、**祖先たちはライオンを目にした瞬間、反射的に強い恐怖を抱き、逃げ出すことができた。**

もし人間が理性を優先して進化していたら、誰もがみな『スタートレック』のミスター・スポックのようになっていただろう。スポックの家の地下室に、ほこりをかぶったジューサーはあるだろうか？　スポックがモチベーションの波に押し流されることはない。波に気づいたら、その下にもぐる。彼は「新鮮なジュースを毎朝飲みたい」と思っても、そんな欲求はジューサーを洗うのがどれほど面倒かわかった瞬間に消えうせるだろうと判断して、最初からジューサーを買うことはない。

モチベーションには「浮き沈み」がある

モチベーションはもっと小さな時間軸でも変化する。それは日々変化するし、分刻みでも変

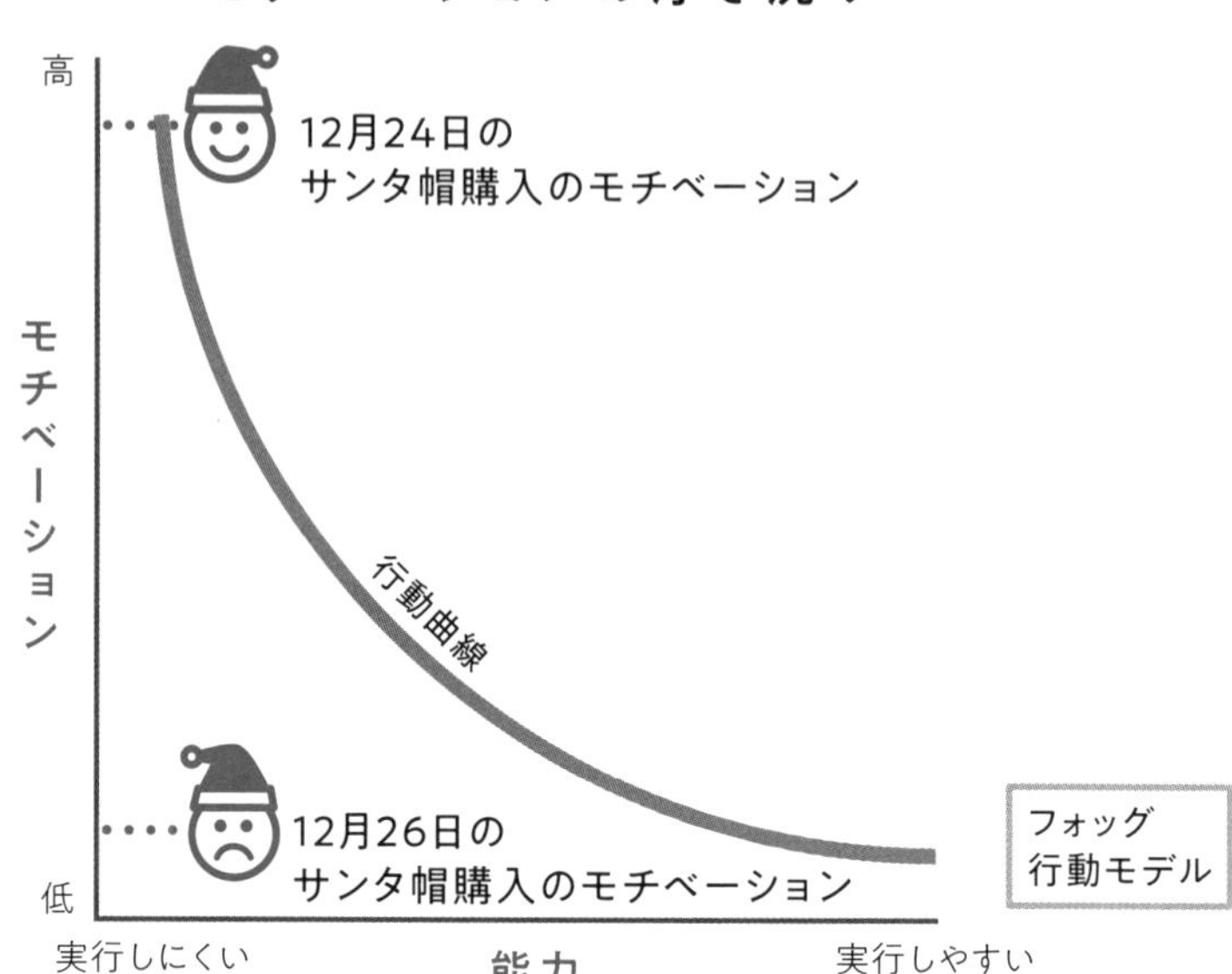

化する。あなたもそのような変化を実感できる状況を知っているはずだ。

12月26日にサンタの帽子を買ったことはあるだろうか？

デパートはクリスマス休暇の翌週にはサンタ帽を値下げする。消費者のモチベーションが下がり、サンタ帽購入のモチベーションが大きく減退するからだ。

もっと短い時間での変化もある。**やる気は朝から夜にかけて低下していく**ことが知られている。複雑な決断は一日の終わりごろになると難しくなる。また、自分を高めたいというモチベーションは、金曜の夜には消えてしまう。

自分のモチベーションを自在にコントロールできないのは、**モチベーションにはこんなふうに「浮き沈み」する性質がある**からだ。

健康業界はこの性質をうまく利用している。数年前、私はダイエット企業のウェイト・ウォッチャーズ社のプロダクトチームに行動デザインを教えた。目標はマーケティング戦略を革新し、顧客が自己変革を実現できるように支援することだった。

当時CEOだったデイビッド・キルヒホフは、ダイエットビジネスの季節性について教えてくれた。同社は一年のある時期に、ネットでの入会とキーワードの検索が急増することを把握していた。**新規顧客の登録数が年平均を大幅に上回るのは1月だ。**新年の決意の影響だ。

また、同社は9月上旬にも申し込みが急増することを把握していた。ホットドッグやアイスクリームを食べすぎた夏が終わり、ふたたびダイエットを始めようと思う時期だ。

さらに、**モチベーションの波が勢いを失う時期もはっきりしている。**11月の上旬になると、減量へのモチベーションが急激に落ち込むのだ。感謝祭とクリスマスには、ベブおばさんのピーカンパイは断れないと言い訳できる。11月と12月はダイエットを目指す人にとっては静まり返った海に等しい。モチベーションの波はどこからも来ない。

やる気は「一瞬」でなくなることもある

モチベーションの変化はいつも予測できるわけではない。まったく予測できない波もある。ティーンエイジャーのわが子が、アリアナ・グランデのコンサートに行きたいと1週間もうるさくせがんでいたのに、**前日になって突然、情熱が消えうせることがある。**あなたは、子どもの親友が直前にチケットをキャンセルしたせいで、モチベーションが一気に下がったことなど知る由もない。

モチベーションの変化は、瞬時に起きることもある。12時15分に猛烈にお腹がすいて、たっぷり食事をする。会議室にピザが残っていると1時30分に声をかけられるが、昼食をすませたばかりなので食べたいというモチベーションは感じない。

一方で、**モチベーションがずっと持続する特別な状況もある。**たとえば、あるおばあちゃんは、孫たちと充実した時間を過ごしたいといつも願っている。あるいは、友だちからよく思われたいといつも願っているティーンエイジャーも多い。

このような持続するモチベーションのことを私は「願望」と呼んでいる。これについて次に説明する。

「抽象的な願望」へのモチベーションは成果を生まない

誰もが健康でありたい、子どもにもっと辛抱強く接したい、仕事で充実したいと願っている。このような願望は長期にわたって持続する（少なくともすぐには変わらない）。これはよいことのように思えるのではないだろうか？

たしかにそうだ。**その感情は人生を変える素晴らしい出発点になる。**

多くの人が健康になり、ストレスを減らし、人生をさらに充実させたいと心の底から願っている。だが問題がある。人は願望に向かってモチベーションを奮い立たせることが永続的な変化に結びつくと思い込みがちだ。だから、人は願望のことを繰り返し考えようとする。しかし、**そこから成果は生まれない。**

誤解は至るところにあふれている。病院に行くと、色とりどりの野菜の写真に「彩り豊かな食生活を！」と書かれた屈託のないポスターがある。

これを目にして、「そうだ、もっと健康によいものを食べなくちゃ」と思う。**ところが、具体的にどうすべきかはわからない。**緑と赤はそれぞれどれくらい食べるべきなのか？　これはサラダとリンゴを食べなさいという意味なのだろうか？　まさかミントアイスとストロベリーキャンディというわけではあるまい？

「彩り豊かな食生活」へのモチベーションが高まっても、**具体的な方法がわからなければフラストレーションにつながるだけだ。**そして自分を責める可能性もある。

夢や願望を持つのはよいことだ。健康増進キャンペーンも否定しない。

だが抽象的な目標に向かって、自分や他人のモチベーションを奮い立たせようと、時間とエネルギーを投じるのはまちがったやり方である。

まずは「ほしいもの」を知る

——ゴールの解像度をクリアにする

モチベーションを過信してきたのは、あなただけではない。だが本書をここまで読んだあなたは、永続的な変化を手にするにはモチベーションにばかり頼るわけにはいかないと理解できただろう。

モチベーションは維持が難しく、確実にコントロールし、デザインすることができない。また、それが性格的な欠点ではないことも理解していただけたと思う。これは人間の本質の問題だ。モチベーション・モンキーの罠に陥らず、うまく対処しなければならない。しかし、モチベーション・モンキーの裏をかく方法を解説する前に、ひとつしてほしいことがある。

まずは、自分が何を求めているかを明確にしてほしい。

願いはできるだけ「はっきり」と描いたほうがいい。目的地に到着するには、どこに向かうのかを知らなくては始まらない。

サンドラとエイドリアンが裏庭を見渡して大興奮し、大きな夢を抱いたのはまちがっていない。それは素晴らしいことだ。あなたもきっと「事業の立ち上げ」や「早期退職に向けた貯蓄」、ずっと悩んできた「肥満の克服」といった願いがあるからこそ、本書を手に取ったのではないだろうか。

人は生まれつき夢を見る生き物であり、**誰でもポケットに野心を入れている**。だがそれはたいていポケットに入ったままだ。私たちは気まぐれなモチベーションの罠にはまっているのだ。

「願望」「結果」「行動」の3つを区別する

では、ポケットからそんな思いを取り出して、モチベーションに頼らず実現するにはどうすればいいのだろう?

まずは、**「願望」「結果」、そして「行動」のちがいを確認しておこう。**

私は行動デザインのブートキャンプやワークショップで指導するとき、参加者に対して早い段階で、生活に取り入れたいと思っている新たな「行動」はないかと尋ねる。

すると、こんな答えが返ってくる。

- スクリーンを見ている時間を減らしたい。
- もっとよく眠りたい!

・体脂肪を12パーセント減らしたい。
・息子にもっとおおらかに接したい。
・もっと生産的になりたい。

私はこう応じる。

「素晴らしい。ではその望みを現実のものにする方法を教えましょう。ただし、**みなさんが挙げたのは『行動』ではありません**。どれもあなたの『願望』や、あなたが手に入れたいと願う『結果』です」

願望とは、子どもが成績優秀であってほしいといった抽象的な望みを意味する。結果とは、より具体的で、2学期にオールAを取るというようなことだ。行動デザインに取りかかるには、どちらも優れた出発点になる。だが願望も結果も、行動ではない。

行動を、願望や結果と区別する簡単な方法を紹介しよう。

行動はいますぐに、またはある特定のタイミングで着手できることを指す。

スマートフォンの電源を切る。ニンジンを食べる。教科書を開いて5ページ読む。これらはあるタイミングで実際に着手できる行動である。

これに対して願望や結果はそうはいかない。急によく眠れるようにはならないし、今日の夕食時に体重を5キロ落とすことはできない。**願望と結果は、適切な具体的行動に着手し、時間**

をかけて初めて獲得できるものだ。

そこで私はあることに気づいた。たいていの人は具体的な行動という切り口から物事を考えるのが苦手で、その傾向のせいで足をすくわれることが多いのだ。

人は「願望」や「結果」について語るとき、「目標」という言葉を使う。しかし「目標」という言葉は曖昧なため、何を意味しているのかはっきりしない。そこで行動デザインでは、「目標」という言葉は使わず、「願望」か「結果」のどちらかを使う。

必要なのは「具体的な行動」を示すこと

私は、ある大手銀行と貯蓄の取り組みについて検討したことがある。目的は銀行の顧客に対して、緊急時の金銭的な備えとして500ドルを確保するようながすことだった。

銀行はホームページに記事や専門家の見解、統計データを掲載し、緊急時の備えがなければ、タイヤがパンクしたときやトイレが詰まって修理が必要になったとき、家計が苦しくなると呼びかけた。

「では、顧客にどんな行動を取るよう求めているのですか？」と私は尋ねた。

「緊急事態に備えて500ドルを貯金するように求めています」とプロジェクトリーダーは答えた。

高度な教育を受け、知的で優秀なプロジェクトのメンバーたちにとって、それはかなり具体的な回答だったようだ。だが、**彼らが語っているのは結果であって行動ではない。**

私はこの点をはっきりさせたくて、おどけてこう挑んだ。

「ではみなさん、いまここで500ドル貯金してください」

一同は私の「行動」の定義を思い出して笑い、理解してくれた。

そこで先に進み、緊急用の資金づくりのために顧客ができる具体的な行動を特定することにした。私たちが考えた例をいくつか紹介しよう。

- ケーブルテレビ会社に電話して、契約を必要最低限に減らす。
- 毎晩、ポケットの小銭を緊急時貯金の瓶に入れる。
- ガレージセールを行い、売上げをすべて緊急時用の貯金にまわす。

こうして私たちは30以上の具体的な行動を列挙した。優劣はあるにしても、いずれも銀行の顧客が貯蓄という結果を得るための具体策として役立ちそうだった。

銀行のプロフェッショナルたちは、自分たちのパズルに欠けているピースはモチベーションではないと気づいた。**必要なのは、簡単で効果的、かつ具体的な行動を顧客に提示することだ。**ホームページでは、「なぜ」ではなく、「方法（どのように）」に焦点を合わせるべきだと彼らは学んだ。

医療提供者も同じように視点を移さなくてはならない。私たちは病院に行くと、担当医からいろいろな指示を受ける。しかし、食生活を改善してもっと運動するようにと言われても、たいていは「食生活の改善」をどうやって実行すべきかがわからない。

「願望」を明確にする
――行動デザインのステップ1

行動デザインのステップ

ステップ1：「願望」を明確にする

行動デザインの最初のステップは、願望（または望む結果）を明確にすることだ。自分は何を求めているのか？　夢は何なのか？　どんな結果を手にしたいのか？

願望や結果を書き出し、修正の余地はないか検討してみよう。

たとえば「体重を落とす」と書いたら、「それが本当に望むことなのか？」と自問する。あなたは本当にただ体重を落としたいのかもしれない。あるいは、服を着たときにもっといい気分になりたいのかもしれないし、糖尿病を予防したいのかもしれない。サーフィンを始めたいのに体重が邪魔していると感じている可能性もある。

願望を明確にすると、それをかなえるために効率よく行動をデザインできるようになる。

あなたは「瞑想を通じてもっと大きな心を持ちたい」という願望を持っていると思っているかもしれない。だがよく考えてみると、本当の願いは、たんにストレスを減らすことだという結論に至るかもしれない。

しかも、ストレスを減らすのは大きな心を持てるようになるより簡単だ。毎日散歩をしてもいいし、10分ほど楽器を演奏するだけでも、テレビのニュースを見る時間を減らすだけでも効果的かもしれない。

このステップでは**願望や結果を修正し、「あなたにとって本当に大事なことは何か」を明確化する。**

「行動の選択肢」を挙げる
——行動デザインのステップ2

行動デザインのステップ

ステップ1：「願望」を明確にする
ステップ2：「行動の選択肢」を挙げる

ステップ2では、より具体的に考える。願望を1つ選んだら、それを実現するのに役立つ行動をたくさん考えてみよう。

このステップでは、決断をしたり、誓いを立てたりはしない。選択肢を探索するだけだ。**できるだけたくさんの選択肢を挙げるとよい**。自分の想像力をフル活用してもいいし、友人に相談してもいい。

行動の選択肢を広げるのに役立つ方法があるので紹介しよう。名づけて**「行動の群れ」**だ。

行動の群れ

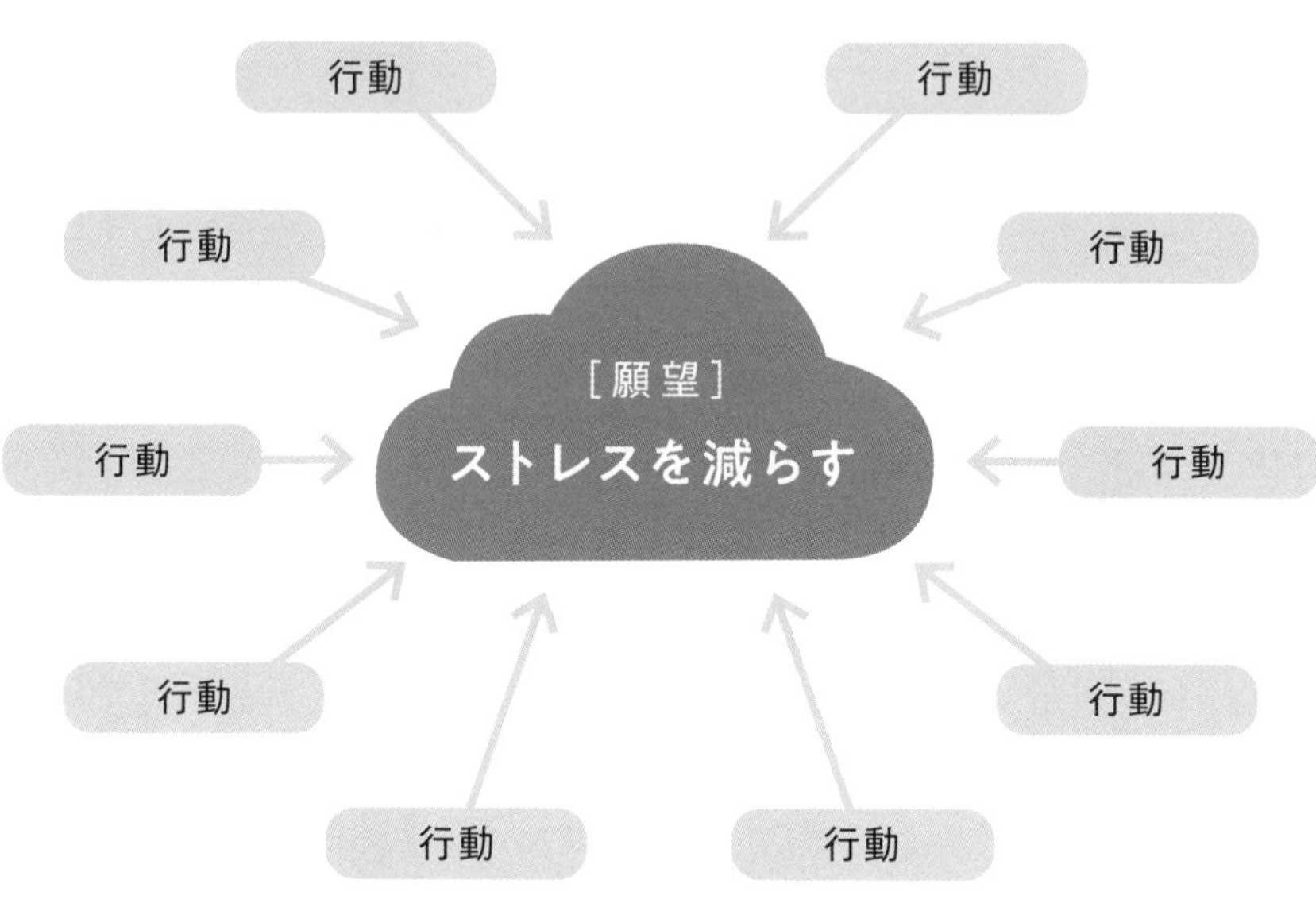

やり方はまず、上図の雲の中に願望を書き、それからまわりの枠の中に具体的な行動を書き込んでいく。

私が友人のマークにこれを教えているとしよう。彼は自分が何を望んでいるかをはっきり自覚しており、雲の中には「ストレスを減らす」と書き込む。

そこで私はこう尋ねる。「もしもきみが魔法の杖を振って、ストレスを減らすためなら**どんな行動にでも取り組めるとしたら、何をする？**」

マークが「毎週マッサージを受ける」と1つ目の行動を思いついたら、私はこう言う。「いいね。ほかには？」

この段階では立ち止まらず、アイデアを掘り下げることはしない。マークはアイデアをさらに書き出し、私は「いいね。ほかには？」

願望に近づくにはさまざまな道がある

と繰り返す。

このプロセスでは、「いまは魔法が使えるのだ。どんな行動でも実現できる」と考える。マウイに移住する。犬を連れて出勤する。管理職になって給与が30パーセント増しになる。

このステップで重要なのは自由に探索すること。そして、徹底的に楽天家になろう。

私はこのやり方を**「魔法の杖」**と呼んでいる。

だが、魔法の杖で特別な力を使うように言われても、人によっては現実的な行動を好むかもしれない（それはかまわない）。

なかには一度の行動で完了してしまうようなこともある。「瞑想用アプリをダウンロードする」といったことだ。あるいは新しい習慣が必要なこともある。「電話会議が終わるたびに2分間ストレッチをする」というのはこのタイプだ。「夜7時以降はメールをチェックしない」といった、行動をやめる行動もあるだろう。

「いいね。ほかには？」で行動をたくさん挙げる

「魔法の杖」を使って行動の選択肢をたくさん挙げるには、次の項目を利用して考えてみよう。

- **「一度で完了する行動」**は何か？
- 身につけたい**「新しい習慣」**は何か？
- **「やめたい習慣」**は何か？

行動を挙げるたびに「いいね。ほかには？」と自問し、さらに考えてみよう。そうすると、意外なものや奇抜なものから理にかなったものまで、幅広い内容の「行動の群れ」ができあがる。

行動の選択肢がたくさん挙がると、願望に近づく方法が浮かび上がってくる。これらの選択肢については次のステップで取捨選択し、より現実的に考えていく。だが、いまは幅広く検討できるように、魔法の力を使えると思って取り組んでみよう。

このステップに取り組んでいない人は、いまから始めよう。

まずは願望を雲の中に書く。次にどんな行動でもやり遂げられる魔法の杖があると想像する。あなたは何を望むだろう？

「行動の群れ」の図では、**雲のまわりの行動の欄は10個しかないが、それで終わりにしないように。**できるだけ変化に富んだアイデアをたくさん挙げておけば、あとのステップでよりよい成果を得られる。

新しいアイデアがなかなか浮かばないときは、誰かに協力してもらおう。パートナーや子ども、さらにはSNSの友人に、願望をかなえるのに役立つ行動を提案してもらうのだ。こんなふうに言う（書く）のがお勧めだ。

「どんなことでもいいから、私に◯◯を実現するのに役立つ行動をさせられるとしたら、何がいいと思う？」

驚くような提案もあるかもしれない。突拍子もないものがあっても心配無用だ。そこからいいアイデアをピックアップして実行する方法についてはあとで説明する。いまはまず想像力を豊かにして、楽しくて成果が得られそうな行動のリストをどんどん増やしていこう。

魔法の杖の力を使い果たしたら、できあがった行動リストを見渡して、それぞれをさらに深掘りしよう。ストレスを減らす方法として「犬と遊ぶ」と書いたなら、**「毎晩家で犬と〝取ってこい〟をして遊ぶ」**というように、可能な限り具体化するのだ。

それができたら、次のステップに移る。現実的な分析に取りかかろう。

やってはいけない「まちがいアプローチ」
——「どの行動を取り入れるか」のダメな決め方

行動デザインの次のステップに移る前に、変化のためのデザインについて、大きな文脈から理解しておきたい。

一般的に、**変化を目指すうえで大きな課題となるのは「実践する行動をどう選ぶか」**だ。

地点A（スタート）から地点B（願望や結果）への移動経路はさまざまだが、ここではとくによく見られる誤ったアプローチについて触れておこう。

まちがいアプローチ1

「思いつき」で行動を取り入れる

たとえば、あなたがバスで通勤しているとしよう。渋滞にはまって窓の外を眺めると、自転車に乗った男性があっという間に通り過ぎる。そこであなたはこう思う。「そうだ、自転車通勤があるじゃないか。それがいい！ 昔はよく乗っていたし。ぜひそうしよう！」

残念ながら、あなたが最後に自転車に乗ったのは12歳のころだし、通勤距離は往復24キロにもなる。それなのに、絶対に自転車通勤がいいと（その時点では）思い、専門店で装備を一式そろえる。翌日、意気揚々と家を出ると、寒くて雨が降っている。雨天用の装備は購入していなかったので、苛立ちと失望に襲われ、バス停まで歩いて向かう。結局、自転車通勤は自分には不向きだとわかる。

この場合の問題は、まるでルーレットを回すように行動を決める場当たり的な姿勢だ。

これでは自転車通勤に役立つ最適な装備を購入できるかどうかもわからない。行動が現実的か、飛躍しすぎていないかも判断できない。

行動デザインにおいて「思いつき」は禁物なのだ。

では、次の問題に移ろう。

まちがいアプローチ2

「ネット情報」に飛びつく

私たちはつねにネット上に飛び交う情報の刺激を受けている。驚くべきエピソードを披露する人がいれば、素晴らしい経験を語る人もいる。

たとえば、瞑想の達人である仏教の僧侶が登場する動画。僧侶は知恵と礼節について語っている。ストレスとは無縁そうで、気難しそうなところもみじんもない。彼は自分の血圧の数値（素晴らしい数値だ）と、安静時の心拍数（さらに素晴らしい）を説明し、証拠として脳の断層写真を見せてくれる。

あなたは思う。「すごい。これぞ瞑想の力だ。僧侶たちが何千年も実践してきただけのことはある」。僧侶は最後に、「一日わずか30分で、科学的に反論の余地のないこの方法によって人生を大きく好転させられる」と言う。あなたはすっかり感心し、ぜひとも実践したいと思う。

そこでその日のうちに、僧侶が勧めるように、実際に30分座ってみる。心を静めるのは難しいが、かなりいい気分だ……**ところが、やがて飽きてしまう**。

翌日は15分にする。しばらくはそれで続ける。だが次第にサボりがちになり、瞑想しても心を静められなくなる。やろうと思っても行動がともなわず、そのことに罪の意識さえ感じ始める。そして結局は断念するのだ。

なぜ失敗したのか？

そもそも、あなたは仏教の僧侶ではないということがひとつ。だが**最大の理由は、この行動があなたにとって難しすぎるということ**だ。あなたは、瞑想を始める時点で非現実的な期待を抱いていたにちがいない。僧侶に悪気はないが、彼が語ったのはあくまでも彼自身にとっての効果だ。瞑想によって僧侶と同じような効果を得られる保証はないのだ。

もうひとつ留意すべきは、ネット上の動画や記事、あなたがフォローしているブロガーたちが信頼できるとは限らないということだ。

行動を選択する方法としては、たんなる思いつきよりはましかもしれない。だが、「その情報を見た瞬間、興奮した」という以外に何の基準もない選択である以上、リスクが高いことに変わりはない。

まちがいアプローチ3

「他人に効果があったこと」をまねる

友人や家族のアドバイスはどれも善意にあふれているものだが、自分にふさわしい新たな習慣を決める方法として最適とは限らない。ホットヨガが友人の人生の転機となったとしても、それがあなたにとって最適な習慣になると断言できるだろうか?

朝4時半に起きる習慣を身につけたら人生が変わった、だからあなたもそうすべきだと主張する友人がいるかもしれない。極端な早起きが、よくも悪くも人生を変えることに異論はない。だが気をつけなくてはいけない。**その習慣があなたの人生を改善するかどうかは別問題**だし、むしろ寝不足のせいでほかの大きな問題につながるかもしれない。

友人の行動にならってみるのはかまわないが、あなたが同じ効果を得られなくても、けっして自分を責めないように。

以上の3つのアプローチはどれも「思いつき」と「偶然」をはらんでいる。したがって、人生における変化をデザインする方法としてはふさわしくない。

望ましい成果を得るには、体系的な基準に沿って自分自身に有効な行動を選択すべきなのだ。

そこで次のステップでは、思いつきを避けながら行動をデザインする方法を学ぶ。

「自分に合った行動」を選ぶ
――行動デザインのステップ3

行動デザインのステップ

ステップ1：「願望」を明確にする
ステップ2：「行動の選択肢」を挙げる
ステップ3：「自分に合った行動」を選ぶ

「魔法の杖」と「行動の群れ」を使って多くの選択肢が得られたら、ギアを入れ替え、現実と向き合おう。**このステップでは、「自分に本当に適した行動」を特定する。**この体系的な取り組みに思いつきの入り込む余地はない。

「行動マッチング」をするこのステップは、行動デザインの中で、もっとも重要なステップだ。あなたが望む変化がどのようなものであろうと、永続的な変化を生むカギは、いかにして自分にとって最適な行動を特定するかである。

最適なマッチングとして選択されたものを「黄金の行動」と呼ぶことにしよう。

「黄金の行動」には3つの基準がある。

「黄金の行動」の3つの基準

1. 願望の実現に**「効果的」**な行動である
2. **「自分が望む」**行動である
3. **「実行可能」**な行動である

「行動マッチング」にはいくつかの秘訣がある。「黄金の行動」を選ぶ手助けをしてくれる相手がいれば、力を借りるのが賢明だ。トレーナーや医師や栄養士、あるいはあなたの役に立つ専門知識を持つ人に協力してもらうとよい。

そうした専門家が身近にいなければ、私が考案した**「フォーカス・マッピング」という方法**

を活用してほしい。

すでに具体的な行動の選択肢を挙げたなら、「フォーカス・マッピング」には10分もかからない。自分で挙げた「行動の群れ」の行動を並べ替えていくだけだ。最終的には、2つか3つくらいの行動が浮上する。それがあなたの「黄金の行動」だ。そして**それが、ほかのすべての選択肢を脇に置き、デザインすべき対象となる。**

「黄金の行動」には、一度で完結するものもある。「ケーブルテレビの解約」は一度ですむ作業だが、おそらくテレビの視聴時間を大幅に減らすのに有効だ。「スマホをベッドの脇ではなくキッチンで充電する」といった、毎日繰り返すような習慣も「黄金の行動」になり得る。

フォーカス・マッピング
——一瞬で「ベストの行動」がわかる見取り図

フォーカス・マッピングは、行動デザインの中でも私のお気に入りのプロセスだ。

私は10年にわたってスタンフォードのプロジェクトに取り組む中でこれを考案し、自分自身の人生を変え、企業のリーダーたちが新たな製品やサービスをデザインするのを助けてきた。

それから長らく改良を重ね、**いまはこれが「黄金の行動」に到達する最良の方法だと確信している。**

実際のフォーカス・マップは次ページの図のようになる。**この見取り図に、「行動の群れ」に挙がった行動を配置していく。**

ここで、ストレスを減らしたがっているわが友マークに再登場してもらおう。

まず、「行動の群れ」で挙げた行動をカードに1つずつ書き、以下の手順に従って進む。

第1ラウンド 「影響の大きさ」を考える

フォーカス・マッピングの第1ラウンドでは、マークは行動の影響度合いについてのみ考える。ストレスを減らすのにそれが「どれだけ役立つか」。この段階では各行動が実行可能なのか、現実的であるかについては考えない。

それぞれの行動カードを見て、マークは自問する。

「この行動はストレスを減らすのにどれくらい効果があるだろう？」

その効果の大きさにしたがって、縦軸のどこに置くかを決めていく。

最初に手に取ったのは、「毎日10分ギターを弾く」というカードだ。これはあまり考える必要がない。彼はギターが大好きなので、ほんの少し弾くだけでもいつも気分がよくなる。大き

フォーカス・マップ

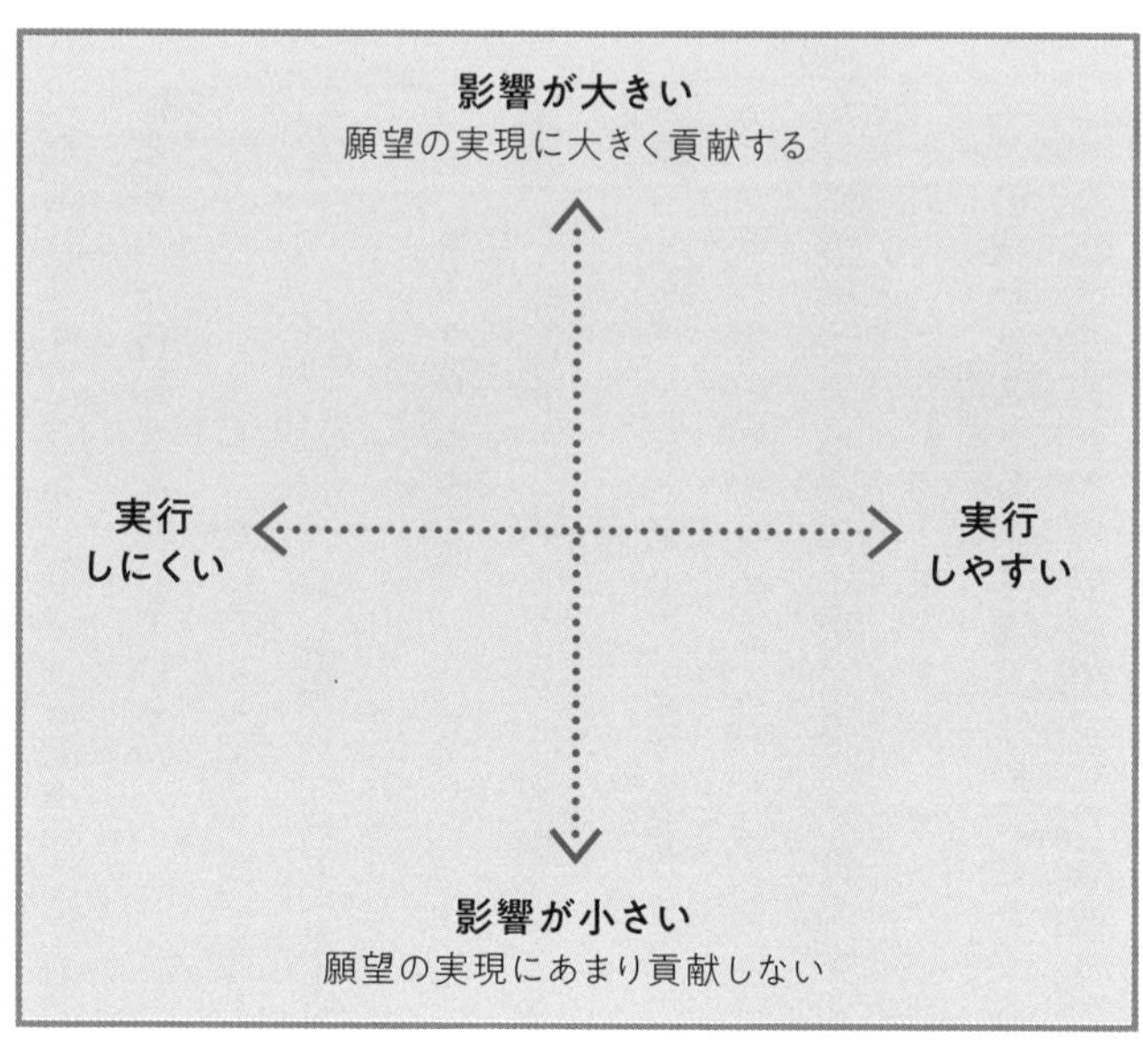

な影響があるのは明らかであり、カードを図中の「影響が大きい」の上のほうに置く。左右の位置はまだ考えなくていい。

次に手にしたカードは、「毎日退社時間を15分早める」。最初は名案に思えたが、少し考えてみると逆効果のような気もする。締め切りが迫っているときはなおさらだ。そこでこのカードは図の下側、「影響が小さい」に近いほうに置くことにする。

こうしてカードを1枚ずつ置いていく。**影響力の程度がわからないときは、だいたいこかなという場所に置こう。**必要ならあとで移動すればいい。

仮にマークが間違って「早く退社する」を影響力が大きいと判断しても、大事には至らない。最悪の場合でも、2、3日も早帰りをしてみると、急いで帰宅することが逆にストレスになることに気づく。「実験」というのはゲームのようなものなので、退社を早めたのにストレスが減らなくても、とくに落胆する必要はない。

第2ラウンド
「実行可能性」を考える

第2ラウンドでは、「実行可能性」と「現実性」を検討する。想像上の自分ではなく、現実の自分になるのだ。このときカードは上下には動かさない。実行可能性という観点から左右にだけ移動させる。

マークは「ギターの演奏」と「早めの退社」のカードを見て、**「自分はこれを実行できるか？」**と自問する。

この問いかけの表現が重要だ。モチベーションと能力が同時に問われている。この1つの問いで、行動モデルの2つの要素を検討するのだ。

ほとんどの人は、実行可能性の問いにはごく簡単に答えられるだろう。「毎晩ギターを弾けるだろうか？」と自問したマークにとって、答えはもちろん「イエス」だ。

ところが「毎日早めに退社できるだろうか？」と自問すると、マークは顔を少ししかめ、頭の中であれこれ考え始める。これは実行できないことを示す合図だ。

このように実行可能性については、たいての場合、判断がとても簡単だ。

しかし、なかには考え込んでしまうケースもある。これに対処するには、**「自分はこの行動をしたいか？」**と自問しよう。つまり、モチベーションに注目するのだ。

望まないことを自分に強要することはできない。少なくとも「確実に実行する」のは無理だ。一、二度はできても、習慣にはならないだろう。

「すべき」と思う習慣ではなく、**もともと「したい」と思っていた行動を選べば、あとでモチベーションの問題にわずらわされずにすむ。**

たとえば、アイスクリームを食べるのを毎日の習慣にしたいとする。何の問題もないだろう。なぜか？　丸一日働いたあとにチョコチップアイスを食べるのに気持ちを奮い立たせる必要などないからだ。この行動をフォーカス・マッピングするとしたら、「もちろん実行しやすい」と考え、図のいちばん右にカードをスライドさせるだろう。

カードを左右に動かすときは、価値判断をする必要はない。自分がその行動をしているところを想像すると、少し不安を感じたり、あるいは楽しみに感じたりするかもしれない。これらのあいだにはさまざまな感情の幅があるが、ここで重要なのは、それを「したい」と感じるか、それともたんに「すべき」と思っているのか、だ。

行動デザインはこの現実を認めている。**永続的な変化を成功させる決め手は、自分が「したい」と思う行動を選ぶこと。**

たとえば、毎日運動しようと思ったら、選択肢はいくらでもある。朝食の用意をしながらビヨンセの曲に合わせて5分間ダンスするのが自分の「したい」運動なら、それを日課にしよう。スポーツジムのランニングマシンは忘れることだ。

行動デザインは従来のアプローチとは大きくちがい、**あなたがすでにしたいと望んでいる習慣**に着目する。ある習慣を選んでからモチベーションを引き出す努力をするのではない。そのため**行動デザインで選ばれる新たな習慣には、もともとモチベーションが備わっている。**ほかのアプローチでは、自分が「すべき」と思う習慣の維持に苦労するだろう。そして結局うまくいかない。永続的な変化を起こすには、本人が望む行動を使うことが非常に重要なので、私はこの点をとくに強調している。

フォッグの格言1
――「相手がしたいと思っていることをできるよう助ける」

この格言は、私が行動デザインを指導した大勢のプロフェッショナルに、大きな気づきを与えてきた。

あなたも、すでにやりたいと思っていることを実行すれば、状況を変えられるだろう。私はフォーカス・マッピングの手法をデザインするにあたり、この格言を忠実に守ってきた。だが、それだけではない。第2ラウンドの「自分はこれを実行できるか？」という問いには、能力に関する問いも含まれている。

たとえば、**毎朝新鮮な桃を食べようと思っても、冬場のメイン州では手に入らないので、通年で毎日桃を食べるのは難しい**。あなたにはこの習慣を確実に実行する能力がないので、カードは左端に移動する。

カードを分類するときは、日常生活の中でその行動を実行する場面を想像すること。

「もっと果物を食べる」というのがあなたの願望で、選んだ行動が「オートミールにブルーベリーを添えること」だとしよう。

このとき、理想の自分が毎朝早起きしてオートミールを用意する場面を想像してはいけない。そうではなく、**「本当の自分」が家を飛び出す20分前にベッドから這い出すところを思い浮かべるのだ**。

すると、毎朝オートミールにブルーベリーを添えるのは現実的とは思えなくなる。それなら、代わりにカバンにリンゴを放り込むのはどうだろう？

フォーカス・マッピングの目的は、**自分が望み、願望に近づくのに役立つ簡単な行動**を見つけることだ。

もっとも簡単で、やる気の出ることから始めれば、より大きな行動に向かって自然とはしごを登っていける。ひょっとすると、いずれオートミールのブルーベリー添えも食べられるようになるかもしれない。

行動デザインでは、**ものすごく急いでいるときや、やる気のないとき、体調が悪いときでも実行できるような行動を選択する。**1週間のうち、もっとも大変な日にも自分がその行動をできている姿を想像できれば、その行動は、きっとやり遂げられる。それこそが「黄金の行動」だ。

「黄金の行動」を突き止める
——これなら効果があるし、自然に続く

行動マッチングの実証研究を始めたばかりのころ、私は書き込みのできるカードを大量に買い込んだ。訓練を重ねるうちに、「魔法の杖」で「行動の群れ」を手際よく作成できるようになった。**タイマーを5分にセットして、その間にカードに25の行動を書けるかどうか試したも**

のだ（あなたが思うより簡単だ）。

それからカードを選別し、キッチンカウンターに広げたフォーカス・マップに置いていく。

そうしてステップ通りに考えていけば、すぐにでも実現できる具体的な行動を選び取ることができた。

私はいまでもこれを行っている。**あっという間にできて、とても効果的だ。**

ここで実際に私自身がフォーカス・マッピングを行った、最初のころの例を紹介したい。スタンフォードで大規模な会議の開催をまかされ、ひどいストレスから眠れない日々を過ごしていたときのことだ。いつもの楽天的な自分とはちがって、会議が大失敗するのではないかと神経質になっていた。もっと睡眠の質が高まれば気持ちも明るくなり、仕事もはかどるはずだと思っていた。

そこで、「睡眠の質を高める」ことを願望として、私はお気に入りの黒いペンとカードの束を持ってキッチンカウンターの前に陣取った。

それから「魔法の杖」を振り、快眠に役立ちそうな行動を挙げていった。

- 夜7時以降はスマホを機内モードにする。
- 夕食の時間を1時間早める。

- 毎晩、安眠のためにホワイトノイズマシンを作動させる。
- 遮光ブラインドを取りつける。
- もっといい寝具を買う。
- 寝る前に15分、リラックスタイムを設ける。
- 寝る前に心配事をすべて書き出す。
- 夜は愛犬ミリーをケージに入れる。

これは私のリストの約4分の1にすぎないが、だいたいこんな感じだ。

これらの行動をカードに書き出すと、第1ラウンドとして「影響の大きさ」を考えながらフォーカス・マップの上に置いていく作業に移った。

影響が大きいと思われるのは、「スマホを機内モードにする」こと、「ホワイトノイズマシンの導入」、それから「遮光ブラインド」だったので、**それらを「影響の大きさ」を示す縦軸の上のほうに置いた。** また、愛犬ミリーは年を取るにつれて夜中に歩きまわることが増えていたので、彼女をケージで寝かしつけるのも確実に効果がありそうだった。

夕食を早めにすませれば早めにベッドには入れるが、早く眠りにつけるかどうかはなんとも言えない。そこで「夕食を1時間早める」は縦軸の中ほどに置いた。

それから第2ラウンドに進み、各行動について実行できそうか自問した。

夕食を早めるのはとても無理だとすぐに気づいたので、「実行しにくい」ことを示す左端に移動させた。遮光ブラインドを取りつけるのは一度でできる簡単な行動だ（業者に頼んでしまえば終わりだ）。そこで右端に移動させた。ホワイトノイズマシンも同じだ。毎晩スイッチを入れるのは簡単だ。

スマホを機内モードにするには、2、3のステップが必要だ（端末をアクティブにして、タップやスワイプをする）。そこで私は「スマホをサイレントモードにする」とカードを修正した。**これでさらに簡単になった。**そしてミリーを毎晩ケージに入れるというカードと一緒にそれを右端に移動させた。

「右上の行動」だけを心に刻む

フォーカス・マッピングが完了したとき、見取り図には行動が分散しているだろう。たとえばこんなふうに（左ページ）。

このプロセスには数分しかかからず、**私はあっという間に「黄金の行動」を特定した。**

一度で完了する行動が1つ（遮光ブラインドを取りつける）、それから習慣にできそうな行動が3つ（スマホをサイレントモードにする、ホワイトノイズマシンを作動させる、ミリーをケージに入れる）である。

行動を俯瞰する

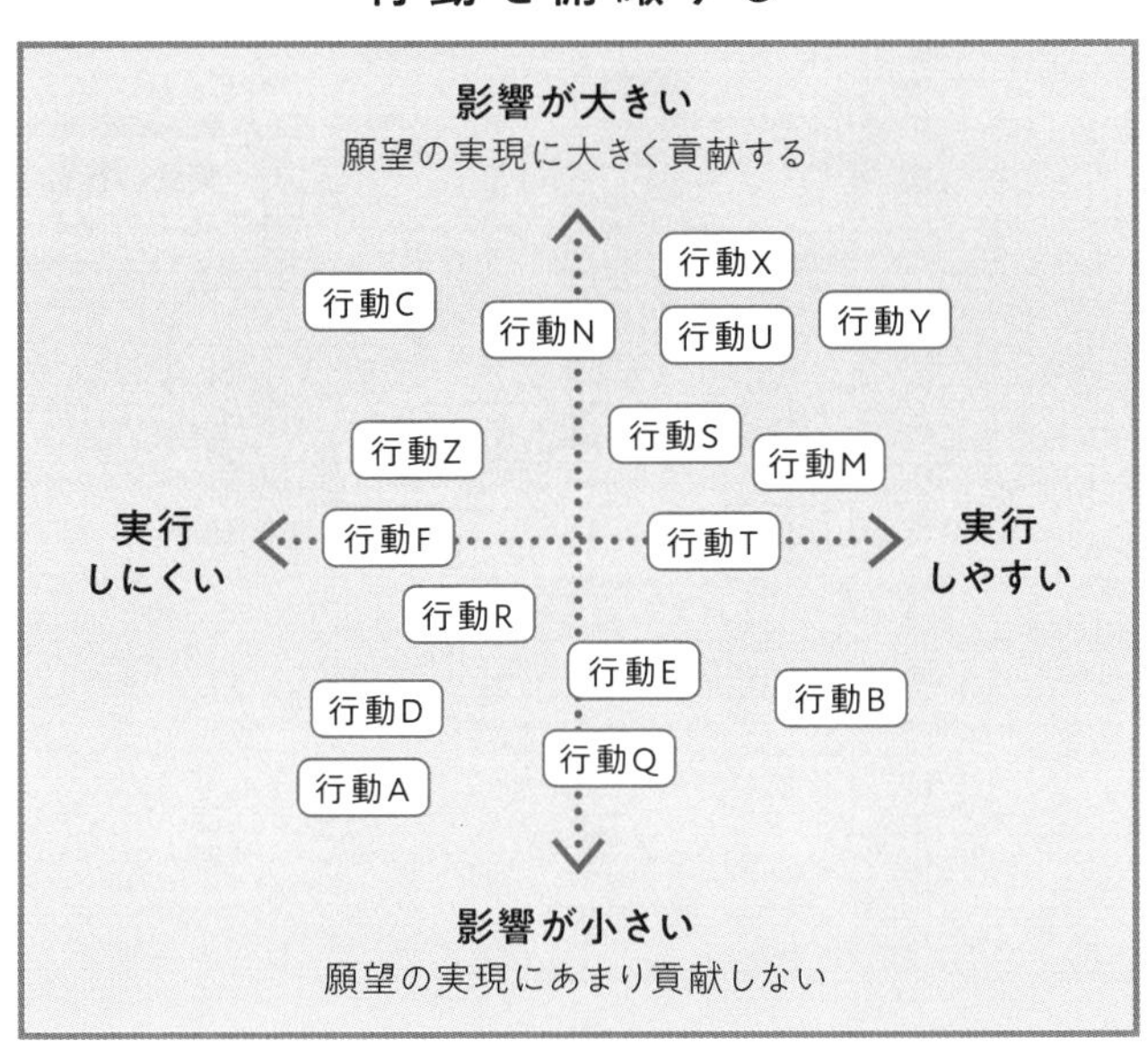

フォーカス・マッピングの最後のステップは、採用すべき行動の選択だ。どれを採用してどれを除外するか。

最終的に残るのは右上の領域にあるいくつかの行動になる。これらの「黄金の行動」が特定できたら、それ以外は忘れてかまわない。

「これだ」と確信できる

「黄金の行動」を選択するのはとても簡単だ。だがそれ以上に驚きなのは、その選択がじつに的確だということだ。

私は何週間ものあいだ、睡眠の質を高めるにはどうしたらよいか悩み、手に負えそうにないと思っていた。現代社会では睡眠は大勢の人の悩みの種だ。

ところがたんなる願望から踏み出してみると、自分にできる具体的で簡単な行動がすぐ

「黄金の行動」を特定する

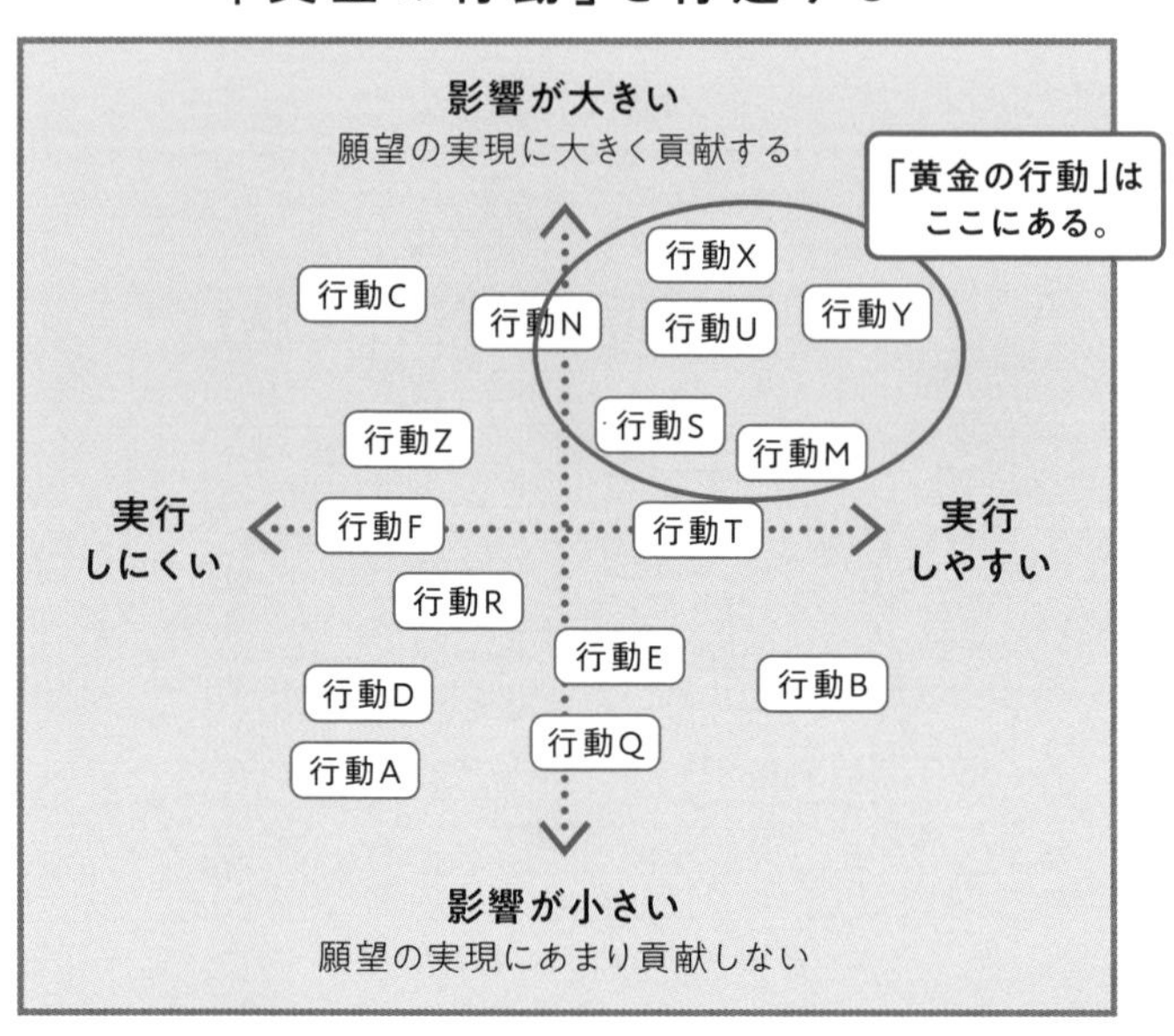

に特定できた。とてつもなく独創的でも、あっと驚くようなものでもないが、私にふさわしい行動だ。**私が、実生活で、たしかに実行できるものだ。**

「黄金の行動」を手にしたとき、私は確信を覚えた。

「これならできるに決まってる」と思い、「どうしてこれまで思いつかなかったのだろう？」とさえ感じた。

このマッチングに対して同じような感覚を抱くのは私だけではない。学生やクライアントとフォーカス・マッピングを行うたびに、彼らが**「これだ！」**と発見する場面に遭遇する。

「一度でできる行動」を実行し、「新しい習慣」を取り入れてから1週間ほどで私の睡眠の質は大きく改善した。

それまではほとんど毎晩、会議のことが気になって深く眠れずにいた。まるでベッドに入るのが、戦いに臨むような気分だった。ところが、それを変えることができた。前よりよく眠れるようになり、楽観的な気分を取り戻し、圧倒されるほどたくさんの仕事を片づけられるようになった。ひとえにフォーカス・マップの、そして行動デザインのおかげである。

（補足：その後、夜になったらミリーをケージに入れるのはやめた。ケージに閉じ込められる気分を想像すると気がとがめる。そんな気分は味わいたくなかった。**新しい習慣が自分の望まないものになったときは、いつでも自由に修正すべきである**）

「したい」と「できる」が一致した行動が定着する

フォーカス・マップを完成させた時点で「黄金の行動」を見渡すと、楽観的な気分になると同時にやる気もみなぎってくるはずだ。**「したい」と「できる」が一致した行動、それこそが実行できる可能性がもっとも高い行動である。**その行動こそが、習慣を成長させるもっとも肥沃（ひよく）な土壌なのだ。

タイニー・ハビットでは、新しい習慣を「小さな種」と考えることを重視している。適切な場所によい種をまけば、自然と成長する。よい種を入手するのに大切なのは、自分が実行でき、実行したいと思う行動から始めることだ。

自分がうまくできる行動を選べば、やがて自信と達成感が増し、その結果、より大きな行動へのモチベーションも自然と高まる。ただし、**自分に正直に、具体的な行動を選び、かならず小さく始めなければいけない。**

願望については大きな夢を持つべきだが、そこに至るための行動となると話は別だ。**行動は地に足がついた、具体的なものにしなくてはならない。**そうした行動は岩を登るための足がかりとなる。頂上に到達する道筋は人それぞれ、自分が登り始めた岩にふさわしいルートを選ぶべきなのだ。

自分に適切な行動をマッチさせる——それが行動デザインのプロセスにおいてもっとも重要な点であり、うまくいかないときに立ち返るべき大事な場所である。

まとめ
——最高の習慣を定着させる

願望または結果を明確にし、行動の選択肢をできるだけ多く考え、「黄金の行動」を自分にマッチさせる。それが、自分自身の生活に行動デザインを組み込み、ベストの習慣を定着させる秘訣である。

行動デザインの次のステップは、**すべてをできるかぎりシンプルにする**ことだ。私がこれから語るシンプルさはちょっとした驚きをもたらすかもしれない。

少しずつ前進すべきだという忠告は誰もが耳にするが、私は数年前、行動変化の世界ではこれが十分に取り入れられていないことに気づいた。そこで自分で実践してみたところ、画期的な効果を生んだ。

次の章では、**「本当に小さい」とはどういうことかについて説明する。**しっかりとした目的意識に裏づけられた「ごく小さなこと」から始めることによって、「黄金の行動」を実現させる秘訣を掘り下げていこう。

「行動デザイン」のための小さなエクササイズ

エクササイズ1では、願望を「睡眠の質を高める」と設定する。エクササイズ2では、あなた自身の願望について考えてみよう。

エクササイズ①【簡略版】「黄金の行動」を見つける方法

ステップ1：紙に雲を描く。
ステップ2：雲の中に「睡眠の質を高める」と書く。
ステップ3：「睡眠の質を高める」という願望につながりそうな行動を10以上挙げる。雲のまわりに行動を書き、それぞれから雲に向かって矢印を引く。これで「行動の群れ」の完成だ。
ステップ4：願望の達成に「とくに効果がありそう」と思う行動を4つか5つ選び、星マークをつける。

ステップ5：自分にとって「簡単にできそう」な行動のすべてを丸で囲む。現実的に考えること。

ステップ6：「星と丸の両方がついた行動」を確認する。それらがあなたの「黄金の行動」だ。

ステップ7：生活の中で「黄金の行動」を実行する方法をデザインする。このステップはとくに集中して取り組むところだ。これについてはまだ詳細に説明していないので、いまのところは直感的に考えてみてほしい。

エクササイズ② 「フォーカス・マッピング」を使う

今度は自分の願望を選び、（星や丸は使わず）フォーカス・マッピングを使って自分に適した「黄金の行動」を探してみよう。

ステップ1：紙に雲を描く。

ステップ2：雲の中に願望を書く（何も思いつかなければ「ストレスを減らす」としておこう）。

ステップ3：願望につながりそうな行動を10以上挙げる。雲のまわりに行動を書き、それぞれから雲に向かって矢印を引く。

ステップ4：すべての行動をカードか小さな紙に1つずつ書く。これがフォーカス・マッピングの最初の一歩だ。

ステップ5：行動カードを「影響力の大きさ」に応じて上下に移動する。この段階では、実行できるかどうかは考えない。各行動の「影響度」にのみ注目する（126ページのフォーカス・マップを参照）。

ステップ6：行動カードを「実行しやすさ」によって左右に動かす。本当に、自分はそれを実行できるだろうか？

ステップ7：右上のゾーンに注目する。そこに並んでいるのが「黄金の行動」の候補となる（1つもなければ、ステップ3に戻る）。

ステップ8：さしあたり直感的に、生活の中で「黄金の行動」を実践できそうな方法を考える。これを考える体系的な方法については次章で紹介する。

CHAPTER

〈能力〉編

習慣を「簡単なもの」に変える

ヤフーとグーグルのちがいは何か？　ブログとツイッターのちがいは？　ひとつのイノベーションが廃れ、やがてまた新しいものが世界を席巻するのはなぜか？　才能？　先見の明？　資金？　運？

もちろんどれも大切だが、ほかにも多くの要因がある。だが、最大の要因はいちばん見過ごされているかもしれない。

それは「シンプルさ」だ。

2009年、マイク・クリーガーとケヴィン・シストロムは、斬新なアプリの開発について検討を始めたとき、まずは前年に失敗した「バーブン」という位置情報共有アプリについて振り返って検証した。二人はこれを徹底的に分析し、悪かった点だけでなく、うまくいった点についても評価した。その過程で着目したのが、のちに数十億ドルの事業へと成長する種となる写真共有機能だった。

バーブンのチェックイン機能（自分の位置情報を友だちとリアルタイムで共有できる）はあまり評判がよくなかったが、写真共有機能は大人気だった。そこで二人は、手軽に持ち運べるｉＰｈｏｎｅのカメラの機能を存分に生かせるようなアプリをつくろうと決めた。

クリーガーとシストロムは、**写真の共有は「黄金の行動」**だと考えた。友人と写真を共有するのは楽しいし、好意的な評価を得られたら誰でも嬉しい。

二人が考えたもうひとつの「黄金の行動」は、自分が撮影した料理や黄昏時（たそがれどき）の風景、子犬の写真をもっと魅力的にする「フィルター機能」だった。これがあれば、ユーザーは自分の写真に自信が持てるし、さらにシェアしたくなる。

ここで重要なのは、彼らはユーザーがすでに望んでいた行動を選択することで、**「モチベーション」の要素をしっかりと押さえていた**ことだ。行動モデルに照らすと、この事業は初めから有望だった。それだけでもある程度の成功をつかんでいたかもしれない。

だが、彼らをシリコンバレーの巨人へと一気に押し上げたのは、次の行動だった。彼らは**「黄金の行動」を徹底的にシンプルに仕上げた**のだ。

インスタは「シンプル」を極めた
――シンプルに、もっとシンプルに

クリーガーはスタンフォードで私の講義を受けたばかりだった。彼は人間はどのような条件がそろったときに行動するのかを理解し、また、**他人の行動を引き出すにはその実行をいかに**

簡単なものとしてデザインできるかが重要だと知っていた。

バーブンが失敗した理由もそこにあった。バーブンには不必要な機能や、わかりにくい機能がたくさんあったのだ。この気づきにより、クリーガーとシストロムは新たな写真共有アプリをシンプルにしたいという思いをさらに強くした。

2010年にインスタグラムを発表したとき、**写真を投稿するまでのタップ数はたったの3回**だった。アップストアに初登場したときも、インスタグラムは「ものすごく簡単」だと紹介され、そのシンプルさは当時の競合アプリと比べると一目瞭然だった。

写真のシェアに大きなビジネスチャンスがあると気づいたのは、クリーガーとシストロムが最初ではない。発表当時、強力なライバルとしてフリッカーやフェイスブック、ヒプスタマチックなどの存在があった。

どのサービスも洗練された機能を満載し、フェイスブックとフリッカーは資金力やインフラの面でも圧倒的だった。かたやインスタグラムは二人の若者がカフェでつくった無料アプリだ。**機能といえば、写真を撮り、フィルターで加工し、シェアすることだけ**。そこまでシンプルなものはめずらしかった（いまでもそうだ）。

競合サービスのすべてがユーザーの望むさまざまな機能を備えていたが、このビジネスの暗号を解いたのはインスタグラムだけだった。発表から18か月足らずで、インスタグラムはフェイスブックに10億ドルで買収された。当時、この買収金額は高すぎると揶揄（やゆ）された。ところが現在、インスタグラムの評価額は1000億ドルを超えている。

「成功者のストーリー」に騙されるな

では、インスタグラムのシンプルな手法は、なぜここまで成功したのか?

アプリの開発者たちはなぜ誰もが同じようにしないのだろう。わかりきったことではないか?

それがそうでもない。

どういうわけか**私たちには先入観があり、何かを達成しようとするなら徹底的に取り組まなくてはいけないと思い込んでいる。**悪習をやめたり、悩みを解消したり、大金を稼いだりするには、大胆な行動に打って出るしかないと。

一気に断ち切る。家を売って海辺に引っ越す。手持ちのチップをすべて「オールイン」する。

こうした極端なやり方で成功すれば、たしかに羨望(せんぼう)の的になる。たとえば、3歳のころから毎日12時間トレーニングを続けてきたオリンピック選手や、成功を収めながらすべてを売り払ってイタリアに隠居し、本当の幸せを見つけた元実業家など。

大胆な行動そのものは悪くない。人生と幸福にはときに大胆さも必要だ。

だが、**成功者の物語がメディアで印象深く伝えられるのは、それが「例外的」だからだ**ということを忘れてはならない。大胆な行動は、ドラマになるのだ。他方、持続的な成功へとつながるゆるやかな進歩は見向きもされない。私がトイレのあとに腕立て伏せを2回する場面が取材されないのはそんな理由からだ（まあ、それだけが理由じゃないだろうが）。つまり、**大きく大胆な行動は、一般に思われているほど効果的ではない**のである。

小さいことは、注目はされなくても実際には効果的で持続性がある。人生における変化に関していえば、**大きく大胆な行動は、小さく目立たない行動に比べて総じて効果が小さい。**

やることはすべて徹底してやろうと考えていると、自己批判と失望が待ち受けている。すでに述べたようにモチベーション・モンキーは私たちを大きな行動へ誘おうとするが、苦しくなると逃げ出してしまう。

また、大きな行動は痛みをともなうこともある。私たちはよく、肉体的にも精神的にも無理をしてしまう。だが**そんな努力は、しばらくのあいだ続くことはあっても、そう長く持つことはない。**無理をしても、いい習慣を身につけることはできないのだ。

あなたは「小さく考える」方法を知らない

それなのに多くの人が行動を変えるために徹底した行動を取ろうとする。

おそらく、小さく考える方法を知らないのだ。

つまり、「行動をシンプルにする考え方」は、学んで習得すべきスキルだということになる。**たとえ行動をいくつかのステップに分解しても、まだ大きすぎたり、複雑すぎたりすることが多い。**そのせいで圧倒され、モチベーションの波が引いて自分が置き去りにされ、気がつけば軌道修正できなくなってしまう。

インドのベンガルールに本拠地を置くフォーチュン500企業で、プロジェクト・マネージャーを務めるサリカは、何年にもわたってモチベーションの浮き沈みを経験してきた。タイニー・ハビットを始めるまでは、健康維持のため自炊と運動の習慣を身につけようと努力を重ねていた。

だがサリカには双極性障害があり、気分や気力に極端な波があった。薬を使えばある程度は症状を管理できるが、その副作用は重い。医師たちからは、瞑想と運動、心理療法によって症状は緩和できるが、そのためには日課を守ることが欠かせないと言われた。

日課を守れば症状が表れるのを早めに察知し、生活に支障をきたす前に対応できる。たとえば、毎朝、廊下の観葉植物に水をやる習慣を身につけられたら、その行動をするときの気分を確認できる。これは調子のいい日なら、何も考えずにできる行動だ。ところが、忘れないように戸口に置いた水差しを無視したい衝動を感じたら、それは何かが起きつつある兆候だ。そうして、ほかの習慣に対する反応も、注意深く見守っていけばいいというわけだ。

ところが、ひとつだけ問題があった。

サリカはどんなに努力しても、日課を守れなかったのだ。

タイニー・ハビットに出合うまで、サリカの人生には仕事に行く以外、日課がなかった。毎日の出勤時間さえ不規則だった。朝食は屋台で買い、昼食は食べるとしたらテイクアウト、自宅のキッチンはほったらかしで、本当にひどい状態になってから、必死に1時間、片づけに没頭する。

瞑想は大好きだが、クッションに座ることなく何週間も過ぎてしまうこともあった。

瞑想や毎日の安定した習慣を守らなければ、自制心を失いやすくなり、病院に行かなければならなくなる。家では気が短くなり、職場では落ち込んだ。だが、医師たちから**習慣を守るように指示されると、火星に打ち上げる宇宙船をつくれと言われているように感じる**のだった。

サリカは「高揚と消沈」の循環から抜け出せなかった。日常生活の中でとくに足かせになっていたのが理学療法だった。

彼女はケガをしたひざの痛みを和らげるため、医師から30分の運動を日課にするように勧められていた。だが何か月かごくたまに運動してみたものの、少しもよくならなかった。だから運動は続かず、いつまでもサポーターを外せるようにならなかった。

痛みが和らいだときはモチベーションが一気に高まり（高揚）、このときばかりは先延ばしにしていた運動に取り組んだ。ところが、ふだんから運動をしていないせいですぐに痛みを感じて、**「高揚」のあとにはまた運動しない日々が続いた。**

彼女は身につけようとしたあらゆる習慣について、こうした悪循環に陥っていた。

継続に「能力」の有無は関係ない

サリカのような経験はめずらしくない。多くの人が「高揚」と「消沈」のあいだを行き来し、不安や失望に陥っている。

炭酸飲料をやめたい、朝早く起きたい、毎晩自宅で夕食をつくりたい、収入をきっちり管理したい、毎日、自己研鑽（じこけんさん）の時間を持ちたいなど、切実な願いは人それぞれだ。

多くの人が感情の起伏を経験する。サリカは、健康的な習慣を身につけられないことについて仕方ないと思える日もあれば、落ち込む日もあった。彼女の自信はほぼゼロで、**自分には永続的な変化を起こす能力がないのではないか**と感じていた。

だがついに、サリカは習慣をデザインする効果的な方法に出合った。天体物理学を修めなくてもすむ手軽な方法だ。

タイニー・ハビットの方法で、小さく確実に、日課を組み立てるようにしたのだ。

毎日、20分の瞑想を目指す代わりに、「リビングの真ん中に置いたクッションに座り、3回だけ深呼吸する」ことにした。

朝食をすべて手づくりすることを目指す代わりに、「キッチンに入ったらまずはコンロの火をつける」ことにした。

理学療法に沿った30分の運動はやめ、「お気に入りの青いヨガマットで30秒、ストレッチをする」ことにした。

サリカは**そこから出発して能力と自信を伸ばし、これらの小さい習慣が日課として根づくまで繰り返した**。やがて、習慣は成長した。何年も身につけようとしてきた日課を習慣化し、以前より健康になり、自炊やキッチンの片づけ、運動、瞑想、水やりなども毎日できるようになった。

サリカは私に、かつて経験したことのない**「レジリエンス（立ち直る力）」の感覚**を得た気がすると教えてくれた。

中断しても「再開」すればいいだけ

サリカによると、この経験の最大の収穫は、健康的な習慣を手に入れて症状を管理できるようになったことにも増して、自信を得たことだった。彼女はいまでは、**望むことはほとんど何でもかなえられる**と知っている。小さいことから始めさえすれば。

だから気分がすぐれず、日課をこなせない日があっても、自己嫌悪には陥らない。

最近、足を捻挫して何日か横になっていたことがあった。彼女が住んでいる建物にはエレベーターがないので、以前なら「どうしていつも私ばかりこんな目に？」と思って泣いていたはずだという。

だがこのときは、精神的な悪循環に陥らずに痛みを受け入れることができた。**ケガが治ったら健康的な習慣に戻れるとわかっていたので、焦らずに過ごせた**のだ。

そんなふうに感じられたのは、小さい習慣は再開するのも簡単だからだ。大きな山ではなく、小さな丘に登るだけでいい。いたってシンプルだ。それでいて、実際の行動だけでなく、日々の気分にも効果絶大だ。

気分がすぐれないときは無理をしない。明日になればもっと日課をこなせるとわかっている。モチベーションが高まった日には、小さい習慣の丘を登ってもまだ心と頭に余裕を感じ、新しいことを試してみたくなり、どんなことを生活に取り入れられるかと考えるほどだ。

すべてが以前より軽やかで、実行できると感じられる。

新たな習慣を始めたくなったときは、圧倒されるのではなく、胸が躍り、好奇心をそそられる。そんな心境の変化が、人生のすべてのことに波及していった。

サリカとインスタグラムの創業者たちが、「変わるときは徹底しなければならない」という神話を克服して成功できたのは、行動につながるいちばん確実な方法に従ったからだ。

つまり、**「実行しやすさ」のダイヤルを調整し、物事をシンプルにした**のだ。

小さく始める

――行動デザインのステップ4

行動デザインのステップ

ステップ1：「願望」を明確にする
ステップ2：「行動の選択肢」を挙げる
ステップ3：「自分に合った行動」を選ぶ
ステップ4：小さく始める

行動をできるだけ実行しやすいものにすること（多くの場合は小さく始めること）によって、モチベーションに頼らなくてすむ。

ある行動を実行するには、行動モデルの行動曲線を上回れるように、モチベーションと能力が十分に高くなければならない。

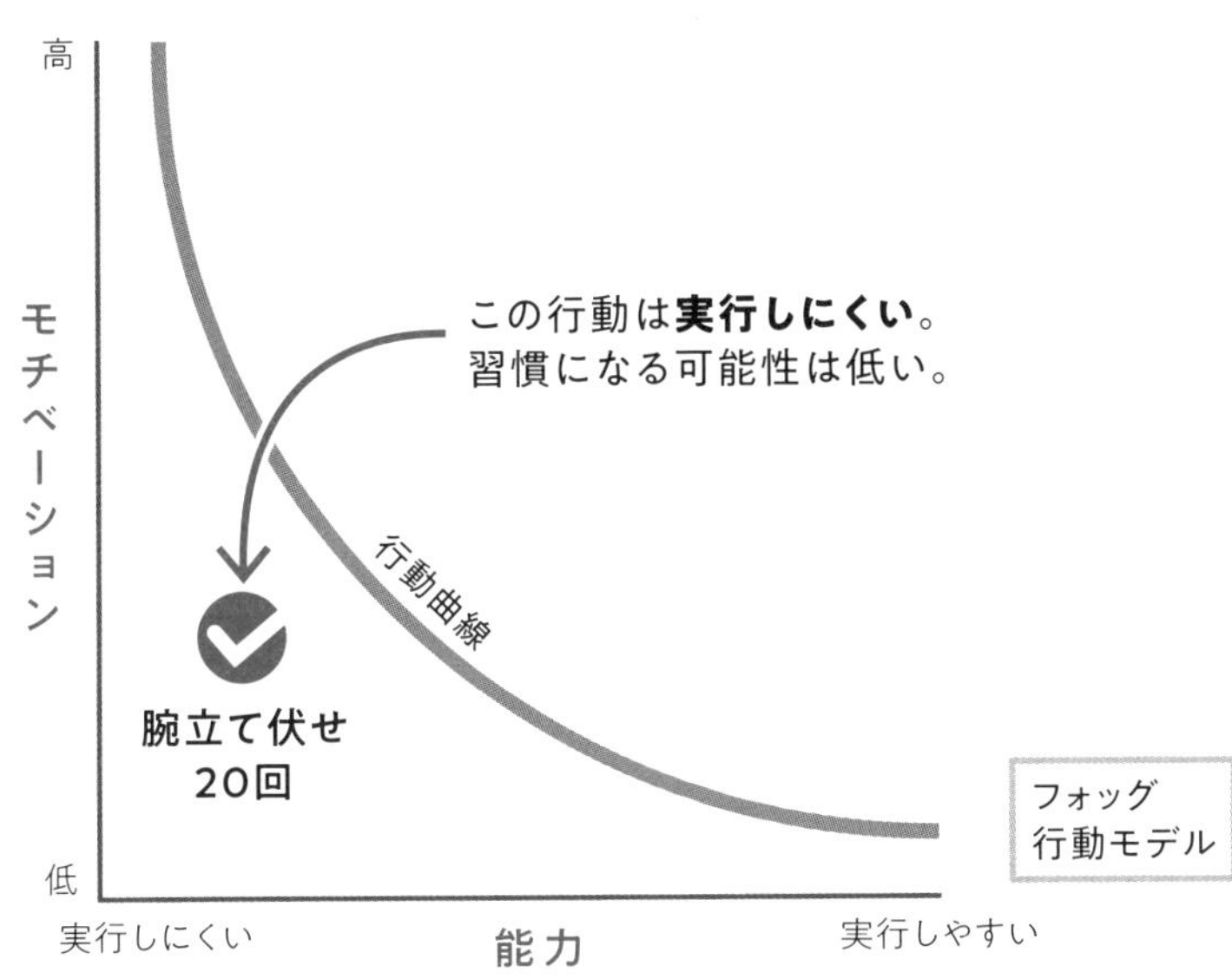

モチベーションが頼りにならないことはすでに説明した。しかし幸いにも、能力はちがう。能力が行動モデルのどこに位置するかを確かめれば、**どのような行動が習慣化できそうか、見通しを立てることができる。**

たとえば、毎日20回腕立て伏せをしたいと思っているとしよう。それを行動モデルで表すと上のようになる。

一日のうちどの時間帯をとっても、20回の腕立て伏せに対するあなたのモチベーションはかなり低く、縦軸では真ん中以下にあるとする。さらには、能力についても左端に近いところに位置している。そうなると、**この行動は行動曲線をかなり下回る。**

つまり、あなたにとって一度に20回の腕立て伏せをすることは習慣になりそうにない。

能力が低すぎるため、「モチベーションの波」

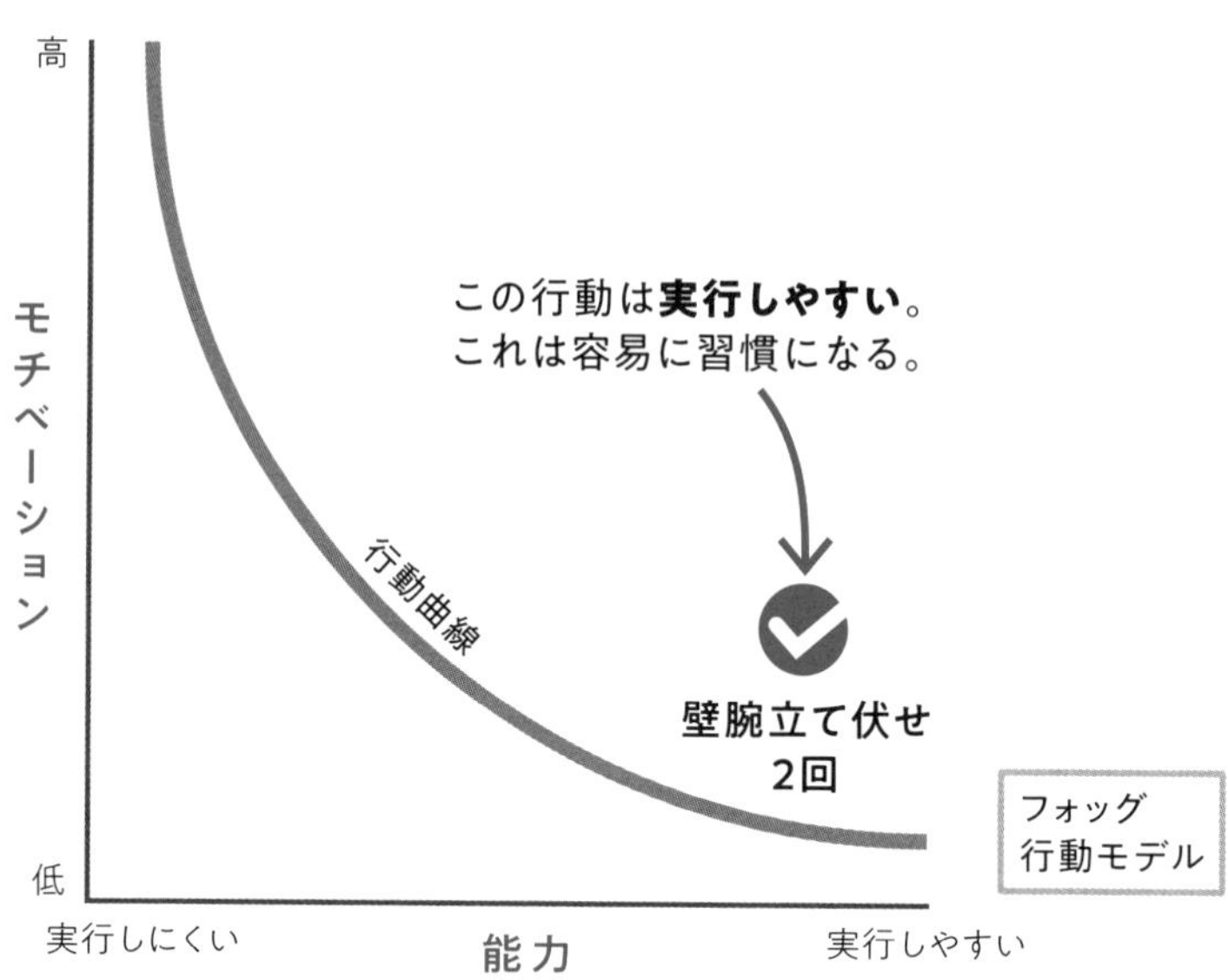

に乗った日だけ、実行することになるだろう（そしてそんな日はあまり多くない）。

それでは、新しい習慣が壁を使った腕立て伏せを2回するだけならどうだろう。

縦軸（モチベーション）の位置は「腕立て伏せ20回」とあまり変わらない。だが大きなちがいがある。「壁腕立て伏せ2回」の場合、横軸は右端まで移動する。

注目すべきは、**行動を実行しやすくすれば、モチベーションは低くても行動曲線を上回れる**ということだ。

これぞ、タイニー・ハビットの効果的なハックのひとつだ。モチベーションがあまりいらない程度まで行動を小さくするのだ。壁腕立て伏せ2回は簡単に実行できるから、習慣として持続できる可能性はかなり高い。

「繰り返す」につれて簡単になる

新しい習慣をデザインするのは、じつは「確実さをデザインする」ことにほかならない。そして結果を得るには、シンプルさがカギになる。私が学生によく言う表現を使うなら、**シンプルさが行動を変える**のである。

習慣を確実に実行したいなら、B＝MAP（行動＝モチベーション・能力・きっかけ）の中でもっとも信頼できる「能力」を調整すべきだ。

それが有利な状況をつくる戦略となる。

ある行動が難しいなら、もっと簡単に実行できる行動に変えること。**モチベーションは時間の経過とともに不規則に変化するが、能力は習慣を繰り返すにつれて向上する**。そして能力が向上すれば、習慣を成長させる力にもなる。

壁腕立て伏せ2回を2週間ほど欠かさず行うと、行動モデルの中でその位置は、次ページの図のようになる。

毎日繰り返せば、筋力も柔軟性もテクニックも少しずつ向上する。やがてこの行動はより簡単になり、横軸を右へ、①から③のほうへと移動していく（うまくできたと感じられると、モチベーションも高まる）。

「能力」は着実に上げられる

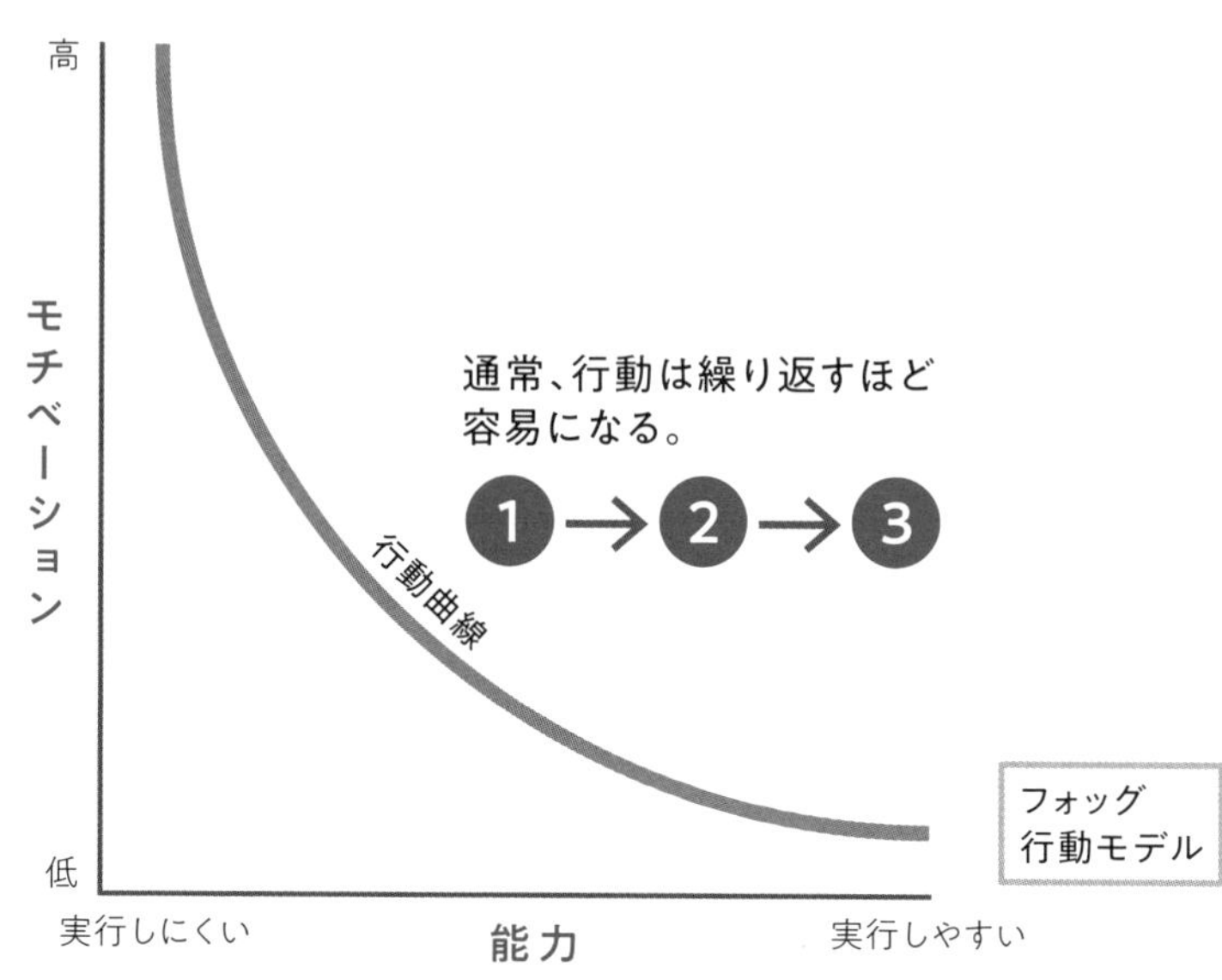

モチベーションはいったん脇に置いて、**能力の調整によって習慣をデザインしていくと、それが短期間で根づいて成長する**ことに驚くかもしれない。

私は、まだ自分の手法に「タイニー・ハビット」という名前をつける前、習慣のメソッドを確立しようと試行錯誤していたときにこのことに気づいた。すでに行動モデルは完成し、行動を長期的かつ確実に続けるにはB＝MAPの要素のうち**能力がきわめて重要**だということもわかっていた。

ただ当時は、私はこれを、スタンフォード大学での研究と、ビジネス界のプロフェッショナルたちと新しい商品やサービスを検討するような限定的な状況にしか活用していなかった。

だが私はある日、これを個人の行動変化と

いう領域に活用することにした。

もっとも小さい「義務」をつくる

それは歯医者の椅子に座り、フロスをサボっていることをやんわりと注意された日のことだった（注意されるのは初めてではなかった）。

なんともばつが悪いではないか？　行動科学者だというのに、歯の手入れひとつできないとは。ときにはモチベーションが高まることもあったが（歯医者に行った翌日など）、それ以外の日はとくに思い出すこともなかった。

私は**モチベーションの波に身をゆだねていた**のだ。

そのときふと、行動モデルの「能力」の要素に着目すれば、フロスを毎日の習慣にできるはずだと思いついた。

歯科衛生士が最終チェックのために歯科医を呼びにいっているあいだ、**「どうしたらフロスを簡単にできるようになるだろう？」**と自問した。

そして、その方法が頭に浮かんだが、歯科衛生士には言わなかった。笑われるに決まっているからだ。

私のレシピ

これをしたら……	これをする	習慣を脳に定着させるため実行後すぐにこれをする
歯を磨いたら、	歯を1本だけフロスする。	

私が出した答えは「たった1本の歯をフロスすること」だった。

冗談ではない。

朝の歯磨きを終えたら、歯を1本だけフロスする。たったそれだけ。

ひどくばかげていると思われるだろうが、これがうまくいった。

最初の数日は、シンプルさを維持するため、1本の歯だけフロスした。

だが私はあるルールを設けた。**フロスしなければいけないのは1本だけだが、さらに多くの歯をフロスするのは自由としたのだ。**約2週間後には、1日2回、すべての歯をフロスするようになっていた。以来、その習慣をずっと続けている。

行動計画を立ててしまえば、欠かさずフロスをするのは簡単だった。

しかし、これが実現した背景には、ある重要な、そして複雑な仕組みがある。

「発見のための質問」をする

私はフロスをばかばかしいほど簡単にすることで問題を解決したが、その前にこの行動を難しくしている原因を解明する必要があった。

必要な問いかけはこうだ——**この行動の実行を難しくしている原因は何か？**

私が研究と長年の経験から突き止めたのは、その答えには次の5つの要素のうちいずれか1つ以上が含まれているという事実だ。

私はこれら5つを「能力の要素」と呼んでいる。内容は以下のとおりだ。

- この行動を実行するのに十分な**「時間」**はあるか？
- この行動を実行するのに十分な**「資金」**はあるか？
- この行動を実行する**「身体的能力」**はあるか？
- この行動には**「知的能力」**が多く求められるか？
- この行動は現実の**「日課」**に組み込めるか、それとも調整が必要か？

あなたの「能力の鎖」の強さは、もっとも弱い「能力の要素」の輪によって決まる。

「この行動の実行を難しくしている原因は何か？」と自分に問いかけると、どの要素が最大の問題なのかが見えてくる。これを私は**「発見のための質問」**と呼んでいる。

ただし、「難しくしている原因」といっても、少し難しくしているだけの場合も含むので注意してほしい。行動の実行を妨(さまた)げるあらゆる障害を検討するのだ。

具体的に考えてみよう。

たとえば、「7分間の筋トレ」を行う習慣はどうか。大半の人にとっては、簡単そうに聞こえるだろう。だが本当にそうだろうか？　「能力の鎖」を使って分析してみよう。

「時間」はおそらくもっとも強い輪だ。ほとんどの人にとって、7分の時間を確保するのは簡単だ。少なくとも、1日に30分の運動をするのに比べれば簡単なはずだ。

「資金」はどうか？　筋トレは家でできるのでお金はかからない。

「身体的能力」は？　さて、どうだろう。人によっては、7分間の筋トレは簡単かもしれない。だが、多くのエクササイズ系アプリは、筋トレをする際、自分を極限まで追い込むように要求する。そうなると簡単ではない。つまりこうしたアプリの指示に従うと考えると、身体的能力の輪は弱いということになりそうだ。これだけでも、7分間の筋トレを習慣にする努力を妨げるには十分である。

もっとも弱い「輪」を改善する

ここで私の、フロスの小さい習慣の話に戻ろう。

フロスに要する時間はたったの数秒だ（時間）。

お金はほんの少ししかかからない（資金）。

やり方は知っていた（知的能力）。

生活にはうまく組み込めた（日課）。

つまり、これらの要素はすべて強力な輪だった。だが、「身体的能力」という要素について考えたとき、意外なことに気づいた。

フロスは実行するのが身体的に難しかったのだ。

溝を掘るとか、車を持ち上げるわけではないのだから不思議に聞こえるかもしれないが、私には難しかった。かなり個人的な理由だが、私は歯と歯の間隔がとても狭いので、フロスするのが難しいのだ。

そのことは歯科衛生士からも指摘されていて、フロスを歯のあいだに通すのがひと苦労だった。フロスを入れるのも大変だが、取り出すときはまるで歯を抜いているような感じがした。糸はぼろぼろで使い物にならなくなるので、一回抜くとまた新しいフロスが必要になる。「能力の鎖」のうちの**このもろく小さなひとつの輪は、私に何か月も連続でフロスをサボらせるほど弱いものだった。**行動が難しく、モチベーションも低かったため、このままではフロスの習慣が定着することは絶対になさそうだった。

そこで私はフロスを簡単にするために何をしたのか？　私は**自分の歯に合うフロスを探した。**約15種類のフロスを買って試してみると、自分にぴったりの製品が見つかった。

「調子が悪いとき」でも続けられることは何か？

私が出会うほとんどすべての人に、習慣を身につけようとして挫折した経験がある。あなたが健康や生産性、健全な精神のために実践したいと思いつつできていないことを思い浮かべてみよう。なぜできないのだろうか？

じつはあなたにもできる――**アプローチさえ正しければ。**

まずは「発見のための質問」（この行動の実行を難しくしている原因は何か？）をして、あなたの「能力の鎖」の中に弱い輪がないかを考える。それがわかったら、その解決が必要な問題に焦点を絞る。

これが「能力の鎖」というツールの素晴らしいところだ。このツールがあれば、混乱や苛立ち、怒りなどとは無縁で行動に移ることができる。

私のフロスの例では、モチベーションが足りないと自分を責めることはなかった。そうではなく、1本の歯から始め、細いフロスを使うことで、行動を簡単なものにしようとした。そうして**「能力の要素」の中の弱いひとつを強化すると、行動を反復できるようになった。**

最初の一歩を踏み出すと、あとは簡単だった。1本フロスすれば、手はもう口にあるのだから、簡単に次の歯に取りかかれる。さらには、反復するうちに腕も上がった。その達成感のおかげで、次の日もまたフロスをしようと思えた。

私は行動を小さくすることで、この習慣を日課に根づかせることができた。

こんなふうに考えてみよう。根の浅い大きな植物がある。強い風が吹いたとき、この大きな植物は根がしっかり張っていないせいで倒れてしまう。

習慣の形成も同じだ。実行するのが難しい大きな行動から始めたら、デザインとしては不安定だ。根の浅い大きな植物のようなものだ。**人生に嵐が来れば、大きな習慣は危険にさらされる。**だが、簡単にできる小さな習慣なら、柔軟な芽のように嵐を乗り越え、その後さらに深く、

能力

力強い根を張ることができる。

もし、過去一年のあなたの生活を振り返って、ソファでくつろいでばかりだったなら、7分間の激しい運動から始めるのはやめておこう。もっと小さいことから始めたほうがいい。**新しい運動の習慣を極端に簡単なものにして、「能力の鎖」のいちばん弱い輪を強化する**のだ。たとえば、壁腕立て伏せを1回するだけにとどめよう。たったの1回。風邪をひいたりして調子が悪いときでも、鼻づまりだろうと何だろうと、1回ならできる。

小さく始めることで、確実さを身につけられる。小さい状態を保つことで、新たな習慣をしっかりと根づかせることができるのだ。

「突破口をつくる質問」をする

ここで、2つ目の重要な問いに移ろう。

私たちが習得したいと願う行動や習慣について問うべき次の問いは、**「この習慣をもっと簡単にするにはどうすればいい？」**である。

私はこれを**「突破口をつくる質問」**と名づけ、答えは3つしかないことがわかった。

行動を簡単にするアプローチを理解するため、ふたたび「人・行為・状況」を確認するPACパーソンの図に戻ろう。

「能力」を調整する3つの要素

3つのアプローチはいずれも「能力」の要素を調整するものだ。

願望がどんなものであれ、**スキルを高め、道具を確保し、行動を小さくすることによって、願望に向かう行動は実行しやすくなる。**

だが忘れてはならないのは、行動をデザインするにはいくつかの道があるということだ。

新しい習慣を実行しやすくするには、たとえば自分に合ったフロスなど適切な道具さえあれば十分なこともある。あるいは、1本の歯だけフロスするといった具合に、行動を最小化するだけでいいこともある。

何かを実行しやすくする方法はたった1つではない。

同じ池で泳ぐにも、水際からそろそろと歩いて入ることもできれば、桟橋（さんばし）から飛び込む方法もある。ターザンのようにロープを揺らして大きく飛び込むこともできる。
では、それぞれのアプローチを見ていこう。

行動を簡単にする「3つのアプローチ」
——いろいろな方法でやりやすくする

①スキルを高める

得意なことは実行するのが比較的簡単だ。スキルを身につければ能力を高めることができる。スキルの高め方は、行動によってちがってくる。オンラインで情報収集することもあれば、友人に秘訣を尋ねたり、講座を受けたりすることもあるだろう。また、行動を反復することによってもスキルを高められる。

私はインターネットでいくつか動画を見て、フロスのスキルを向上させた（どんな行動でも、やり方を紹介してくれる動画があるものだ）。近藤麻理恵の著書、『人生がときめく片づけの魔法』（河出書房新社）は世界的ベストセラーだが、家の片づけのモチベーションを高めるだけでなく、片づける方法を段階を追って教えてくれるところが人気の理由だろう。

「ボイストレーナーを雇う」「雑貨店で包丁の使い方講座を受ける」「腕立て伏せのフォームを研究する」といったこともスキルの向上策の例となる。

「スキルアップ」のアプローチは、「モチベーションの波」に乗っているときは、その勢いでごく自然にできる。一度限りの行動で将来の行動が実行しやすくなるなら、エネルギーがほとばしっているときにスキルアップしない手はない。

たとえば、この章を読み終わって、腕立て伏せをする気になったとしよう。モチベーションが高いこのタイミングは、インターネットで正しい腕立て伏せを解説する動画を研究するには絶好のタイミングだ。

スキルアップのためのエネルギーが湧いてこないこともあるだろうが、悲観しなくていい。行動を簡単にする方法はほかにもある。

②道具や手助けを使う

レタスを洗わないといけないとか、タッパーの蓋がぴったり閉まらないといったごく小さな負担によって、職場にサラダを持っていくか、外でハンバーガーを食べるかの分かれ道になることがある。

ストレスをともなう行動は習慣になりにくい。行動に合わせて、使いやすい包丁セットや、履き心地のいいウォーキングシューズなど、**行動をシンプルにする道具を使う**ことができる。

私にとって、フロスを簡単にするには道具が決め手だった。自分に最適な細くて滑りのいい製品を探す必要があった。それからはフロスが大好きになり、ダブリンに出張したときは、フロス工場の特別ツアーに参加したほどだ。

以前、私のブートキャンプに参加したモリーも、**道具と手助けによって変化を起こすことができた。**モリーは食事の準備をきちんとできないことが悩みだった。

きちんと自分でつくれたときは、自動販売機のスナックをランチにしたり、会議の残りのピザをほおばったりという不健康な選択をせずにすみ、はるかに気持ちよく過ごせる。頭ではわかっていたが、それでも毎日自炊はできなかった。

幸運にも、彼女には助けてくれる人がいた。ハンサムな婚約者のライアンは、ウェイトリフティングの選手で、栄養にはかなり気を使っていた。1週間の食事を自分で用意するのが習慣で、モリーとはちがってそれを負担には感じていないようだった。

モリーはそんな様子を観察して、彼のやり方を少しまねてみた。低血糖状態になったときのために、サツマイモを大量に料理してタッパーに保存した。

やがて、毎週日曜日に料理をして1週間分のつくり置きをするのが二人の習慣になった。だがモリーにとって、5時間もキッチンで過ごすのは気が進まなかった。

しだいにモリーは、日曜日が近づくとほかに予定を立て、キッチンに立たずにすませるようになった――毎朝、出勤時にサラダを買えばいいと誓って。**ところが、サラダを買うことはめったになかった。**平日の昼になると、会議室にある残りのピザを見つめ、自分に失望しつつ、ほかに選択肢はないとあきらめるのだった。

やる気がしないときは「どうすれば簡単にできる？」と自問する

モリーは私のブートキャンプに参加してから、これは行動デザインの問題であって、性格上の欠陥や意志の問題ではないと気づいた。そこで、日曜日に未来の夫とキッチンで過ごすのをサボる自分を責めるのはやめ、**料理を簡単にする方法について戦略的に考えはじめた。**

ある日のこと。モリーが友人の家を訪ねると、見慣れない器具を目にした。平らな枠に交換できる刃がついていて、友人はニンジンをまるまる1本、ものの10秒もかからずにスライスしてサラダボウルに収めた。まるで魔法のようだった。

モリーが「すごい！　何それ？」と聞くと、マンドリーヌというスライサーだった。その後、**モリーは時間短縮のための調理器具をいろいろと購入するが、**これが第1号となった。

モリーは未来の夫の助けを借り、マンドリーヌをはじめとする便利な道具を活用して、日曜の料理の時間を5時間から2時間半に減らした。いまではマンドリーヌでニンジンやキュウリ、パプリカをスライスし、1週間分を1日分ずつタッパーに詰めてストックしている。

モリーが行動をデザインし直してから数か月後、二人は1週間に一度、10食分を欠かさずつくり置きするようになった。これで平日の昼食と夕食はすべてカバーできる。

モリーは1日の中に運動の時間も確保できるようになり、**これは活力を高め、健康を維持するうえでも役立った**。そしていつの間にか、ライアンと一緒に野山を走れるようになり、休暇中も健康的な食生活を続けようと提案するまでになった。

1年後、彼女は私に、かつてないほど幸せでエネルギーに満ち、生産的になったと教えてくれた。そして何より重要なのは、自分が望む行動に対して**モチベーションが下がったとき、「どうすれば簡単にできる?」と自問するようになった**ことだ。

結局のところ、問題解決に向けて柔軟に試行錯誤する気構えこそ、モリーにとって何よりも役立つツールだったのかもしれない。

こうして「シンプル」にした

つくり置きの習慣

発見のための質問「この行動の実行を難しくしている原因は何か?」

【質問からわかった問題】 モリーの「能力の鎖」の中でもっとも弱いのは「時間」(所要時間5時間は長すぎる)と「身体的能力」(面倒な調理をするのは負担が大きい)だった。

突破口をつくる質問「この習慣をもっと簡単にするには?」

【質問からわかった解決策】モリーは行動の実行を難しくしている「時間」と「身体的能力」の負担を取り除くため、道具を活用した。また、ライアンに手助けを求め、1週間分のつくり置きの内容と調理法について指南してもらった。

③行動を小さくする

行動を極端に小さくすることは、ある理由からタイニー・ハビットの基礎をなしている——それは物事を実行しやすくする確実な方法であり、**モチベーションのレベルに関係なく、第一歩を踏み出すのにうってつけ**なのだ。

私たちはすでに、行動を小さくする例をいくつか見てきた。

それらは「初めの一歩」と「縮小」という2つのタイプに分かれる。

■「初めの一歩」戦略を使う

これは文字通り、希望する行動に向けて小さな一歩を踏み出すことだ。たとえば、毎日5キロのウォーキングを習慣にしたいなら、「初めの一歩」はウォーキングシューズを履くことかもしれない。その初めの一歩が、新たな習慣の最初にすべき唯一の行為である。

ここでの目的は、**習慣化のプロセスにおいてきわめて重要な初めの一歩をまず踏み出すこと**だ。そこで自分に言い聞かせる。

「歩く必要はない。毎日かならず靴を履くだけでいい」

靴を履くと感じ方が変化する。**ウォーキングが急にそれほど大変ではないように思えてくる**のだ。大半の日は、靴を履くと外に出て、ちょっと家のまわりを歩いてみるようになる。初めの一歩はそんなところから、やがて大きな習慣に変化していく。

だが、タイニー・ハビットの心構えとして私が伝えたい重要な点は、**すぐに難易度を上げてはならない**ということだ。靴を履いてそれ以上気が向かなければ、その日は歩かなくていい。難易度を低く保つことで、習慣を維持できる。やがて、モチベーションに浮き沈みがあっても行動を毎回確実に実行できるようになるだろう。

サリカの最大の勝利は、朝食を自分でつくるようになったことだ。以前は絶対に身につかない作業だとあきらめていた。でも誰もが毎日朝食をつくっているのに、どうして自分にはそんなに難しく感じるのか、不思議で仕方がなかった。

サリカはタイニー・ハビットの講座を受け、「初めの一歩」の考え方を学ぶと、いくつかの習慣を試し、問題から抜け出す方法をデザインできるかどうか確かめてみた。

そして彼女が選んだのは、**「朝起きたら、まずはコンロの火をつけること」**だった。それが彼女の新しい習慣だ。

なんとも小さな行動だが、朝食づくりに向けた初めの一歩である。

最初の数日は、それしかしなかった。何秒か火をつけて、消した。

だがしばらくして、彼女はコンロに鍋を置いてみた。

そして鍋を置くと、おかゆ用のお湯を沸かしてみようかという気になった。

お湯を沸かすと、オートミールを加えないのがばかばかしく思え、最終的には毎朝食事をつくれるようになった。

驚いたことに、**頭の中で思い描いていたより、はるかに簡単に感じられた**。ただし、急いでいるときや、ほかに気がかりなことがあるときは、コンロをつけて消すだけでいい。なぜなら初めの一歩というのは、「新しい習慣を日課に組み込むための行動」だからだ。

初めの一歩は柔術の技のようなものだ。非常に小さな動きなのに、驚くべき効果がある。それによって生じる勢いにより、次のステップへとすんなり移れることが多い。

大切なのは、難易度を上げないこと。**初めの一歩を実行することこそが成果**なのだ。これを繰り返すことによって、習慣を維持し、成長の可能性を育んでいる。

サリカはコンロをつける習慣がすぐにいくつもの習慣を開花させ、朝食をつくる習慣につながったことに驚いた。数か月後にはおかゆからさらに前進し、南インド定番の朝食「ドーサ」のチャツネ添えまでつくるようになっていた。

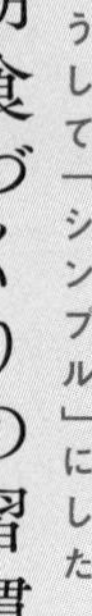

発見のための質問「この行動の実行を難しくしている原因は何か？」

【質問からわかった問題】サリカの「能力の鎖」の中でもっとも弱いのは「知的能力」だった。何をつくるかの計画がなく、カウンターが汚れた食器だらけで料理する場所もないため、自分には複雑すぎて手に負えないと感じていた。

突破口をつくる質問「この習慣をもっと簡単にするには？」

【質問からわかった解決策】サリカは「初めの一歩」を利用し、それまで圧倒されていたプロセスを細かい作業に分解した。コンロをつけるのは簡単に実行でき、このシンプルな行動が彼女に達成感をもたらし、習慣を成長させることになった。

二「縮小」戦略を使う

次は行動を小さくする2つめの方法である「縮小」について見ていこう。**あなたが本当に望む行動よりはるかに小さい、縮小版の習慣を考えるのだ。**

私のフロスの習慣の場合、本当はすべての歯をフロスしたかったが、最初は1本の歯だけにした。縮小した結果だ。

望んでいる行動が「毎日1キロ半、ウォーキングすること」なら、縮小版は「郵便受けまで歩くこと」にしてもいい。それ以上は歩かない。それを毎日すべき最低限の習慣にする。

こうして「シンプル」にした

フロスの習慣

発見のための質問「この行動の実行を難しくしている原因は何か？」

【質問からわかった問題】私の「能力の鎖」の中でもっとも弱いのは「身体的能力」だった。それまで使っていた太いフロスは歯に通しにくく、ストレスがたまった。

突破口をつくる質問「この習慣をもっと簡単にするには？」

【質問からわかった解決策】適切な道具を手に入れることでフロスをしやすくした。自分に最適なフロスを見つけ、努力と負担を減らした。何より重要なのは、行動を縮小して、1本の歯に集中したことだ。縮小しなければ、私にとってフロスは習慣になっていなかっただろう。私には小さく始めることが必要だった。

第2章で明らかにしたあなたの「黄金の行動」を思い出し、小さくできるか考えてみよう。使う戦略は「初めの一歩」でも「縮小」でもかまわない。参考として次ページに例を示す。

「黄金の行動」を小さくする

小さくする習慣	「初めの一歩」戦略	「縮小」戦略
毎日読書する	本を開く	1段落だけ読む
もっと水を飲む	カバンに水筒を入れる	水をひと口飲む
10分間瞑想する	瞑想用のクッションをクローゼットから出す	3回の深呼吸分だけ瞑想する
毎食後、キッチンを片づける	食洗機を開ける	毎食後、テーブルの上を片づける
毎日、ビタミン剤を飲む	小皿にビタミン剤を置く	ビタミン剤を1錠飲む
おやつにブルーベリーを食べる	仕事用のカバンにブルーベリーを入れる	ブルーベリーを2、3粒食べる
オンラインで請求書の支払いをする	支払い用のウェブサイトの1つにアクセスする	1つだけ支払う

何から始めればいい?
――「スキル」か「道具」か「小さくする」か?

行動デザインの経路はいくつもあり、「唯一の正解」というものはない。

それでも、あなたがどこから始めるべきかを案内したい。

あることを実行しやすくするのに、かならずしもすべての要素を調整する必要はないが、「スキル」「道具」「小さくする」という**3つの選択を総動員すると行動を最大限にシンプルにできるため**、うまくいく可能性は高まる。

自分にとって最良の出発点を決めるには、モチベーションのレベルに着目しよう。

スキルと道具の獲得は一度限りですむ行動であることが多く、これはモチベーションが高まっているときに実行するのが理にかなっている。

モチベーションが高いときは、ふだんより難しいことができる。反対に**モチベーションが低いときは行動を小さくすることで気持ちをカバーする必要がある。**

ある行動に対する自分のモチベーションを把握できれば、それを習慣にするための次のステップを決める手がかりになる。いわばタイヤの空気圧をチェックするようなものだ。もっと空気を入れる必要があるのか、そのまま走り始めていいのか。

私は体系化するのが大好きなので、**どんな行動でも実行しやすくできる方法をフローチャートにした**。チャートは巻末の付録で確認できるが（545ページ）、ここでは実際の流れを理解できるよう具体例で見ていこう。

あなたが「毎日20回腕立て伏せをする」習慣を身につけたいと思っているとしよう。その行動を実行しやすくするステップは、以下の流れになる。順を追った問いかけが案内役だ。

「分析」のステップ

「発見のための質問」をする：20回の腕立て伏せの実行を難しくしている原因は何か？

答えは「能力の鎖」（162ページ）からわかる。この場合はたいてい「身体的能力」になるだろう。それが解決すべき輪になる。

「デザイン」のステップ

「突破口をつくる質問」をする：腕立て伏せをもっと簡単にするには？

「身体的能力」がもっとも弱い輪であることを踏まえ、行動を簡単にする方法として何が効果的か、自問する。**PACパーソンの3つのアプローチ**（167ページ）に着目しよう。

❶「腕立て伏せの『スキル』を高めれば実行は簡単になるか？」

これだけで完全な解決策にはならないが、ある程度のモチベーションがあるなら、スキルを高めれば実行しやすくはなりそうだ。

❷「適切な『道具』や『手助け』は、実行しやすくするのに役立つか？」

それほどでもない。腕立て伏せの正しい方法を教えてくれる動画はあるが、この運動が簡単になるわけではない。また、トレーナーがあなたの腕立て伏せを代わりにしてくれるわけでもない。

❸「簡単にできるように、20回の腕立て伏せを『小さく』できるか？」

できる。20回の腕立て伏せは身体的負担が大きいので、この習慣を小さくするのが最良の選択だ。方法はいくつかある。「1回に減らす」「膝をついて数回腕立て伏せをする」「壁腕立て伏せをする」など。

身につけたい新たな習慣がどんなものでも、「発見のための質問」と「突破口をつくる質問」と「3つのアプローチ」があれば、行動をシンプルにする手順が見えてくる。

そして、この問いかけは繰り返すうちに自然とうまくなる。

行動を「簡単」にする方法

「新しいスキルを習得するモチベーションはあるか？」

【イエス】 素晴らしい。では実行しよう。そして次の質問へ。

【ノー】 次の質問へ。

「道具や手助けを探すだけのモチベーションはあるか？」

【イエス】 素晴らしい。やってみよう。では次の質問へ。

【ノー】 次の質問へ。

「行動を『縮小』できるか？」

【イエス】 素晴らしい！　質問は終わり。新たな習慣の形成に取りかかろう。

【ノー】 次の質問へ。

「行動の『初めの一歩』は見つけられるか?」

【イエス】 いい調子だ。「初めの一歩」を最初の習慣とし、気分が乗ってきたらさらに踏み出していこう。

【ノー】 なるほど。これまでの答えがすべて「ノー」なら、「行動の群れ」(114ページ)を見直して、ほかの行動に取り組む必要がありそうだ。

習慣を「持続」させる

——最低限だけやればいい

行動を実行しやすくするのは、それが大きく育つように根づかせるだけでなく、継続が難しくなったときでも習慣を維持できるようにするのにも役立つ。

こんなふうに考えてみよう。**小さい植物なら、毎日ほんの少し水をやるだけで維持できる。**習慣も同じだ。私はいまでも、フロスをするモチベーションがことのほか低くなる日がある。

そういう日は1本の歯だけにしている。

ここで大切なのは、そんなときも罪悪感を持たないこと。

私は「習慣を保つには1本だけで十分」だと知っている。ほとんどの日はすべての歯をフロスしているのだから、1日や2日でいちいち気にすることはない。

人生にはいろいろある。病気になったり、旅行に出かけたり、緊急事態に見舞われたり。**だから「完璧」を目指してはいけない、目指すべきは「継続」**だ。

習慣を生きながらえさせるには、どんなに小さくてもいいので、ルーティンにしてしまう必要があるのだ。

小さな行動で「先延ばし癖」に対処する

「初めの一歩」は、習慣にする必要のない行動についても魔法のような効果を発揮することがある。

少し前、私は経過観察のため、口腔外科(こうくうげか)に予約の電話をしなければならなかった。楽しいことではないので、難しい行動でもないのに先延ばしにしていた。これは、**先延ばしにするのはばかげていると思いつつも避けてしまう**ことの典型的な例だ。

先延ばしについて忘れてはならないのは、実際の難しさに負けず劣らず、難しいと「感じる」だけでも障害になるということだ。

しかも**義務を果たさずにいると、頭の中でそれが肥大化し、ますます難しく思えてくる。**

私は深い穴にはまり込む前に、「初めの一歩」を試すことにした。医師の電話番号を付箋に書き、電話に貼りつけるのだ。私は「番号を書くだけでいい」と自分に言い聞かせ、実行した。レベルを下げたことで、私は頭を切り替えることができた。

番号を書くのは怖いことではない。それなら簡単にできる。いざ書いてみると、私はすべての行動の完了に向け、すでに一歩踏み出した状態にあった。そこで私はスマホを手に取り、医師の番号を押したのである。

あなたもこうした気の進まない課題をいくつも抱え、日々気にしているのではないだろうか？ そんな状態は精神的な疲れにもつながる。

どんなに小さくてもいいから最初の一歩を踏み出せば、**私たちの脳が大好きな、勢いを得たという感覚**が生まれるかもしれない。小さな作業を完了すれば自信になり、それが行動を最後まで実行するモチベーションを高めることにもなる。

次の章では、フォッグ行動モデルの最後の要素「きっかけ」について論じる。

きっかけがなければ行動が起きないことはすでに確認した。

きっかけは行動することを思い出させてくれる合図である。いわば火を熾（おこ）す火花だ。

では、**このきっかけも簡単なものにしてしまったらどうだろう？**

すでにあなたの日常に組み込まれていることをきっかけにしたら？

時間も労力も資金もかけずに構築できるものだったら？　それなら簡単そうだ。

「習慣を簡単にする」ための小さなエクササイズ

このエクササイズは2つのパートに分かれている。最初は「分析」、次は「デザイン」にスポットをあてる。

パートA 「実行しにくい習慣」を分析する

ステップ1：身につけようとして挫折した習慣を1つ書き出す。何も思いつかなければ、「毎日もっと野菜を食べる」としてみよう。

ステップ2：「発見のための質問」を自分に投げかける。**この行動を難しくしている原因は何か？** ここで「能力の鎖」を考える。その行動には「時間」がかかりすぎるのか？「資金」がかかりすぎるのか？「身体的」または「知的」な負担が大きいのか？あるいは「日課」に組み込むのが難しいのか？

パートB 行動を「実行しやすい」ようにデザインする

ステップ3：ステップ2で検討した弱い輪について、「突破口をつくる質問」を投げかける。

この習慣をもっと簡単にするにはどうすればいい？ たとえば、実行に要する時間を短縮する方法を考える。すべての弱い輪について、いくつものアイデアを挙げるのが重要だ。

ステップ4：ステップ3のアイデアから有力な方法を3つ選ぶ。

ステップ5：有力な3つのアイデアについて、自分が実践しているところを想像する。具体的な方法を詳細に検討する。

おまけの課題：選んだ行動を実行に移し、様子を見る。

CHAPTER

〈きっかけ〉編

「どの日課」のあとに行動する?

人生において、じつは「きっかけ」というものが、目には見えない重要な推進力となっている。

私たちは毎日何百というきっかけを受け取っているが、そのほとんどを意識していない。

信号が青になれば、アクセルを踏む。

スーパーでチーズの試食を差し出されたら、口に入れる。

パソコン画面に新着メールの通知が来たら、クリックしてメールを開く。

自然界に存在するきっかけもある——腕に雨粒が落ちてきたら傘を開く。

自分で設定するきっかけもある——煙警報器が鳴ったら、オーブンの扉を開け、忘れていたピザをあわてて取り出す。

きっかけは自然のものでも、人為的なものでも、「すぐにこれをして!」と要求してくる。

そしてきわめて重要なことだが、**あらゆる行動は、きっかけがなければ起こらない。**

ただし、私たちが確実にきっかけに反応するのは、モチベーションと能力がそろっているときだけだ。そのような状態にあれば、タイミングのいいきっかけには即効性がある。

オンライン広告の宣伝文句を考えるコピーライターや、スマホアプリを手掛けるデザイナーたちは、この性質を巧みに利用している。**アプリの画面に小さな数字が赤く表示されたら、誰**

だってクリックせずにはいられない。ソーシャルメディアの仕掛け人たちは、モチベーションを高める何らかの方策（クリックして報酬をもらおう！）ときっかけを組み合わせれば、望ましい反応が得られる可能性が高まると知っている。

一方で、**きっかけがなければ、高いモチベーションと能力があっても行動は起こらない。**たとえば、瞑想アプリを使ってみようとダウンロードしても、その週に何のきっかけもなかったら、忘れてしまうだけかもしれない。

人生にはあまりに多くの迷惑なきっかけがあるが、必要なきっかけもたくさんある。ところが多くの人は、一方では無意識にきっかけにうながされて行動しつつ、他方では忘れてしまうのがわかりきっている行動を何とか覚えていようと苦労している。

もしあなたが、デスクに付箋をたくさん貼って、スマホからもしょっちゅう通知が来るのに、やるべきことができていないなら、いまこそきっかけを取り戻そう。

この章では、あなたの人生に**必要なきっかけを取り入れ、望ましくないきっかけを排除する方法**を説明する。

自分にふさわしい行動をマッチさせ、それを実行しやすくするプロセスは完了したので、次の段階として、あなたが望む行動に適したきっかけをデザインしよう。

きっかけは行動デザインにおいてとても重要なので、成り行きまかせにしてはいけない。

「効果的なきっかけ」を見つける
――行動デザインのステップ5

行動デザインのステップ

ステップ1：「願望」を明確にする
ステップ2：「行動の選択肢」を挙げる
ステップ3：「自分に合った行動」を選ぶ
ステップ4：小さく始める
ステップ5：「効果的なきっかけ」を見つける

モチベーションと能力はレベルに幅がある。これに対して、行動モデルのもうひとつの要素である**きっかけは、白か黒か、つまり「気づく」か「気づかない」かのどちらかしかない**。きっかけに気づかないとき、あるいはタイミングが悪いときは行動は起こらない。したがって、行動を起こすためには、適切なきっかけの存在が不可欠である。

効果的なきっかけをデザインすることは、**「相手がしたいと思っていることをできるよう助ける」**という「フォッグの格言1」を守るためのカギになる。

わかっているのに「後回し」にしてしまう

この重要な格言を学んだ人物の1人に、私の友人で同僚のエイミーがいる。

7年ほど前、彼女は3人の子どもを育てつつ、教育メディアのフリーライターとして多忙な日々を過ごしていた。彼女は医師や病院向けに患者教育の教材を提供する仕事にやりがいを感じていた。しかし、事業を成長させるための行動は取れていなかった。

もともとは楽天的な性格のエイミーだが、このころは将来の不安に駆られていた。夜はよく眠れず、**振り払うことのできない嫌な予感につきまとわれていた**。

事業主なら誰もが経営状態に神経をとがらせるものだが、エイミーの不安を掻(か)き立てていたのは、仕事がうまくいかないことや顧客を失うことより、はるかに厄介なことだった。彼女が本当に恐れていたのは、子どもたちを失うことだった。

エイミーと夫の不仲は何年も続いていたが、その当時は耐えられないほどになっていた。ケンカがエスカレートして、子どもたちにとってよくない環境であることは明らかだった。彼女はなんとかしたかったが、夫は同じ考えではなさそうだった。

離婚を持ち出すと彼がどんな態度に出るか不安だった。子どもたちを争いに巻き込む可能性もあり、安定した収入がない状態で、エイミーは親権を失いかねない恐怖におびえていた。

思いつく唯一の対処法は、離婚手続きが始まる前に経済状況を改善し、弁護士を雇うことだった。**ところがビジネスを拡大する方法がわからず、行き詰まっていた。**

破綻(はたん)しかけた結婚生活への不安と、3人の子どもを育てる日々のストレスから、エイミーは仕事に集中するのが難しくなっていた。折り返しの電話をかける、仕事を段取り順に片づける、集中して執筆する……こうしたことが中断されるのは仕方なかったが、彼女は大切なことに取りかかることさえできていなかった。

毎朝仕事に向かおうとしても、洗濯物を畳み、キッチンを片づけ、やることリストを書き直したり並べ直したりしているうちに一日が終わり、**家族を養う収入につながる行動が後回しになっていた。**

リストを見てはいたが、たいていは「あまり大事ではない簡単なこと」をこなすだけで日々が過ぎていく。

考えすぎなのか要領が悪いのか、いずれにしても仕事は進まなかった。銀行の残高を増やし、将来子どもたちと安定した生活ができる状態には少しも近づいていなかった。

すでにやっている「日課」に結びつける

そんなエイミーだったが、行動デザインとタイニー・ハビットを学んで、解決の糸口を見つけた。

毎朝その日にすべきいちばん大事なことを1つ、付箋に書くようにしたのだ。

ただそれだけだった。それが彼女の新しい習慣だ。

エイミーはこれならできると自信を持ち、前向きになれた。**付箋に書いたことは実行できなくても気にしない**。ただ書くだけでいい。じつにシンプルだ。

能力のダイヤルを調整して、行動を実行しやすくした結果である。

だが、この習慣を身につけられたのは、モチベーションのおかげでも、能力のおかげでもない。効果的なきっかけをデザインしたことが功を奏したのだ。

習慣を日課のどこに配置するかによって、実行できるかできないか、成功するかどうかは決まる。幸いにもエイミーは最初からうまくいった。新しい習慣の種をもっとも適した場所にまいたからだ。

流れはこんな具合だ。エイミーは毎朝、車で娘のレイチェルを幼稚園に連れていく。レイチェルに手を振って別れると、車のドアを閉める。**この瞬間がエイミーにとってのきっかけ**だ。

彼女は近くの学校の駐車場まですぐに移動し、そこで習慣に取りかかる。付箋にその日の最重要課題を書いて、ダッシュボードに貼り、自分のために一度だけ手をパチンと打ち合わせ、「これでよし！」と言う。

この習慣を1週間続けたところ、エイミーは無意識に難なくできるようになったという。彼女は日課の中で、新しい習慣が自然と落ち着く場所を見つけたのだ。

仕事に関するその日最初の作業として、やるべきことを付箋に書く習慣を手にした彼女は、レイチェルを車で送っているあいだに考えすぎることも、気が散ることもなくなった。

また、この「初めの一歩」は集中モードに入るうえでも効果的だった。車のドアを閉める。頭を仕事モードに切り替える。車を停め、その日にすべきいちばん重要なことを考えて書き留める。以上（そして歓声を上げる！）。

これがすんなりと彼女の朝の一部になったのは、**すでに日課になっていた動作に結びつけたからだ。**レイチェルを幼稚園に連れていくのにメールやカレンダーの通知は必要ない。わざわざそれを思い出すために付箋にメモをする必要もなかった。エイミーは確実なきっかけをデザインしたのだ。

このシンプルな習慣によって、エイミーは自分の日々に明晰（めいせき）さがもたらされたことを喜んだ。もちろん、これは小さな行動であり、彼女もそれを承知しているが、**集中と成功を得た感覚はより大きな行動へとつながった。**

付箋に書くという最初の習慣を土台にして、ほかの習慣も身につけていった。レイチェルを送って家に戻ると仕事部屋に直行し、デスクの前の壁に付箋を貼るようになった。

ときには重要な課題を実行できない日もあったが、たいていはできた。誇らしさと達成感が高まった勢いに乗ってやるべき事柄を次々と拾い出し、この「黄金の行動」を習慣としてしっかり根づかせることができた。

そのおかげで、エイミーは自分でも想像できなかったほど生産的になった。いつの間にか不安は和らいだ。あるとき彼女は声に出して自分に言った。**「すごい、本当にやってる。できてるじゃない!」**

そして彼女はそれを継続した。

「思いつき」で決めてはいけない!

1枚の付箋から始まったことが、あふれるような生産性につながった。

エイミーは自分の中に大きな願望があることに気づいた。事業を自分だけのものではなく、数人のスタッフを擁するコンサルティング会社に飛躍させたいという願いだ。

ひとたび適切なきっかけが見つかると、**彼女を押しとどめていた何かが取り払われ、野心がみなぎった。**彼女は計画していた執筆作業を終えると、新たな企画書を書き上げた。

大手医療会社から100万ドル規模のプロジェクトについて企画書を提出してほしいと依頼されたときも、エイミーはひるまなかった。実行するには人を雇うことになるが、数か月間うまくやってこられたので、自信のなさは消えていた。

半年後、エイミーは離婚した。収入は4倍に増えていた。子どもたちの親権を勝ち取り、夜はぐっすり眠れるようになっていた。

1つのシンプルな新しい習慣がさらなる習慣を育み、それがはるか遠くまで広がった。エイミーの場合、成功の決め手は適切なきっかけだった。

まったく新しい習慣をデザインするときも、継続できない習慣を修正するときも、それを実行するきっかけが必要であり、行動デザインのメソッドは、あなたにふさわしい答えを見つけるシステムを提供する。

だが、きっかけを思いつきで決めてはいけない！

あなたは気づいていないかもしれないが、**自分でもすでに何度もきっかけをデザインした経験があるはずだ。**「チェックリストを作成する」「誰かにあとで声をかけてもらうように頼む」「スマホのカレンダーの通知機能をセットする」など。いずれの場合も、行動を確実にするためのきっかけを設定している。

だが**往々にして、それらのきっかけはうまくデザインされていない。**あなたが朝起きるのに目覚ましのスヌーズボタンを6回も押しているなら、この意味がわかるだろう（スマホのアラームの中には、スヌーズボタンのほうが停止ボタンより大きくて押しやすいものもある。奇妙にも、私たちはデザインによってスヌーズボタンを押すように仕組まれているようだ）。

適切なきっかけをデザインしたいなら、**すでに付箋だらけのパソコンにもう1枚加えても効果はない。**手にメモを書く方法も、職場ではあまり有能そうな印象を与えないだろう。

誰もが習慣を身につける達人になれる。ただし、効果的なきっかけと、そうでないきっかけを区別するには、少しばかり訓練が必要だ。

きっかけをデザインするのは、学習して磨くことのできるスキルにほかならない。

きっかけの「3つのパターン」

――それぞれの種類と性質

きっかけにはどのような種類があり、どのような性質があるのか。

これを理解すれば、きっかけを成り行きや他人まかせにするのをやめ、新しい習慣を豊かな土壌に植えられるようになる。

ふたたびPACパーソンのモデルに登場してもらおう。私たちの生活には3種類のきっかけがある。**「人」によるきっかけ、「状況」によるきっかけ、「行為」によるきっかけだ。**

「しっかり覚えておこう」は失敗する
――「人」によるきっかけ

まずは人によるきっかけから説明しよう。

人によるきっかけとは、自分の中の感覚に頼ったものだ。なかでももっとも自然発生的な例が肉体的衝動だ。人間の体には、食事や睡眠など、生存に必要な行動を思い出させる仕組みがある。膀胱(ぼうこう)に感じる圧力だってきっかけだ。お腹が鳴るのは？　これもきっかけだ。こうした信頼性の高いきっかけは、進化の過程で獲得された。

ところが生存とは関係のない行動については、**人によるきっかけは賢明な解決策ではない。**私たちの記憶はまるであてにならないからだ。もちろん、たまには奇跡的にお母さんの誕生日を思い出すこともあるが、**人によるきっかけに頼っていたら忘れることのほうが多いだろう。**

数年前、私は近所に越してきたばかりのボブとワンダと知り合った。ワンダは退職したインテルの元重役で、ボブは元エンジニア。彼らは、私とデニーを夕食に誘ってくれた。私たちは招待に感謝し、それではサラダを持って約束の日の夕方6時きっかりに伺いますと約束した。

2週間後の午後6時42分、電話が鳴った。私は締め切り間近の仕事で手いっぱいなうえ、番

「人」によるきっかけ

号に心当たりがなかった。そこで留守番電話でメッセージを確認した。**ワンダの声が聞こえた瞬間、後悔の波に襲われた。**

「こんばんは、BJ。パスタが冷めて台無しよ。全部手づくりしたから取っておけなくて。6時の約束だったと思ったけど。これから来るの？　来ないならまたにするわ。じゃあね」

そう。私は大失態をしでかしたのだ。

私はワンダに電話してひたすら謝るしかなく、どうしようもなく恥ずかしい思いだった。引っ越してきたばかりの隣人に対して、ひどい歓迎ぶりだ。

これは私にとって最高の出来事ではないが、**人に頼ったきっかけは行動デザインとして避けるべき**だということを示す最高の例ではある。

このことは、ディナーパーティへの出席といった一度限りの行動だけでなく、習慣化しようとする行動にもあてはまる。**毎日の新しい習慣を自分の力に頼って実行しようと**

しても、うまくいかない。他人に習慣を身につけさせたい場合も同様だ。

たとえばあなたは、毎晩1時間も電話している娘に宿題をさせたいと思っているとしよう。そんなとき、「毎晩、宿題をするのを忘れないように」と諭(さと)すのはいい作戦ではない。人によるきっかけは信頼できないのだから。

次は状況によるきっかけに移ろう！

週一の行動に効果的
――「状況」によるきっかけ

状況によるきっかけとは、あなたの周囲の環境の中に存在して、行動をうながすもののことだ。**付箋やアプリの通知、電話の着信音、同僚からの会議の確認など**がこれに含まれる。

状況によるきっかけは、学習によってうまくデザインできるようになる。

もし私が夕食の約束が通知されるようにスマホのカレンダーを設定していたら、デニーと私はサラダを持って6時に訪問できただろう。この設定には20秒もかからない。

しかし、もし私がやることリストに「ワンダとボブのところへ夕食に行く」と入力していたとすると、やはり失態は避けられなかった。私は仕事に集中しているときは、やることリストを見ないからだ。

状況によるきっかけの効果的なデザインはスキルである。このスキルを習得するには訓練が

「状況」によるきっかけ

必要だ。

10年ほど前、私は**「週に一度だけすべき行動」というものがある**ことに気づいた。

観葉植物への水やり、各種料金の支払い、パソコンの再起動、など。

最初はスマホのアラームをセットする方法を試してみた。土曜日午前10時、水やりを知らせるアラームが鳴る。

ふつうはこれでいいが、**スーパーで買い物をしているときなどは実行できる能力はゼロになる。**行動曲線を下回る状態だ（次ページの図参照）。また、課題をすでにすませていてもアラームは鳴るので、わずかながら時間が無駄になるというデメリットもある。

私はこの問題の解決策を模索し、こんな答えを見つけた。

まず、繰り返し使えるフィルムタイプの付箋に、週末の課題を1つずつ書く。

それをすべて、「週末の課題」と書いたシートに貼る。

このシートをキッチンカウンターに置くことを土曜の朝

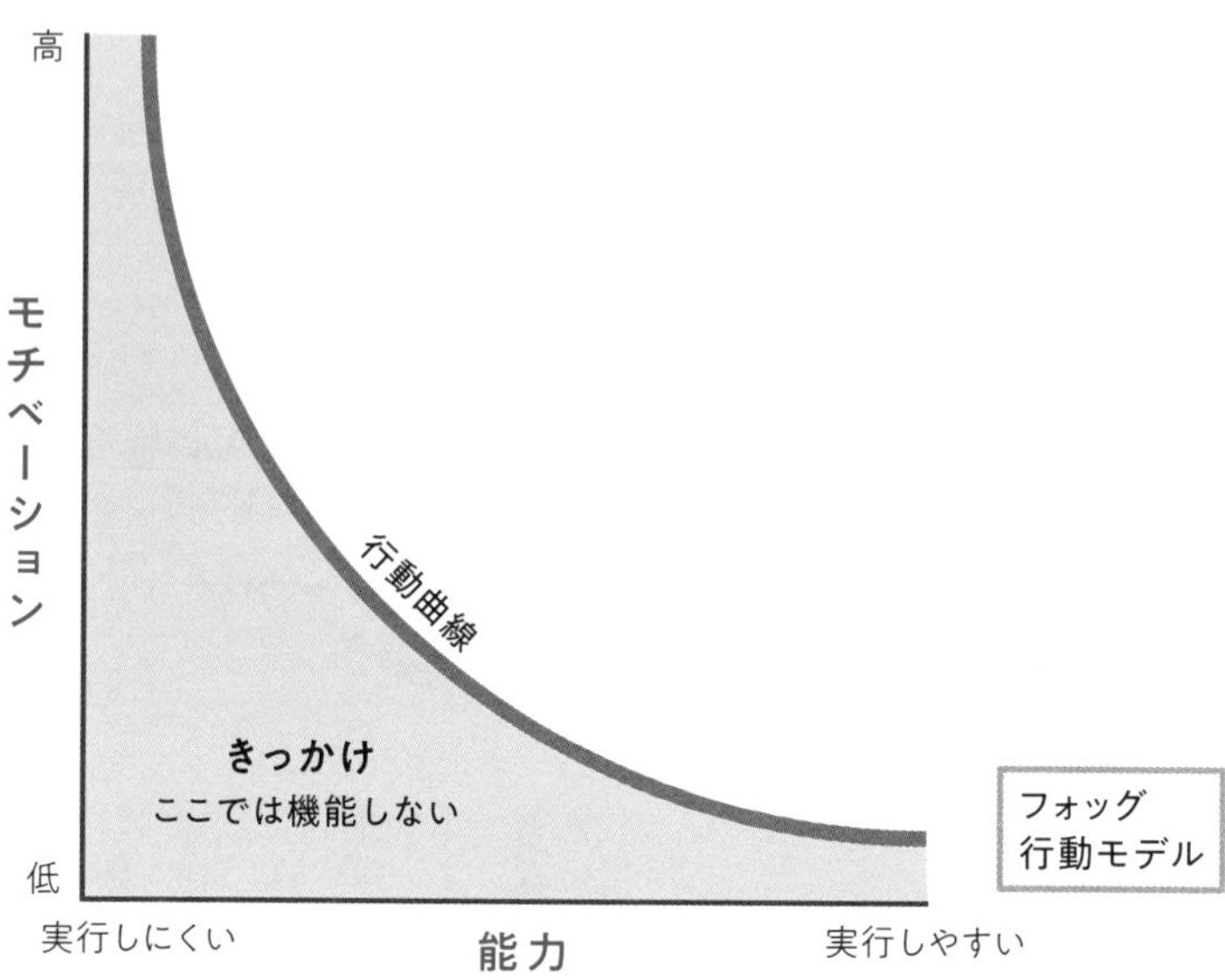

の決まりごとにした。週末用のチェックリストのできあがりだ。

週末には課題をすませるごとに1枚ずつ付箋をシートの裏側に移していき、残っている課題だけが目に入るようにする。日曜日に最後の課題を終えたら、シートを裏返し、最後の付箋を（意気揚々と！）そこに貼る。そして来週までそのままにしておく。

私にとって、この週末のチェックリストは大きな変化をもたらした。私はようやく、冷蔵庫の掃除や植物への水やりといったことを確実にできるようになった。

活躍している人たちの「きっかけ」

あなたもきっと、「状況」によるきっかけをデザインする必要に迫られるときがあるだろう。このタイプのきっかけは、一度限りの行動(病院に予約を入れる)にはうってつけだ。ただし、習慣を手に入れるには最適とは言えない。

私はビジネスの世界で活躍する人々に指導するとき、**各自が実践しているもっとも効果的な、状況によるきっかけ**を教えてもらうことにしている。

ありふれたものや当たり前な例もあるが、驚くような回答もある。いくつか紹介しよう。

- **「指輪」**をいつもとちがう指にはめる。
- 自分に**「メール」**を送る。
- **「家具の位置」**を変えて違和感を生み出す。
- **「音声アシスタント」**でアラームをセットする。
- **「冷蔵庫」**の中にメモを貼る。
- **「子ども」**に念を押してくれるように頼む。
- **「スマホの画面」**に付箋を貼る。

状況によるきっかけは一度限りの行動の役には立つが、日常的な習慣に使うと、失敗やストレスの原因にもなりかねない。日々の生活の中に上手にきっかけを配置するのは、多くの人にとって最大の課題のひとつだ。

しかも、**状況によるきっかけを過剰に設定すると、かえって逆効果になってしまう。**感覚が鈍り、きっかけに注意を払わなくなるのだ。やがて通知音が鳴っても気づかず、付箋のメモも見なくなる。線路の近くで暮らすと騒音への敏感さを失うようなものだ。最初は列車が通過する音が轟音に聞こえるが、しばらくすると……**まるで気にならなくなる。**

私の仕事部屋には大きなホワイトボードがあり、プロジェクトごとに別の色を使って、すべきことを何十項目も書き出している。そう、かなり多い。

そこで私は視覚的にも、心理的にも圧倒されるこの光景に対処するため、**「その日にすべきこと」だけが視界に入るようにした。**ボードの両端にカーテンを取りつけ、それ以外は覆うことにしたのだ。私は関係のないきっかけを覆うと気持ちが落ち着くことを学んだ。そのほうが集中力も高まる。

二 将来の「膨大な時間ロス」をいまカットする

状況によるきっかけをつくって効果がなかったとしても、あなたには何の落ち度もない。おそらく、モチベーションや意志の力が足りないわけではない。だから、**自分を責めるのではなく、きっかけのデザインを見直そう。**自分にとって効果的なきっかけを見つけるのだ。

現代社会では他人など外部から、状況によるきっかけが次々とやってくる。

メールによるさまざまな依頼、スマートウォッチは長く座りすぎていると立ち上がるようにアドバイスしてくる、SNSは新しいメッセージを受信するとアイコンに赤いマークがつく、リンクトインは「今週は233人があなたのプロフィールを閲覧しています。相手が誰か確認しませんか」と持ちかけてくる。

あなたはそんなきっかけなんていらないはずだ。でも好奇心も湧いてくる。スパムメールの問題はさらにわかりやすい。それはあなたから日々膨大な時間を奪っている。

私たちはクリックして読み、視聴し、評価やシェアや返信をする。テック企業のビジネスはあなたのそうした行動に立脚しているので、**インターネットを遮断でもしない限りそんなきっかけを排除することはできない**。人間は、有能なデザイナーやコンピュータの強力なアルゴリズムを相手にして、ほとんどなす術がない。

しかし、状況によるきっかけを手なずける方法もある。

将来の時間とエネルギーを無駄にしないように、少しだけ労力を費やすことをお勧めする。このデザインは、すぐ簡単に終わることも多い。

私は最近、ある業界で活躍する人物から、ショートメールを受け取った。彼のチームメンバーに向けてプレゼンテーションをしてほしいという。面白そうなので引き受けたいと思った。

だが、彼の依頼は手段がよくなかった。

そこで私はこう返信した。「こんにちは！　**検討したいのですが、依頼はメールで送信して**

もらえますか（ショートメールは家族とプライベート専用にしています）。よろしくお願いします！」

翌朝メールをチェックすると、「すみません。これからはメールを使います」と返事が届いていた。私は**たった30秒ほどで、今後何度もスマホに届き、集中を妨げてくるきっかけから身を守った**のだ。

とはいえ、テック企業から届くきっかけや、あなたのまわりの善意の人々や同僚による中断を完全にコントロールすることはできない。状況によるきっかけがなくなることはないのだ。

そこで、自分や他人のためにきっかけをデザインする場合は、状況によるきっかけよりもよい選択肢を考慮すべきだ。

3番目の、そして私のお気に入りでもあるきっかけは、「行為によるきっかけ」である。

もっとも忘れにくいきっかけ
――「行為」によるきっかけ

行為によるきっかけとは、すでに生活に組み込まれた行動の中で、新たに身につけようとする行動を喚起してくれるものである。**行為によるきっかけは、タイニー・ハビットの効果を最大限に引き出す決め手となる。**

たとえば、歯を磨くという既存の習慣は、フロスという新たな習慣のきっかけとしてぴった

「行為」によるきっかけ

りだ。コーヒーメーカーのスイッチを押すことは、キッチンカウンターを使ったストレッチの習慣を身につけるきっかけになるかもしれない。

あなたにはすでに多くの日課があり、そのすべてが新たな習慣をうながすきっかけになり得る。

朝起きて床に足を下ろす、紅茶のお湯を沸かす、コーヒーメーカーのスイッチを入れる、トイレの水を流す、子どもを学校に送り届ける、帰宅時に戸口でコートを掛ける、毎晩枕に頭を乗せる、など。

こうした行為は、すでに生活に溶け込んでおり、改めて意識する必要がない。そしてその特性のおかげで、これらの行為は素晴らしいきっかけになる。それらをいかにうまく活用できるか、考えてみよう。

行為によるきっかけは、人によるきっかけや状況によるきっかけと比べて、はるかに効果的だ。生活の中ですでに安定して固定されているから、私はこれを錨（アンカー）になぞらえて説明することが多い。

考え方はきわめてシンプルだ。身につけたい習慣があれば、現在行っている日課の中で、その習慣を喚起するきっかけとなる最適なアンカーを探すのだ。私がアンカーという言葉を選んだのは、**新しい習慣を固定されたものに結びつけて安定させる**からだ。

新たな習慣の実行を思い出すのにアンカーを使うアイデアは、もう何年も前にシャワーを浴びたあと、突然ひらめいた（シャワーの最中に画期的なことを思いつくという話はよく聞くが、「シャワーのあと」にひらめいたのは私くらいだろう）。

ある晩私はシャワーを浴びると、何も考えず、シャワールームから出て体をふき、タオルを巻いて寝室へ移動した。下着の引き出しを開けて、はっと気づいた。**キーワードは「あと」なのだ**と。

シャワーのあとは、かならず体をふく。体をふいたあとは、かならずベッドルームに行く。ベッドルームに行ったあとは、かならず下着の引き出しを開ける。

そうか！　**新しい習慣を身につけるには、どの行動の「あと」にするかを考えるべきだ**。たとえば、歯を磨いたあとにフロスをしたいなら、歯磨きは新しいフロスの習慣にとって素晴らしいきっかけになる。

下着の引き出しを開けたまま、私は答えが見つかったことを確信した。**「何のあとに何がくるのか」を考えるだけでいい**のだ。ついにわかった！

私はいままではこれを、プログラミングのプロセスのように捉えている。この行動の次にはこ

行動は順序に沿って起きる

確実な習慣をつくるには、物事を適切な順序で配置する必要がある。

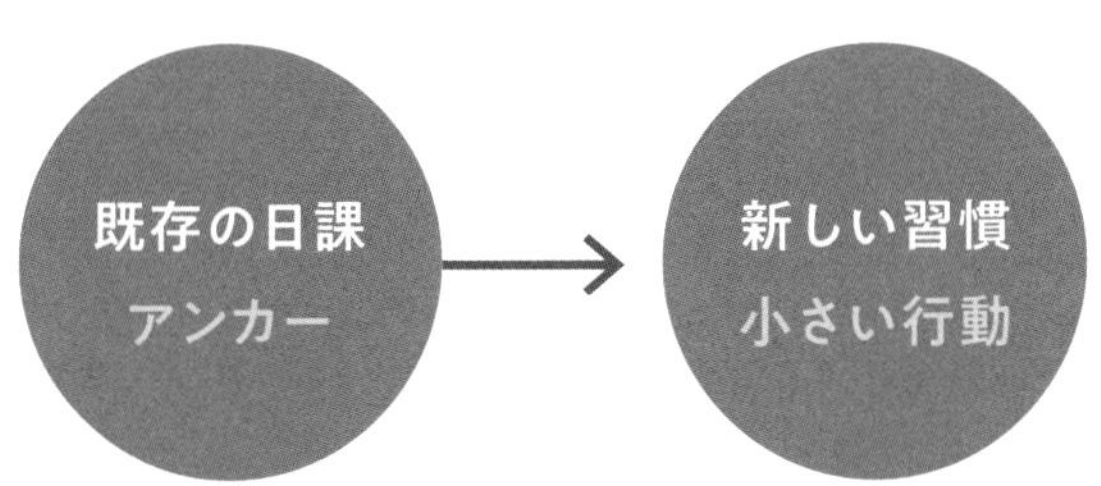

新しい習慣のために「連続性」をデザインする。

の行動がきて、その次はこの行動、そしてその次と、アルゴリズムを正確に組み立てていけば、確実な成果が得られるのだ。

何の「あと」にするかを考えるだけ

新しい習慣を既存の習慣と組み合わせることができれば、あまり努力せずに日常に取り入れられるだろう。そして容易に拡張できる。**既存の習慣にしっかり固定されている限り、何度失敗してもかまわない。**

思い出すことを自分や他人に依存していないので、人によるきっかけや状況によるきっかけのときのような失敗も避けられる。

自然な行動がきっかけになるので、きっかけを気にしすぎて圧倒される心配もない。**このうえなくシンプルだ。**

私はすぐに試してみた。選んだのは、人間

私のレシピ

これをしたら……

トイレを終えたら、

これをする

腕立て伏せを
2回する。

習慣を脳に
定着させるため
実行後すぐに
これをする

アンカーの瞬間

小さい行動を行うように思い出させてくれる既存の習慣。

小さい行動

身につけたい習慣をとびきり小さく、とびきり簡単にしたもの。

の行動の中でもとくに基本的で確実なもの、「トイレに行く」というきっかけだ。

私は**「トイレを終えるたびに腕立て伏せを2回する」**ことにした。

奇妙に聞こえるかもしれないが、当時はほとんど家で仕事をしていたので、難なくできた。この習慣が揺るぎないものになるのに時間はかからなかった。

トイレのあとの腕立て伏せは間もなく、毎日何度か行うことになった。

7年が過ぎたいま、私は相変わらずこの習慣を実践している。日によっては50回以上も腕立て伏せをすることもある（水をどれだけ飲んだかによる！）。

アンカーを使うのは、きっかけをデザインするうえで誰にでもできる優れたアプローチだ。**新たな習慣をうながすのに特別な時計も、**

高度なアプリも必要ない。

そんなものがなくても効果があるし、シンプルなデザインによる解決策がどれほど強力か実感できるだろう。キーワードは「あと」だ。

その力は魔法というより化学に近い。適切な行動を最適な順序で配置する。たったそれだけで新しい習慣のできあがりだ。

「レシピ」をつくる
——○○をしたら、××をする

ここまで読んできた中で、あなたは自分の生活に組み込みたいと願う習慣を少なくとも1つは選択したはずだ。

自分に適した行動を見つけ、簡単に実行できるように縮小し、そこにきっかけを加える段階までやってきた。

この章を読み終えれば、タイニー・ハビットのレシピを完成させるのに必要なものをすべて手に入れることになる。そして、そのレシピはこんなかたちになる。

○○をしたら、××をする

・トイレを終えたら、腕立て伏せを2回する。
・車を停めたら、その日のいちばん大事な課題を書く。
・歯を磨いたら、歯を1本だけフロスする。

新しい習慣を行う正しい時と場所を決めるにはちょっとした工夫が必要だが、最終的にはシンプルなレシピができる。

サンプルをたくさん知りたければ、巻末の付録に「タイニー・ハビットの『300のレシピ』」を掲載しているので確認してほしい。

アンカーを「特定」する
――あなたの一日には「使える日課」が大量にある

アンカーとなるものは、あなたの生活の中で「確実に起きること」でなくてはならない。世の中には、確実な日課がいくつもある規則正しい生活をしている人もいれば、あまり予測の立たない生活をしている人もいる。

だが、たとえどんなに不規則に見える日々でも、あなたには欠かさず行っている日課が数多くあり、それらはアンカーとして利用できる。

私はタイニー・ハビットを構築する数年前に行った研究で、**通常は朝の時間帯にもっとも多くの日課がある**ことを知った。つまり、新たな習慣を育むうえで、朝は肥沃な土壌なのだ。

多くの人は、**一日の中で遅い時間帯になると日課をこなすのが難しくなる**と報告している。そしてある日課が滞ると、その後の日課も実行できなくなる。

会議が遅れたせいで保育園へのお迎えが遅くなる。そうなると大変だった一日の疲れから、夕食をつくるのはやめてピザですませることになる。

そういうわけで、**朝がいちばん行動を予測しやすい時間帯**ではあるが、午後や夜にも効果的なアンカーはたくさんある。

時間帯ごとに、アンカーとなる典型的な行動をいくつか紹介しよう。

朝の日課

- 朝起きて床に足をつけたら、××をする。
- ベッドの上で体を起こしたら、××をする。

きっかけ

・アラームを止めたら、××をする。
・シャワーの栓をひねったら、××をする。
・歯を磨いたら、××をする。
・髪をとかしたら、××をする。
・ベッドを整えたら、××をする。
・靴のひもを結んだら、××をする。
・コーヒーメーカーのスイッチを押したら、××をする。
・コーヒーをカップに注いだら、××をする。
・食器を食洗機に入れたら、××をする。
・犬にエサをあげたら、××をする。
・車のキーを差し込んだら、××をする。

日中（またはあらゆる時間帯）の日課

・電話が鳴ったら、××をする。
・電話を切ったら、××をする。
・コーヒーを飲んだら、××をする。
・受信トレイを空にしたら、××をする。

・トイレを終えたら、××をする。

夜の日課

・仕事から帰って家に入ったら、××をする。
・カギをいつもの場所にしまったら、××をする。
・バッグを置いたら、××をする。
・犬のリードをもとに戻したら、××をする。
・食卓についたら、××をする。
・夕食の食器を食洗機に入れたら、××をする。
・食洗機のスイッチを入れたら、××をする。
・テレビを消したら、××をする。
・枕に頭を乗せたら、××をする。

これらの例はどれもきわめて具体的だ。漠然としたアンカー（「食事のあと」とか「ストレスを感じるたびに」など）は機能しない。できるだけ具体的になるように工夫しよう。**アンカーについて考える効果的な方法は、「アンカーの瞬間」という表現を意識することだ。**

要点を理解したところで、この章の最後に掲載した小さなエクササイズを使って、自分だけのアンカーのリストを作成しよう。

リストができたら、あなたが身につけたいと思っている新しい習慣をよく検討し、その習慣にもっとも適したアンカーを組み合わせる。

「何のあと」にするかを決める
——「どこがいちばん自然に収まる?」と自問する

これまで数千人に対して新しい習慣にふさわしいアンカーの見つけ方を教えてきた経験から、考慮すべきことが3点あるとわかった。

❶「場所」をマッチさせる

まず、新しい習慣を物理的にどこで行うのか考える。そして、そこですでに行っている日課を探す。身につけたい習慣がキッチンテーブルをふくことなら、キッチンでいつも行っていることがアンカーとして適切だ。

アンカーと新しい習慣は実行する場所が異ならないようにしよう。私の研究によると、場所が異なるとめったにうまくいかない。アンカーと新しい習慣を組み合わせるとき、場所がもっとも重要な要因になる。

❷「頻度」をマッチさせる

次に、既存の日課を選ぶにあたって、新しい習慣をどのくらいの頻度で行いたいのか確認する。1日1回なら、1日1回行うアンカーのあとに行うようにする。**1日4回行いたいなら、やはり1日4回行っているアンカーのあとに行う。**私は腕立て伏せを1日を通してしたかったので、用を足したあとに位置づけたのは（変わってはいるが）名案だった。

❸「テーマ」をマッチさせる

先の2つよりは重要性が低いが、**理想的なアンカーには、新しい習慣と同じテーマや目的があるものだ。**たとえばあなたが、コーヒーを飲むのを「生産性を高める手段」と捉えているなら、それを「タスク管理のアプリを開く」という新たな習慣のアンカーにするのにぴったりだ。だが、あなたにとって朝のコーヒーが「一人でリラックスする」手段であれば、タスク管理アプリはそぐわない。むしろ、「コーヒーを入れたら、日記帳を開く」といったレシピにするのがよさそうだ。

「レシピ」を書いてみる

たとえば、「歯を磨いたら、ガレージを掃除する」というレシピでは、習慣化はできないだ

私のレシピ

これをしたら……	これをする	習慣を脳に定着させるため実行後すぐにこれをする
________	________	
________	________	
________	________	
アンカーの瞬間	**小さい行動**	**祝福**
小さい行動を行うように思い出させてくれる既存の習慣。	身につけたい習慣をとびきり小さく、とびきり簡単にしたもの。	自分の中にポジティブな感情（シャイン）を生む動作。

ろう。**場所も頻度もテーマも一致しない。**「毎週土曜日にガレージの掃除をしたい」のであれば、土曜日に家で（できればガレージで）いつもしていることを探し、アンカーとして利用しよう。

新しい習慣をデザインするときは、完璧なレシピをつくろうと悩みすぎてはいけない。**気に入らなければ変えればいい。**

これは私が「レシピ」という表現を使う理由でもある。自分のつくったレシピがアンカーと習慣でも、じゃがいものグレイビーソースがけでも、修正するのは自由だ。

上のレシピカードは、私がタイニー・ハビットのレシピをデザインしやすいようにつくったフォーマットだ。この形式で、自分のレシピを書いてみよう。

このレシピカードは、**あなたがこれから長**

い時間をかけてつくっていく、さまざまな習慣のレシピの1つだ。

カードは箱などに保管してもいい。そして必要に応じ、カードに直接新しい案を書き込んで修正していってもいい。

アンカーの「実験」をする
——試行錯誤で「効くもの」を発見する

これでタイニー・ハビットを実践する準備はすべて整った。

人生は複雑でそれぞれの事情があるので、もちろん自分に合わせた調整は必要だ。

習慣をどこに組み込むべきか、迷う余地がないケースもある。たとえばフロスをするなら、歯磨きのあと以上に合理的なタイミングはない。

だが、習慣によっては調整に時間がかかる場合もある。試行錯誤の期間となる最初の数日もしくは数週間は、**新しい習慣をするタイミングが何度も移動するかもしれない**が、それでよい。むしろ素晴らしいことだ。

そうした試行錯誤によって、あなたはアンカーと小さい行動を組み合わせるスキルを向上させていくことができる。

アンカーと習慣の相性が合わないと感じたら、もっと合いそうな習慣に置き換えてみるといい。たとえば私にとって「枕に頭を乗せたあと」は、「3回、深呼吸しながら瞑想する」のにぴったりなタイミングだと思われた。それなりにうまくいったが、劇的な効果は得られなかった。その習慣が自然と成長することはなく、無意味に感じることさえあった。

私は自分を責めず、「ほかにどんな習慣を組み合わせられるだろう」と好奇心を覚えた。

以前から、もっと感謝の気持ちを持ちたいと思っていたので、枕に頭を乗せたら、「その日に起きた感謝すべきことを1つ思い浮かべる」ことにした。最初に試したとき、頭の中にちょっとした幸福感が生まれ、しっくりくるマッチングが見つかったと実感した。

習慣の形成は試行錯誤することで、スキルを磨いていくことができる。練習を重ねるにしたがって習慣を身につけるのがうまくなり、願望を実現しやすくなっていく。

ほとんどの場合、**必要なスキルは「最適なアンカーを見つけ、それを適切な小さい行動と組み合わせること」**だ。そのスキルを手にすれば、日常生活において変化をデザインするのが簡単になる。

数年前、私は素晴らしいレストランで食事をしていたが、おいしいメインディッシュを食べきれなかった。

私のレシピ

これをしたら……	これをする	習慣を脳に定着させるため実行後すぐにこれをする
ウェイターにパンを勧められたら、	「結構です」と言う。	
アンカーの瞬間 小さい行動を行うように思い出させてくれる既存の習慣。	**小さい行動** 身につけたい習慣をとびきり小さく、とびきり簡単にしたもの。	**祝福** 自分の中にポジティブな感情（シャイン）を生む動作。

これは初めての経験ではなかった。理由はわかっていた。私はそれまでにパンを食べすぎていたのだ。焼き立てのパンを勧められるままに食べてしまうと、メインを最後まで食べられなくなる。そこで、タイニー・ハビットの手法で解決できないかと考え、自分にぴったりな解決策を見つけた。

私が考えたレシピはこうだ。

「ウェイターにパンを勧められたら、『ありがとう。でも結構です』と言う」

この一言によって、私は求めていた結果をすぐに手に入れた。私はもうパンだけでお腹をふくらましたりせず、メインをしっかりと楽しんでいる。

もちろん、この新しい習慣を私の人生に組み込むには（そして同席者の反応をうまくかわすには）少しばかり練習が必要だったが、いまでは自然とこの言葉が出てくる。

しかるべき場面でちょっとした言葉を口にするだけで、私は自分の計画をしっかり守ることができている。

アンカーの「最後尾」を見つける
——その行動の最後の最後は？

アンカーの瞬間は、日課の中でとりわけ具体的な場面を選ぶことが秘訣である。私は「トイレを終えたら」というアンカーを設定して腕立て伏せを2回できるようになった。私の場合、それ以上に具体化する必要はなかった。

だが、もしそれでうまくいっていなかったら、アンカーとなる行動をさらに詳しく観察し、私が「最後尾」と呼ぶ瞬間を探していただろう。

つまり、**ある行動の「最後の最後にくる動作」に着目する**のだ。私にとって、用を足すときの最後の動作はトイレの水を流すことだ。そこで私のレシピは「トイレの水を流したら、腕立て伏せを2回する」と改良できる。

アンカーをじっくり観察し、最後の動作を確認してみよう。

この確認は曖昧さのあるアンカーについてはとくに重要だ。**アンカーの瞬間をピンポイントで捉え、その最後尾をレシピに設定する。**こうすることで習慣は身につきやすくなる。例をいくつか紹介しよう。

「朝食を食べたら」というアンカーには曖昧さがあるので、最後尾に着目して「食洗機のボタンを押したら」と改良する。

「仕事を終えて帰宅したら」なら、「リュックを長椅子に置いたら」と言い換えたほうが具体的だ。

私が教えたエレナという女性は、キッチンカウンターをふく習慣を身につけようとしていた。彼女のレシピは「朝食の食器をシンクに移したら、カウンターを1か所ふく」となっていて、一見するとそのアンカーは具体的だった。

問題なさそうではないか？

ところがこれはうまくいかず、習慣は身につかなかった。そこでエレナは「最後尾」を探すことで問題を解決した。「朝食の食器をシンクに移す」という一連の行動の最後尾は、シリアルボウルを軽くすすいで水を止めることだった。つまり彼女にとっては、水を止めることがアンカーの終点だった。調整された習慣のレシピは、**「水を止めたら、カウンターを1か所ふく」**

そのアンカーの最後尾は？

曖昧なアンカー	アンカーの最後尾
歯を磨く	歯ブラシをスタンドに戻す
紅茶を注ぐ	注いだ容器をテーブルに置く
シャワーを浴びる	シャワーを終えてタオルをかける
ひげを剃る	ひげ剃りをスタンドに戻す
職場に着く	職場でリュックを下ろす
髪をとかす	クシをカウンターに戻す

となった。

結果はどうなっただろう？　成功だ。

エレナが新しい習慣を生活に組み込むには、最後尾を発見するだけでよかった。**蛇口を締める感覚と水が急に止まる音は感覚に訴えかける**ので、きっかけがより明確で気づきやすいものになった。

キッチンカウンターをふくのは些細（ささい）な作業のようだが、彼女にとっては夫婦間の緊張が高まる朝の一大事だった（夫はカウンターが汚れているのが何よりも我慢ならなかった）。それが**たった1つのシンプルな習慣を日課に組み込んだことで、二人で過ごす朝の雰囲気が変わった**のだ。

具体的な最後尾によって、曖昧なアンカーを修正した例を、さらにいくつか上に挙げておく。

逆にアンカーから始める

さて、ここで少しひねりを加えてみよう。

効果的なタイニー・ハビットのレシピづくりは、アンカーから始めることもできる。

基本的には、これまでに説明してきた手順を反対にすればいい。身につけたい習慣を出発点にしてそれが収まるべき場所を探すのではなく、**すでにある日課を出発点として、それと相性がよさそうな新たな習慣を探す**のだ。

毎朝かならず食洗機の食器を片づけているなら、その直後にどんな習慣を加えられるだろう？　ふきんを畳む？　カウンターを片づける？

車に乗ってシートベルトを締めたあとはどうか？　リラックスのため深呼吸の習慣を加えてみてはどうだろう？

あるいは、毎朝かならず職場のデスクにコーヒーカップを置くとしたら、そのあとにぴったりの習慣は何か？　たとえば、やることリストに目を通すといったことがいいかもしれない。

確実な日課から始めれば、そのあとにふさわしい小さい行動がきっとあるはずだ。

意欲旺盛なタイプの人は、すでにいくつもの習慣を身につけながら、この手法を使って、一日の中でさらに習慣を増やす機会はないかと模索している。

一方で、やはり望ましい習慣を起点にしたいという人もいるだろう。

タイニー・ハビットのレシピをつくるとき、自由に使える戦略は1つだけではないのだ。

「合間の習慣」の驚くべき力
――スキマ時間を集めれば山となる

既存の日課をよく観察すると、新しい習慣を行うのにぴったりな、ちょっとしたスキマ時間があることに気づくだろう。

たとえばシャワーを浴びるとき、最初のうちは冷たい水が出る。温かいお湯が出るまでいつも20秒ほど待たなければならない。そして**この待ち時間こそチャンスになる。**

「シャワーをひねったあと（お湯を待っているあいだに）、××をする」

私はこのタイプの習慣を「合間の習慣」と呼んでいる。

私はシャワーが温かくなるのを待っているあいだ、体について感謝すべきことを1つ考えるようにしている。肩こりがないことや、擦り傷に対する体の治癒力など、毎日新たに感謝すべきことを見つけている。

こうしたスキマ時間は誰にでもある。赤信号で立ち止まったあとや、スーパーのレジに並んだあと、ベランダの植物に水やりを始めたあと。

私たちには選択肢がある。このような時間を不機嫌に、あるいはぼんやりと過ごすこともできれば、**待ち時間を新しい習慣のアンカーとして利用する**こともできる。

このタイプの習慣は小さく始め、その後も小さいままだろう。シャワーの水が温かくなるまでの待ち時間は20秒しかない。

だが、**「合間の時間」の力を過小評価してはいけない**。小さい行動を確実に実践することが大きなちがいを生むのだ。毎日体に感謝する習慣が身につけば、自分の肉体という素晴らしい創造物をもっと大切にしようというモチベーションが高まるだろう。

合間の習慣のほとんどは小さいままだが、**成長させたいと願う習慣にふさわしい大きなスキマ時間が見つかることもある**。

5人の子どもを育てながら働いているブリタニーは、いつもベッドサイドに10冊以上の本を積み上げていた。読みたい本がどんどん増えていくのを眺めるのはストレスだった。

タイニー・ハビットのコーチの資格を持つ彼女は、毎晩欠かさず読書する習慣をデザインしたが、その時間では彼女が学びたい本をすべて読むには足りなかった。

そこで彼女は、生活の中でオーディオブックを自然と取り入れられるタイミングを探した。しばらく試行錯誤してから、こんなレシピによって合間の習慣を身につけた。

「シートベルトを締めたら、オーディオブックの『再生』ボタンを押す」

シートベルトを締めてから会社に着くまでの時間が、それまではまるまるスキマ時間として空いていたのだ。以来、ずっと通勤時間に本の朗読を聞いている。ブリタニーは「合間の習慣」のおかげで、少なくとも月に5冊の本を吸収し、ベッドサイドの本の山がストレスの源になることはなくなった。

「他人の行動を変える」最高の方法
――顧客の行動変化を生む新常識

ビジネスの世界でもきっかけは重要だ。あなたの仕事がスマホアプリの開発でも、寄付金集めでも、マグネシウムのサプリメントのマーケティングでも、**顧客の行動変化に依存しない商品やサービスは皆無**といっていい。

きっかけがなければ行動は起きない。ヒット商品を生むには、顧客に対して絶妙なタイミングできっかけを与える必要がある。

アプリやメール、ソーシャルメディアが普及した近年、消費者はさまざまな産業から「状況

による きっかけ」（通知、ＤＭなど）を大量に受け取っている。従来からある、郵便物や電話によるきっかけもまだ廃れてはいない。ここまでは、あなたも実感しているはずだ。

だが、**私がこれから述べることは、大半の人にとっては初耳だろう。**

私の考えでは、状況によるきっかけはしだいに効果を失っていく。なぜか？　将来、状況によるきっかけは適切なタイミングで顧客に届かなくなるか、届く前にフィルターで取り除かれてしまうからだ。

また、状況によるきっかけが届いたとしても、テレビの視聴者が、録画した番組のコマーシャルをスキップするように、無視できるようになるだろう（最近の学生には番組の録画と言ってもピンとこないかもしれないが）。

状況によるきっかけが効果を失いつつある以上、ビジネスを成功させるには、顧客にきっかけを与えるよりよい方法を確立しなければならなくなる。

そこで頼りになるのが、「行為（既存の日課）によるきっかけ」だ。

現在、ビジネスの世界では、行為によるきっかけはほとんど使われていないが、将来はもっとも優れた手法になると私は信じている。商品やサービスがヒットするには、顧客が行為によるきっかけを得られるように設計すべきだ。具体的に説明しよう。

「取り入れやすいタイミング」を教える

たとえば、あなたが勤務する病院では、毎日1回、血圧を測るよう患者に求めているとする。従来から「人によるきっかけ」（自分で覚えておく）に頼ってきたが、あまり成果はあがらなかった。そこであなたは状況によるきっかけを多用する。メールを送信したり、アプリで通知するようにしたり、看護師から患者に電話をかけたり。

だが、**これらのきっかけは時間が経つにつれて効果が薄れていく**。患者にとっては、受け取るきっかけの数が多すぎるからだ。そこで状況によるきっかけで強化するのはやめ、行為によるきっかけに移行することになる。

行為によるきっかけを効果的に設定するには、まず調査が必要だ。血圧をきちんと測って報告している模範的な患者を200人くらい探し、質問する。「ふだん血圧を測るのは、一日の行動の中でどのタイミングですか？」

それから回答を集計し、傾向を分析する。こんな結果だったとしよう。

26パーセントは「コーヒーを用意して、新聞を読むためソファに座ったあと」に測ると答えた。21パーセントは「ペットにエサをあげたあと」。17パーセントは「いつも見ている朝のテレビ番組が始まったあと」。残りの36パーセントの回答内容はさまざまで、これといった共通項はない。

これで患者にとって効果的なタイミングがわかってくる。血圧測定という習慣について、どんな日課が役立つのかに関するデータが手に入ったのだ。

患者たちに、しっかり血圧を測定できている患者の多くが、この習慣を3つのタイミングのいずれかで実践していることを説明して、こう問いかける。

「あなたにとって、これらのタイミングのうち、どれがいちばん効果的だと思いますか？」

こうした働きかけによって、患者が新しい習慣を自然と生活に取り入れられる場面を発見できるようにサポートできるだろう。

患者たちが新しい習慣を取り入れるのに最適なアンカーを見つければ、こちらは、この習慣づけについて患者本人が覚えておくことをあてにせずにすむ。たくさんの通知を送りつけて患者をわずらわせることもない。行動デザインとアンカーの力を利用すれば、患者の行動変化を支援できるのだ。

このように説明しても、現時点では違和感があるかもしれないが、やがて欠くことのできない常識になると私は考えている。**顧客が習慣を身につけるのをサポートする事業者は、それを実践しない同業者よりかなり優位に立つ**だろう。

「真珠の習慣」でイヤな気分を消す

――苛立ちから美を生む方法

自分にとって苦痛な状況から脱出したいなら、きっかけをデザインしては必要に応じて修正していくスキルは非常に有益だ。

私にとっては、十分な睡眠を取ることが長年の課題だった。**睡眠の重要性はわかっていながら、睡眠不足が深刻な悩みの種になっていた。**

寝室内の音が気になって真夜中に目が覚めるのが原因のひとつだった。エアコンの送風機能のオンとオフが切り替わるたびに、カチッと音がするのだ。私は性能のいいエアコンに取り替えようと思っていたが、もっと手っ取り早くて簡単な解決策があった。

ある晩、目が覚めて、またカチッと音がすると身構えていたとき、**この音を「顔と首をリラックスさせる」ためのアンカーにしようとひらめいた**のだ。

そこで「カチッという音を聞いたら、顔と首をリラックスさせる」というレシピができた。

これはすぐに習慣になった。いまではカチッという音を聞くとリラックスする。

私のレシピ

これをしたら……	これをする	習慣を脳に定着させるため実行後すぐにこれをする
エアコンがカチッと鳴るのを聞いたら、	顔と首をリラックスさせる。	
アンカーの瞬間 小さい行動を行うように思い出させてくれる既存の習慣。	**小さい行動** 身につけたい習慣をとびきり小さく、とびきり簡単にしたもの。	**祝福** 自分の中にポジティブな感情（シャイン）を生む動作。

このノイズが聞こえるとむしろ幸せな気分に包まれるようになった。よく眠れるようにリラックスしなさいと忠告してくれているのだから。

私はこれを**「真珠の習慣」**と呼んでいる。最初は苛立たしかったきっかけが、やがて美しいものに変化したのだ。

「イヤなこと」を生かす

私の例はあっと驚くようなものではないが、最近になって、友人のエイミーもこれを独創的な状況で利用し、同じような効果を得たことを知った。

エイミーが取り組んだ問題ははるかに難しいものだったが、彼女はその中で見事な真珠の習慣を身につけた。

エイミーは夫と別れたあと、親権についてはようやく合意に至ったが、元夫は依然として彼女に腹を立てていて、顔を合わせるのが苦痛だった。それでも、まったく会わないわけにもいかない。

数か月後、エイミーはあるパターンに気づいた。元夫と不快なやりとりをすると、そのあと彼女はそれを一日中頭の中で繰り返し、苛立ちや怒り、罪悪感に何度も苦しめられるのだ。

彼女はこの状況に手を打つことにした。

元夫が彼女に投げかける言葉や、会話の展開をコントロールすることはできない。彼の攻撃は悪天候と同じで、荒れ模様が予測できることもあるが、何の前触れもないこともある。**だがその後、自分の気分が悪くなることは、はっきりしている。**

だから、それを変えることにした。

目標は「元夫について考えないようにすること」。

エイミーは夫の行動をきっかけとして利用し、こんな計画を立てた。

元夫に言い負かされたり攻撃されたと感じたら、すぐに自分にとって心地よいことをする。お気に入りのバンドのニューアルバムを聴く、時間がなくて聴けずにいたオーディオブックを聴くといったことだ。ときにはスターバックスまで車を飛ばし、大好きなコーヒーを飲むこともあった。

その日のうちに自分のために貴重な時間を少しだけ確保するようになって、エイミーはこの習慣が二重の恩恵をもたらすことに気づいた。

彼女は自制心を取り戻すと同時に、自分に心地よいこともできるようになったのだ。

「侮辱されたと感じたら、自分のために心地よいことをする」

これが彼女にとって功を奏した習慣のレシピだ（次ページ）。

相手ではなく「自分」をコントロールする

このレシピを実践するようになって、彼女は元夫に侮辱的な言葉を返すことも、攻撃されたと感じることもなくなった。代わりに心の中でこうつぶやくのだ。

「また侮辱だ。ずっと観たかったあの映画を観れるわ」

彼女は夫に反論せず、別れの言葉を告げたら自分のことに集中し、その夜の計画を立てた。おかげで一日が台無しになることはなくなった。いつの間にか、元夫とのやりとりを頭の中で繰り返すことがなくなり、**彼の侮辱が思いがけない贈り物のように思えてきた。**何といっても、自分を労（いたわ）るきっかけを与えてくれるのが彼なのだから。

おかしな理屈だとわかっているが、厳しい状況をできるだけおおらかに考えるのは、困難を切り抜けるのに役立った。

できることなら、エイミーは自分にこんな思いをさせる相手とは関わりたくなかっただろう。

私のレシピ

これをしたら……	これをする	習慣を脳に定着させるため実行後すぐにこれをする
侮辱されたと感じたら、	自分のために心地よいことをする。	
アンカーの瞬間	**小さい行動**	**祝福**
小さい行動を行うように思い出させてくれる既存の習慣。	身につけたい習慣をとびきり小さく、とびきり簡単にしたもの。	自分の中にポジティブな感情（シャイン）を生む動作。

しかし私たちは、**ストレスをもたらす相手や状況のすべてを人生から排除できるわけではない**。ときには不公平な扱いをする相手や神経を逆なでする相手、態度の悪い相手にも我慢しなくてはならない。

だが、**私たちは自分自身についてはコントロールできる**。エイミーはそれをうまく実現した。他者の行動が自分を傷つけるようなものでも、それをあえて健康的な反応を引き出すきっかけとして用いるのは素晴らしいアイデアだ。**自分が無力だと感じる多くの状況で効果を期待できる**。

さらに、エイミーは前向きな影響が、自分が思っていたよりはるか遠くまで波及したことにも気づいた。週に一度、父親と会うことになっていた子どもたちが、顔を合わせた両親の言い争いに巻き込まれずにすむようになり、ストレスが和らいだようだった。

また**彼女が得た心の平穏は、元夫にも変化をもたらした**。まるで彼の怒りの詰まった風船から空気を抜いたような感じだった。嫌みを言われることもあったが、もうそれほど辛辣(しんらつ)ではなかった。彼女は久しぶりに、いつか友だちになれる日が来ればと願った。あるいはせめて、共同養育者としてうまくつき合えるようになりたいと思った。

人は「心地よさ」によって行動を変える

最近、あるプロジェクトを手伝ってもらおうと彼女に電話したところ、末娘の卒業パーティを元夫と一緒に開いたばかりだと教えてくれた。素晴らしいことだけど、それは驚きだと言うと、彼女は少し笑って言った。

「真面目な話、私たちがいちばんびっくりしてるのよ」

いったいどうしてそうなったのかと聞くと、彼女は思いやりと関係があると答えた。彼の否定的な行動を前向きな行動を取るきっかけにしたことで、**彼女は前より幸せになり、相手を思いやる心の余裕が生まれた**のだ。

屈辱と落胆にまみれた世界から抜け出すと、物事を明晰に考えられるようになった。

そして、元夫が彼女とちがって人づきあいのスキルをあまり磨いてこなかったことに気づいた。結婚しているあいだは、彼が他人とうまくつき合えるように彼女があいだに立っていた。ところが離婚後はすべて自分でどうにかするしかなかった。それが彼にとって難しいことだとわかったので、エイミーは彼を思いやるようになったのだ。

私たちは、**相手がはっきり意思表示しなくても、自分がどう思われているのかわかる**ものだ。エイミーは元夫が彼女の態度の変化と、その背後にある思いやりの気持ちを感じ取り、彼自身も変わり始めたのではないかと考えている。

また彼女によると、これはまったく予期せぬことだった。自分を労る習慣を身につけたときの彼女は、ただ自分自身を守り、ひどい状況を変えようとしていただけだったのだから。

これはスキルを磨き、試行錯誤を重ねたあとに起きることだ。エイミーがきっかけを利用して問題を解決し、夫の行動を大きく変えたのは、まれに見る独創的なアプローチだった。だが、こうした前向きな習慣が他人や自分自身の人生にさらなる連鎖反応をもたらすというのは、エイミーに限ったことではない。

習慣はときとして、これほどにも前向きに波及する。これはタイニー・ハビットの本質にも関係している。つまり、**人は不快さではなく、心地よさを感じたときにもっとも望ましい方向に変われる**のだ。

エイミーは熟慮を重ね、きっかけを利用して変化をデザインし、成功を手に入れた。

変化が起きたのは、彼女がもともとそれを望んでいたからだ。

ではどうして、それほどうまくいったのか？ **それは心地よく感じたからだ。**心地よいからこそ、彼女はその感情を追いかけ、自分にはデザインによって人生をよい方向に修正する力があるという自信が深まった。

ただし、エイミーが大きな成功をつかんだ理由はもうひとつある。**彼女は最後に、さらに心地よい感情を生む工夫をした。**彼女はタイニー・ハビットで学んだテクニックを用い、その場ですぐに前向きな感情が生まれるようにした。**自分をほめたのである。**そしてこれが次のテーマだ。

次の章では、習慣を素早く簡単に身につける力を得られるように、頭を切り替えるテクニックを指南する。

「きっかけを見つける」ための小さなエクササイズ

エクササイズ① 「アンカー」を見つける

毎日実践している日課のリストをつくると、貴重な材料になる。

ここでリストに挙げる確実な日課は、新しい習慣のきっかけ、つまりアンカーとして利用できる。

ステップ1：職場に到着するまでにしている、朝の時間の日課をすべて書き出す。
ステップ2：毎日、昼までにしている日課をすべて書き出す。
ステップ3：昼食時にしている日課をすべて書き出す。
ステップ4：昼食のすぐあとにしている日課をすべて書き出す（一般に、昼過ぎには確実な日課はあまりないかもしれない。それはそれでかまわない）。

ステップ5：職場で仕事を終えるときにしている日課をすべて書き出す（少ししかないかもしれないが、新しい習慣のためにはよいアンカーになる）。
ステップ6：職場をあとにしてからの日課をすべて書き出す（帰宅後の日課も含む）。
ステップ7：ベッドに入る直前の日課をすべて書き出す。
ステップ8：リストを保存して、次のエクササイズで利用する。

エクササイズ② リストから「レシピ」をつくる

新しい習慣を身につける効果的な方法の1つは、まず既存の日課に着目し、そのあとに無理なく実行できる習慣を探すことだ。
先ほどのエクササイズでは既存の日課の包括的なリストをつくった。そのリストを活用して次のエクササイズに進もう。

ステップ1：リストから、あなたが絶対に忘れない確実な日課を1つ選ぶ。
ステップ2：その日課のあとに無理なく実行できそうな新しい習慣を考える。いくつか候補を挙げる。
ステップ3：ステップ2の新しい習慣から「いちばん好きなもの」を選ぶ。「○○をしたら、

きっかけ

××をする」という書式でレシピを書く。
ステップ4：リストから、既存の日課をさらに2つ選び、ステップ1〜3を繰り返してレシピをさらに2つ用意する（一度に3つの習慣に取り組むことで、より多くのことを学べる）。
ステップ5：新しい習慣を始める（あまり大げさに考えず、神経質にならない。とにかく始めて楽しもう）。

エクササイズ③「真珠の習慣」を身につける

このエクササイズでは、「苛立たしい」ことから「有益なこと」を生み出す。

ステップ1：あなたの身によく起こる、苛立たしいことを少なくとも10個書き出す。
ステップ2：リストの中でもっともよく起こる、苛立たしいことを選ぶ。
ステップ3：イライラしたあとにできそうな、新しい有益な習慣を考える。少なくとも5つは候補を挙げる。
ステップ4：ステップ3から「最良の選択肢」を選び、「○○をしたら、××をする」のレシピをつくる（例「列に並ばないといけなくなったら、左右の足で順番に片足立ちの練習をする」）。
ステップ5：真珠の習慣を始める（そして苛立たしさの程度がどうなるか観察する）。

CHAPTER

定着させる

祝福で
脳をきらめかせる

リンダは冷蔵庫に、子どもたちが描いた絵と並べて白黒の絵はがきを飾っている。

絵はがきの写真は、1950年代の主婦が電話でおしゃべりをしている場面だ。髪をきちっとセットした女性の頭上には、こんな吹き出しがある。

「5時になっても子どもたちが生きてたら、私は仕事をちゃんとやったってこと」

この写真を初めて見たとき、リンダは大笑いした。だが、笑ったあとで考え込んだ。写真はありのままの自分を受け入れる姿勢を表現している。**これは頭では納得できるけれど、そんな境地にはなかなかなれない。**

だから、冷蔵庫にはがきを貼ったのだ。

帰宅した夫ははがきを見ると、その皮肉めいた言葉に戸惑った様子を見せた。

「励みになるのよ」とリンダはため息交じりに言った。

当時、リンダは13歳に満たない6人の子どもを育てる専業主婦だった。子どもたちと家で過ごすのは大好きなので、それについては何の不満もないが、いつも忙しいせいで、押しつぶされそうな感覚に悩まされていた。

毎晩ベッドに入って思い浮かぶのは、その日にできなかったことだ。

昼間の光景が頭の中で渦巻く。車のシートに散乱したシリアル（掃除機をかけるべきだった）、畳めなかった洗濯物の山（畳んでしまうべきだった）、妹を小突いた兄をきつく叱ったときの落ち込んだ顔（もっと辛抱強く接するべきだった）、洗い物が山積みのシンク（私の母ならあんなふうに放っておかないのに）……。

タスクのちょっとした積み残しが次第に大きく育っていき、ひどい状況を招いていた。できなかったことがひとつずつ頭に浮かび、自分は母として、妻として、そして人として至らないという思いがふくれあがるのだった。

リンダは夕方、冷蔵庫の前に立つと、はがきの主婦にさえあきれられている気がすることもあった。5時を迎えて母親としての務めを果たしたことにほっとするどころか、がんばった自分を認めることもできなかった。

冷蔵庫のはがきは励みにならず、むしろ「こんなふうに自分を受け入れる心境にはなれない」と痛感するのだった。

「自分をほめる」ことが行動変化につながる

——ポジティブな感情をくっつける

リンダが何年も経ってからこの話をしてくれたとき、少しも意外ではなかった。研究の中でわかったことだが、大人は何かにつけて「あのときの自分はダメだった」と落ち込むが、「よくやった」と自分をほめることはほとんどない。**私たちは自分の成功を認め、行動に満足することがめったにない**のだ。

ちょっとした成果について喜ぶのは大げさに思えるかもしれない。日々の生活に追われ、何年も重い足取りで過ごしていると、自分の欠点ばかりが気になってしまうものだ。だが、**そう感じているのはあなただけではない**。私がこの章を書いているのはそれを知ってもらいたいからだ。

私がこれから伝えるのは、とてつもなく大きな力を手に入れ、厳しい状況にあってもいい気分になれる方法だ。この力を使えば習慣を変えることも、最終的には人生を変えることもできる。

タイニー・ハビットを実践するうえで、心地よい気分は欠かせない要素だ。そしてその気分は、私が「祝福」と名づけた手法によって手に入れることができる。自分の中にポジティブな感情を湧きあがらせるための手法だ。

心地よい気分には、新しい習慣を脳に定着させる働きがある。祝福は驚くほど効果的で、手早く簡単にできて、しかも楽しいということがわかるだろう。

祝福は行動変化に役立つ手法だが、同時に心理的なパラダイムシフトの技法でもある。

もしリンダがあれほど悲観的にならずにすむ方法を知っていたら、毎日がどれほどちがっていたか想像してほしい。

実際には、彼女の一日にはプラスもマイナスもたくさんあった。ストレスを感じることもあれば、うまくこなせていることもあったのだ。

車の掃除はできなくても、子どもたちを学校やサッカー、バイオリンのレッスンにきちんと送り届けた。洗濯物はきれいに畳めなくても、衣類の洗濯と乾燥はしっかりできていた。食器の洗い物はたまってしまったかもしれないが、子どもたちのために健康的な料理を用意して一緒に楽しく食べることができた。

リンダは、**そうした小さな勝利を利用する有効な手法を理解していなかった。**

勝利はずっとそこにあったが、リンダは多くの人々と同じく、それを祝う方法を学ぶ必要があったのだ。

どんなひどい日も「心地よい瞬間」をつくれる

告白するが、私がフロスをする習慣をいとも簡単に身につけた理由について、まだ語っていないことがある。

もちろん、私は「行動＝モチベーション・能力・きっかけ」の視点から行動を調整した。フロスの動作をシンプルにして、効果的なきっかけも設定した。これでもう十分そうではないか？

だが**じつはこのパズルには、もうひとつピースがある。**

私が偶然そのことに気づいたのは、ひどいストレスを抱え、一日を乗り切るのもやっというう時期だった。

始めたばかりの事業が立ち行かなくなっていたところに、若い甥（おい）の死という悲劇が降りかかった。次々と押し寄せる困難に立ち向かわなければならない状況で、私は何週間もまともに眠れずにいた。

あまりの不安から夜中の3時に目が覚め、心を落ち着ける唯一の方法としてインターネットで子犬の動画を観て過ごす夜が続いていた。

朝になると、ベッドからどうにか這い出して一日をスタートさせる。洗面所で顔を洗うときは、鏡を見ないようにした。鏡に映し出されるであろう現実を思い知らされたくなかったのだ。私はひどい顔をして気分も最悪で、新たな一日と向き合うのを恐れていた。

ある早朝のことだった。子犬の動画さえ効き目がないほど不安な夜を過ごした私は、暗澹(あんたん)たる気持ちで鏡に向かって思った。「もしかしたら、今日で本当におしまいかもしれない」。ただの挫折ではなく、取り返しのつかない破綻(はたん)が待ち受けている一日のような気がした。

だが、毎朝の日課であるフロスをしたあと、こう思った。

「今日、何もかもうまくいかなかったとしても、まったくダメってわけじゃない。少なくとも歯を1本、フロスしたのだから」

私は鏡に向かってにっこりし、「勝ったぞ！」と自分に言った。

そのときだった。

何かが変わった。それまで胸の中にあった重苦しい圧迫感が消え、温かいスペースが広がったようだった。気持ちが落ち着いただけでなく、少し力が湧いたような感覚。そして、**もう一度そんなふうに感じたい**という思いに駆られた。

しかしすぐに、自分はおかしくなったのではないかと心配になった。人生が破綻しそうなのに、歯を1本フロスしただけで気分がよくなった？　そんなのばかげている。私はいったいどうしたというのだろう？

私のレシピ

これをしたら……	これをする	習慣を脳に定着させるため実行後すぐにこれをする
歯を磨いたら、	歯を1本だけフロスする。	勝ったぞ！
アンカーの瞬間 小さい行動を行うように思い出させてくれる既存の習慣。	**小さい行動** 身につけたい習慣をとびきり小さく、とびきり簡単にしたもの。	**祝福** 自分の中にポジティブな感情（シャイン）を生む動作。

私が行動科学者でなかったら、そのまま笑ってすませていたかもしれない。だが、私は自問した。**「なぜ、フロスしたくらいで気分がよくなったのか？」**

フロスするという行為そのもののせいだろうか？

それとも、鏡に向かって「勝ったぞ！」と言ったせいか？

あるいは、にっこりしたせいなのか？

その晩、もう一度やってみた。

歯を1本フロスしたら鏡の向こうの自分にほほ笑んで、「勝ったぞ！」と言う。

その後も困難な日々が続いたが、フロスをするたびに勝利宣言をした。

どんなことが起きていても、私は毎日、心地よい瞬間を生むことができた。

それはじつに素晴らしいことだった。

「祝福あり」のほうが習慣の定着が早い

当初、このささやかな祝福にどうして効果があるのかわからなかったが、私は重大な変化を感じた。この勝利宣言をほかの新しい習慣にも応用すると、「祝福あり」のときのほうが定着が早かった。そこで、**親指を立てたり、ガッツポーズをして「最高！」と言ったり、いろいろな方法を試してみた。**

また、静かに祝福する方法も考えた。ただにっこりして、心の中で「よし！」と言葉を発するだけでも達成感を感じられた。

私が2011年にタイニー・ハビットのメソッドを世の中に伝え始めたとき、プログラムに祝福も取り入れた。受講者にはなぜそれが必要なのかは説明せず、**「新しい習慣を実行したら祝福しましょう」**とだけ伝えた。

のちに、タイニー・ハビットを教えるコーチの養成と認定に着手したとき、習慣を定着させるための祝福は誰もが自然にできるわけではなく、苦手と感じる人がいることを知った（この問題はあとで解決するので心配しなくていい）。

祝福の仕方を指導したにもかかわらず、一部の受講者は「やってもやらなくても同じ」とか、「わざとらしいからやりたくない」と、真面目に受け止めなかった。私のメソッドを深く学んでいる人たちでさえ、軽視することがあった。

だが私は、むしろこのテクニックをますます重視するようになっていった。**いい気分になることが習慣を身につける最良の方法**だという確信があったからだ。

祝福を実践する人たちは、習慣をとくに素早く身につけた。しかも彼らは、この小さな切り替えがとてつもなく大きなちがいを生むことに驚いたと口々に言った。**「祝福したいからこそ、新しい習慣に取り組むのが楽しみになった。**それっておかしいですか？」と聞かれたこともある（とんでもない。むしろ素晴らしい兆候だ）。

成功を「祝福」する

——行動デザインのステップ6

行動デザインのステップ

ステップ1：「願望」を明確にする
ステップ2：「行動の選択肢」を挙げる

ステップ3：「自分に合った行動」を選ぶ
ステップ4：小さく始める
ステップ5：「効果的なきっかけ」を見つける
ステップ6：成功を「祝福」する

私は「勝ったぞ！」というたったひと言が、なぜこれほど大きなちがいを生むのか知りたかった。なぜ祝福することで、習慣が早く定着するのか？

答えを見つけるために、私は**何千人もの受講者に祝福のテクニックを教え、どんな影響があるか、週ごとに調べた。**また世界的なアスリートを含め、世の人々が自然に成功を祝福する様子を観察した。

科学的文献も丹念に読み込んだ。するとこの現象についてはまだ誰も研究していないものの、**つながりのある研究はいくつもある**ことがわかった。それらを総合的に考察したところ、ようやく答えにたどり着いた。

祝福を効果的に行うと、脳の報酬システムをうまく利用できる。行動後、すぐに心地よさを味わうことで、脳が行動の流れを認識し、スムーズにコード化できる。言い換えるなら、**祝福することで脳をハックして強化することができる**のだ。

リサーチを進めていくと、このテクニックにはまだ名前がつけられたことも、言及されたことも、研究されたこともないとわかった。私は祝福を研究し、教えることで、人々によい変化をうながすための新たな分野を切り拓いていたのだ。

それではいよいよ、いい気分になることについて考えていこう。

「ポジティブな経験」が習慣を強化する
——脳に快感を学習させる

親であれば誰しも、わが子が初めて歩いた瞬間の至福の喜びを忘れないだろう。家族によってディテールはちがうが、だいたいこんな感じではないだろうか。

赤ちゃんはぐらつきながらも意を決した様子で低いテーブルにつかまり、立ち上がってしばらくつたい歩きをする。すると、少し離れたところでひざまずいている母親に気づく。

父親はソファに座り、この瞬間を残そうと録画しているかもしれない。両親はしばらく娘を励ましてきたが、今日が記念すべき日になりそうだ。やがて赤ちゃんは勇気を振り絞り、テーブルから片手を離す。母親は両手を広げ、「がんばって、できるわよ!」と声をかける。

赤ちゃんは一歩、そしてまた一歩と踏み出し、母親が広げる腕に包まれる。

「すごい! できた! 歩けたわね!」

父親はスマホを置き、わが子を抱きしめる。そのままぐるぐる回って、赤ちゃんをきゃっきゃと喜ばせる。

歩行は繰り返すことによって習得される行動だ。そこで親は手をたたき、声援を送る。これは世界共通の自然な反応であり、理にかなっている。**タイミングよく祝福することは、赤ちゃんが速やかに学習をする手助けになる。**

ここで言う学習とは、九九を覚えるのとはちがう。心理学では、脳が環境に応じて行動に変化を生じさせる過程を「学習」と定義している。このような変化には、人間の生存と繁栄、繁殖の可能性を高めようとする進化上の目的がある。

新たな習慣に結びつく行動をうながすには、さまざまなタイプの肯定的な感覚が効果的だ。ただちに喜びが得られる状況によって行動は強化され、将来その行動が繰り返される可能性を高める。

食べ物はかなり有効だ。犬にお座りを教える場合でも、学生にお菓子を差し出して、決まった時刻に授業に来させる場合でも、ごほうびには行動をうながし、習慣を強化する力がある。

メールを「何度も開いてしまう」ワケ

何年か前、スタンフォード大学の私の研究所で、リサイクルの推進にユーモアが役に立つかを検証したことがある。

リサイクル箱に細工し、何か捨てるたびに、アニメ『ザ・シンプソンズ』の面白い音声が流れるようにした。**空き缶を入れると「マージ、郵便が届いたよ！」とホーマーの独特な声が流れる。**

私たちはサンノゼの展示会にこの箱をひそかに設置し、反応を観察した。箱を使用した人たちは驚きつつも面白がった。面白い音声をもっと聞こうと、本来捨ててはいけない紙屑を探して捨てる人もいた。また、すでに捨てられたものを取り出して、改めて捨てる人もいた。

このような箱でリサイクルの習慣を促進できるだろうか？　どうやら可能性はある。いずれにしても、私たちの研究は的外れではない。**ユーモアがもたらすポジティブな感情には、行動を強化する力があるようだ。**

心身の不快から解放されることも「ポジティブな経験」となる。

夜中の3時、あなたは今夜もまた眠れず、不安な気持ちで仕事のことを考えている。明日は大きなプロジェクトの締め切りで、誰もがなんとか間に合わせようと奮闘している。あなたは責任者として采配を振らなければならない。

横になっていても、何か悪い知らせが届いているのではないかと不安が募り、いてもたってもいられなくなる。そこで寝返りを打ち、ベッド脇のテーブルのスマホを手にしてメールを確認する。よかった、問題ない。返信が必要なものはなく、あなたは安堵（あんど）する。

これもまた**ポジティブな経験なので、あなたは次に目が覚めたときも同じことを繰り返す。**受信メールを確認し、また安心する。そうして、やがてメールの確認が習慣になる。

私は企業向けの講演会で聴衆に、こうした経験があるかと聞いたことが何度かある。すると**3割以上の手が挙がる**。だが、じつはそれが安心を得るための習慣だと気づいている人はほとんどいない。

ゲームの中には、序盤のステージで容易に成功体験を得られるように設計されているものが多くある。ゲームに没頭させるための仕掛けだ。

「キャンディークラッシュ」は20億回以上もダウンロードされた簡単な（そして無料の）パズルゲームだが、最初のステージはびっくりするほど簡単だ。そして**成功を実感できるように、感覚に訴えるさまざまな楽しい工夫が施されている**。心地よい効果音や視覚的に楽しい演出など。ある点数をクリアすると、「スウィート」という単語が表示される。

その結果どうなるか？　あっという間に成功体験が脳に刻まれて、少しでも時間があればアプリを開くようになる。なぜか？　あなたはこのゲームをすると「スウィート」、つまりとてもいい気分になれるからだ。

「ドーパミン」に行動を操られる

ポジティブな体験をしたときに脳内で起きることは魔法ではなく、神経科学的な現象である。

いい気分になると、脳の報酬システムを支配するドーパミンという神経伝達物質（脳内の化学的な伝令）の生成がうながされる。これが、**私たちがどんな行動でいい気分を得られたのかを記憶するように、そしてそれを繰り返すように後押しする**。脳はドーパミンの力を借りて原因と結果の関係をコード化し、将来への期待を生むのだ。

この報酬システムは、脳内に神経科学者が**「報酬予測誤差」**と呼ぶ現象をつくることで機能する。仕組みはこうだ。

脳はあなたのまわりで起きている経験や光景、音、におい、動きについて、絶えず評価している。ある状況においてあなたがどんな経験をするか、脳は過去の経験に基づいて予測する。スマホをアスファルトに落としたらどうなるか（しまった！）、お気に入りのレストランのクラムチャウダーの味はどうか（おいしい）、脳は予測している。

そこで実際の経験が予測のパターンから外れると（あれ、スマホが無事だった）、「報酬予測誤差」が生じ、更新された予測をコード化するため、**脳内のニューロンがドーパミンの放出を調整する**のだ。

あなたに日記を書く習慣があるとしよう。ある朝、紫色のインクの新しいペンを手に取る。日記を書き始めると、ペンがとても滑らかに紙の上を動いていくことに気づく。まるで魔法のように楽々と書ける。筆跡もずいぶんきれいに見える。

紫色のペンでいつになく上手に書けたという成功体験は、脳にとっては意外な発見となる。

これも報酬予測誤差だ。

このときの感情によってニューロンがドーパミンを放出し、**この新しい行動は繰り返し行うべきものとして瞬時にコード化される。**

歩き始めたわが子に歓喜する両親も、同じような作用をもたらしている。赤ちゃんの脳はドーパミンを放出し、「歩行」がよいことであり、繰り返すべき行為であるとコード化するのだ。

「感情」が習慣をつくる
――カギは「反復」でも「頻度」でもない

ある行動を取ったときの感情と、その行動を将来も繰り返す可能性は、密接に関連している。

タイニー・ハビットについて研究を深め、感情と習慣の関連性を発見したとき、私はいままでこの事実に気づかなかったことに驚いた。

なぞなぞが解けたときのように、**わかったとたん、あまりにも当たり前に思えた。**私はこのことがなぜまだ常識になっていないのか不思議に思った。

世の中はあまりに長いあいだ、習慣は反復によって形成されるという古びた知識に囚われ、習慣化に要する日数にばかり着目してきた。習慣について語るブログの中には、いまだに反復や頻度が重要だとしているものがある。それらは固定観念を焼き直しているにすぎないので要注意だ。どれも最新の研究に基づいていない。

私は独自の研究を深める中で、**習慣はその行動に「強いポジティブな感情」がともなっていれば、ごく短期間で、多くの場合わずか数日で形成される**ことを突き止めた。

それどころか、行動によってはあっという間に定着することもある。一度行っただけで瞬時に習慣化するのだ。

たとえば、ティーンエイジャーの娘にスマホを与えた場合、彼女の感情的反応はただちに習慣につながる。繰り返す必要はない。

私は人の行動について教えるとき、ポイントをわかりやすく伝えるため、こう要約している

——**感情が習慣をつくる。**

習慣をつくるのは反復ではない、頻度でもない、魔法でもない。感情なのだ。

自分のために、もしくは他人のために**習慣をデザインするということは、じつのところ感情をデザインすることにほかならない。**

インスタグラムもこの法則をうまく利用している。撮影した写真はアプリで簡単に加工できる。加工を施すと写真が魔法のように変化し、ただの写真ではなく、まるで自分だけのアート作品のように思えてくる。その腕前に我ながら感心し、感動することさえあるかもしれない。

そうなると脳がドーパミンを放出して、いい気分になるため、またインスタグラムを利用したくなる。

感情を「意識的」につくりだす

行動に関していえば、決断と習慣は正反対だ。決断を下すには熟考が必要だが、習慣には必要ない。

たいていの人は、毎朝職場に何を着ていくかを「決断」する。これまで何千回とやってはいても、それは習慣ではなく決断だ。だが**家を出るとき、スマホを持っていくべきかどうかを決断する人はほとんどいない。**深く考えることなく自動的に持っていく。これは「習慣」だ。

私は決断と習慣のちがいを説明するため、簡単なモデルをつくった（次ページ）。バーの左端には、自動的ではない行動が位置する。決断または熟考が必要な選択である。右端には強固な習慣が位置する。たとえば鉛筆を持つ、靴ひもを結ぶといった、考えずにできる行動だ。

「行動」が中央にあるときは、多少は考える必要があり、完全に自動的ではないことを意味している。その中央にある行動を取った際に、**ポジティブな感情を経験すれば、その行動は少し**

その行動はどれだけ自動的か？

右に移動して自動性が高まることになる。

たとえば、ウーバーを利用する場合とタクシーを拾う場合を比較してみよう。

初めてウーバーを利用するとき、タクシーと比べてどんな利点と欠点があるのか考えるだろう。そして決断する。

ウーバーを選び、素晴らしい経験をしたとしよう。このサービスは驚くほど簡単で、まるで何か得をしたような気分になれる。私は初めてウーバーを利用したとき、とても楽しかった。アイコンをタッチするだけで魔法のじゅうたんが現れ、私を優雅に乗せていってくれたように感じた。期待を上回ったのは言うまでもない。

次に移動が必要になったとき、私は何で行こうか、ほとんど考えなかった。**決断することもなく、自然にウーバーのアプリを開いた。**習慣がすぐに形成されたのだ――たった一度の経験で。

多くの行動は決断から習慣へと変化するのにもう少し時間を要するが、私の言いたいことはわかってもらえたかと思う。

感情が習慣をつくるという事実には、いい面と悪い面がある。ま

感情は行動を自動化する

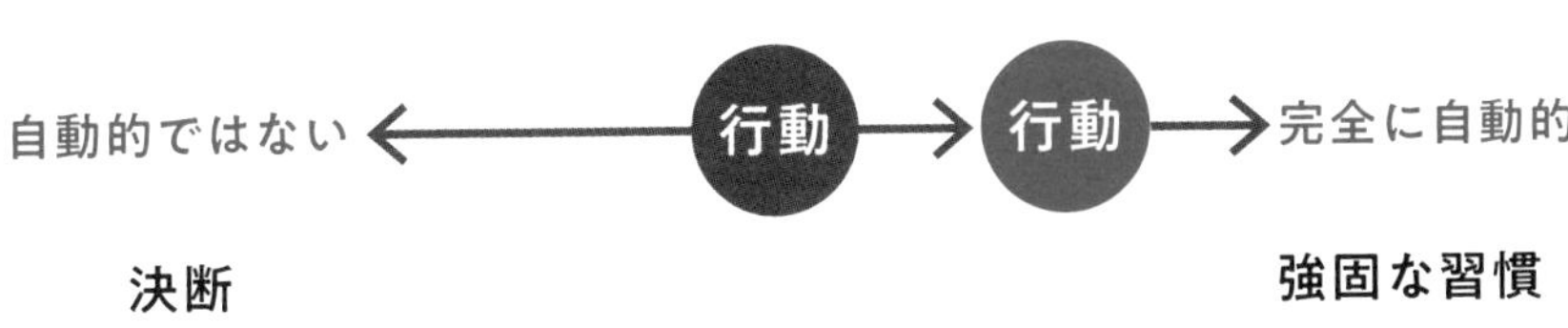

ず悪い面から説明しよう。

いい習慣も悪い習慣も、習慣が形成される過程はまったく同じだ。

夜中の2時にケーキを食べることについて、それが不健康だとどれほど忠告されても脳は気にしない。脳は相変わらずケーキを食べて得られる快感を求める。

いい気分になれる行動ではあっても、できれば習慣化したくないものはいくらでもある（ビデオゲーム！）。重要なのは、**脳の報酬システムは感情によって左右されるが、「いい」「悪い」といった社会的評価の影響はほとんど受けないということだ。**人間は感情に大きく支配されるがゆえに、望まない習慣をたくさんつくってしまうのだ。

いい面として挙げられるのは、脳内の働きについて私たちは無力ではないということだ。脳の機能に関する知識を駆使すれば、脳を自分の役に立つように利用できる。

いったいどうやって？

取り入れたい習慣を定着させるために、意識的に感情をつくりだせばいい。脳内に存在する大昔からの行動の経路を利用すれば、学習と変化に対する人間の驚くべき可能性を広げられる。私たちは行動を変えるために、すでに備わっている脳の構造を利用できる。

習慣を定着させるためにポジティブな感情を強化するにはさまざまな方法があるが、私は研究と指導を行う中で**「達成感」を生むことがもっとも効果的**だという結論に達した。

報酬は行動の「直後」に与える
——タイミングが効果を決める

祝福は、新しい習慣を定着させる「ポジティブな感情」を生む最良の方法だ。**費用も時間もかからず、人種、容姿、収入、性格などに関係なく誰にでもできる。**さらには、自分自身を労る術まで教えてくれる。まさに最大級の報酬をもたらすスキルだ。

だが、祝福の効果を追求する前に、一歩下がって考えてみよう。

「報酬」について少しばかり補足しておきたい。

習慣に関してアドバイスをする専門家たちの多くが、習慣を身につけるうえでいかに報酬が重要かを指摘する。報酬の刺激が報酬回路を活性化するという話に異論はない。しかし、専門用語が大衆化したときによくあることだが、報酬という言葉の意味が曖昧になり、場合によっては、役に立たないどころか、誤解のもとになっている。

たとえば、あなたが2週間毎日ジョギングをするという目標を達成し、最終日に自分への報酬としてマッサージに行ったとしよう。マッサージには効果が期待できるから、名案ではある。ところが、この場合のマッサージは「報酬」とは呼べない。それはあくまでも「インセンティブ」である。

行動科学における報酬の定義は、行動と直接結びつき、その行動を繰り返す可能性を高める経験である。**重要なのは報酬のタイミングだ。**

科学者のあいだでは、報酬は行動の最中か直後でなければ効果がないことが何十年も前から常識となっている。脳は瞬時にドーパミンを生成し、放出するからだ。つまり、**習慣化を目的とするなら、脳に心地よい気分を速やかに伝える必要があるのだ。**

営業成果に対する特別ボーナスや月に一度のマッサージといったインセンティブは励みにはなるが、脳を書き換える効果はない。新しい習慣をコード化するのに欠かせないドーパミンを放出させるには時間が離れすぎている。**朝3回スクワットをして、日が暮れてから報酬として映画を観ても効果はない**のだ。「スクワット」と「映画から得られるいい気分」との間隔が離れすぎているため、ドーパミンは両者を結びつけることができない。

また、あなたが利用しようとしている**神経科学的な反応は、タイミングに左右されるだけで**

なく、きわめて個人的なものでもある。ある人物にとって心地よいことが、誰にでもそうとは限らない。

あなたの上司がコーヒーの香りを好んでいるとしよう。上司はカフェに入って香りを嗅ぐといい気分になれる。そして**入店と同時に感じるその心地よさによって、カフェを訪れる習慣が確立される。**だが、彼の部下はコーヒーの香りが好きではないかもしれない。すると部下の脳は、上司の脳と同じようには反応しない。

祝福を増やすほど「他の習慣」も身につけやすくなる

真の報酬（実際に習慣をつくりだすもの）とは、多くの人が思うよりはるかに意味が狭いのだ。私は研究や指導において正確さを重視する。できるだけ具体的で明確な言葉を使うように心がけている。「報酬」という言葉の意味が日常会話の中で曖昧になっていることを踏まえ、私はよほど慎重に定義しない限りこれを使わない。意味が定まらず、役に立たないからだ。

このように言葉の意味には注意を要するが、脳には新しい習慣をコード化するシステムが備わっており、祝福によってそれをうまく利用できることは確かだ。

自分に効果的な祝福を見つけ、**新しい行動の直後に行うと、脳は回路を修正し、将来その行動をより自動的にできるようになる。**

いったん習慣が身についてからは、祝福を続けるかどうかはその人しだいだ。ひとつの習慣に対して、いつまでも祝福し続ける必要はない。もっとも、習慣の一部として祝福を続ける人もいる。それによって心地よい気分を味わえるだけでなく、ほかにもさまざまなプラスの効果を期待できるからだ。

もうひとつ忘れてはならないのは、**祝福は習慣の肥料になる**ということだ。個々の祝福はそれぞれの習慣の根を丈夫にするが、そうした個々の祝福が時間とともに増えていくと、それらは習慣全体の肥料になる。達成感と自信を育むことで豊かになった土壌は、私たちが身につけたいと願うあらゆる習慣の種にとって、より心地よく、より豊かなものとなるのだ。

フォッグの格言2
——「相手に達成感を実感させる」

第2章では、**「相手がしたいと思っていることをできるよう助ける」**という格言1を紹介した（129ページ参照）。

私は多くのヒット商品やサービスの共通点を研究し、この原則がいかに重要か気づいた。ヒ

ット商品はすべて、消費者がもともと望んでいたことをするための手助けをしていた。この点を満たしていなければ、いずれも失敗していたはずだ。

私はこの発見を個人の行動変化に応用し、それは見事にうまくいった。**その人がもともとしたがっていたことを実行する手伝いをすれば、大きな成果が得られる**のだ。

格言1に従って自分にふさわしい「黄金の行動」を選べば、モチベーションの維持に苦労する必要はない。そして祝福に焦点を合わせているいま、今度は「格言2」を紹介したい。これは格言1と同じくらい大切な格言である。

フォッグの格言2は、**「相手に達成感を実感させる」**だ。

これは単純にしてきわめて重要なメッセージである。

注目すべきは、この格言が「相手にうまく実行させる」ではないという点だ。**「達成感」を覚えさせることが重要なのだ。**

成長し、評価される商品やサービスは、例外なくこの原則に従っている。顧客が成功を実感できるよう支援しているのだ。あなたのお気に入りの商品やサービスもそうだ。ネット通販から毎日着る服、コミュニケーションやゲームのアプリに至るまで、**あなたはさまざまなものから「達成感」を得ている。**

かつてインスタグラムが数多くのライバルとしのぎを削っていたとき、私の講義を受けていたマイクと共同創業者が勝ち残ったのは、**ユーザーに達成感を覚えさせるもっともシンプルで効果的な方法**を提供したからだ。

ある商品を試したユーザーが、しっくりこないとか、ばかげているとか、失敗したと感じれば、二度と見向きもしない可能性が高い。反対に、**達成感を得たときは、魅了されて、さらにほしくなる**。人生の一部にしたくなるのだ。

これは私たちが自分自身の人生において変化をデザインする場合にもあてはまる。タイニー・ハビットとは、自分自身が「達成感を実感する」よう支援することにほかならないのだ。

祝福の「鉄のルール」
――「即時」と「強く感じる」のワンツーパンチ

習慣をスムーズに脳に定着させるのに役立つ方法は、次の通りだ。

1. 習慣にしたい行動を手順通りに行う（アンカー→小さい行動）。
2. ただちに祝福する。

すごくシンプルだ！

ただし、祝福はシンプルでありながら、複雑な面もある。そこで、このテクニックの微妙なニュアンスについてもう少し詳しく説明しよう。

まず、行動したらただちに祝福する必要があると述べたが、この「ただちに」とは、まさしく文字通りの意味だ。**即座に行うかどうかが、習慣形成のスピードを決める一因となる。**

もう1つの要因は、祝福をするときに感情を「強く」感じることだ。

この2つはワンツーパンチをお見舞いするような強力な組み合わせだ。

行動したらただちに祝福し、祝福を強く実感しなければならない。

私は用を足したあとの腕立て伏せを始めたころ、腕立て伏せを終えるたびに両手でガッツポーズをして「すごいぞ！」と言っていた。

これは私にとってはすぐにポジティブな気分になれる効果的な祝福だった。だが、人によってはくだらなく感じ、恥ずかしいと思うかもしれない。それでもいい。BJ・フォッグの祝福は自分には合わない、と思えばいいだけだ。

祝福で習慣を定着させるために大きなジェスチャーは必要ない。ただにっこりするだけでも、心の中でそっとほめ言葉をつぶやくだけでも効果的だ。

「本当にいい気分になる言動」をチョイスする

では、いよいよあなたの番だ。自分にしっくりくる祝福を探してみよう。気まずさや違和感があるなら、逆効果になるだろう。**脳は気まずい思いは好まない**。心地よくなりたいのだ。

祝福は個人的なものだ。気分をよくしてくれるものは、あなたと私ではおそらく異なるだろう。

「純粋に心地よくなれる祝福」を見つけることは簡単ではない。性格や文化によっても左右されるからだ。成功を祝うのが生まれつき得意な人もいる。**やる気にあふれた楽天家には簡単に実践でき、楽しむことさえできるかもしれない**。それどころか、すでに実践していて、その行為に名前をつけていないだけかもしれない。

しかしながら、**自己批判をしがちな人や、悲観的なタイプの人には、祝福を自然に行うのは難しいかもしれない**。

また文化によっては、へりくだったり、控えめに振る舞ったりすることに居心地のよさを感じるため、祝福を抵抗なく行うのが難しい人たちがいることもわかった（イギリスと日本のみなさん、聞いていますか？）。

だが、出身地や性格を問わず、習慣の素早い定着をうながすために自然な祝福を利用することはできる。

自分にとって効果的な方法を見つければいいのだ。

私のおじで、70代半ばのブレントの例を挙げよう。彼はユタ州で弁護士として活躍し、いまは一線を退いている。祝福よりも、人と議論し、現実を突きつけることが得意だ。

数年前、親戚がたくさん集まった機会に、私はタイニー・ハビットについて話し、祝福の考え方を説明した。ブレントおじさんは、「自分は祝福はしないから、その法則は誰にでもあてはまるものではない。もう結構だよ、ＢＪ」とぶっきらぼうに口を挟んだ。

そこで私は彼に、裁判に勝てそうな証拠を見つけたときはどうしていたか聞いた。**おじさんはにやりと笑い、人差し指を突き立て「ビンゴ！」と言った。**

いかにも彼らしいしぐさに誰もが笑ったが、私は「それですよ！　ビンゴって声に出すことが、おじさんの自然な祝福なんです」と言った。

読者のみなさん、私の気難しいおじでさえできたのだから、あなたもできる。**いつも自然にやっていることを探せばいい。**

祝福は、声に出さなくても、しぐさをともなわなくてもかまわない。

唯一のルールは、いい気分になれて、達成感が感じられる言動（心理的なものでも、実際の言動でも）であることだ。

「シャイン」をきらめかせる

意外にも、英語には成功を経験することで得られるポジティブな感情を表現するのにふさわしい言葉がない。私はこれに関連する科学的な文献を山ほど読み、独自研究も行ったが、ふさわしい言葉がないという確信に至った（もっとも近いのは「真のプライド（authentic pride）」だが、ぴったりとはいえない）。

そこで私は、人間の感情を研究する3人の世界的権威の勧めもあり、成功を実感したときの感情を表現する造語を考えた。

準備はいいだろうか？

名づけて、「輝き（シャイン）」だ。

あなたはこの感情をすでに知っている。

試験で満点を取ったとき、非の打ちどころのないプレゼンを終えて拍手喝采を浴びたとき、初めてつくる料理の香りがなんともおいしそうだったとき……。**そんなときに感じる感情がこの「シャイン」だ。**

私は祝福のテクニックこそが、習慣を形成する突破口になると確信している。理由はもうおわかりだろう。うまく祝福することでシャインを演出し、それによって脳が新しい習慣をコード化できるからだ。

私があなたにタイニー・ハビットを直接教えられるなら、まずは祝福に的を絞って指導するだろう。あなたにとって自然で効果的な祝福が見つかるように手助けする。一緒に練習するので、楽しいひと時になるはずだ。

「フォッグ行動モデル」や「アンカー」「タイニー・ハビットのレシピ」などを教える前に、とにかく「祝福」の訓練を行う。**これが第一歩だ。**習慣を身につけるうえで、もっとも大切なスキルなのだから。

あなたの家に出向いて直接教えられないので、あなたに合ったものを見つけられるようやり方を紹介しよう。

「自分らしい祝福」を見つける方法
——どの祝福が自分に刺さるか？

自然で心に刺さる祝福は、習慣をつくる大きな力になる。

自分に効果がありそうな方法がわからないときは、**次に示すシナリオに沿って、「そのとき**

自分がどういう反応をするか」を考えてみよう。

自分にとって自然な祝福のヒントが得られるにちがいない。その自然な反応を利用してシャインを感じ、新しい習慣を定着させよう（シナリオを読むときは、考えすぎたり分析したりせず、自然な反応に身をまかせること）。

「憧れの仕事」のシナリオ

あなたはずっと憧れていた企業の求人に応募した。採用試験は順調に進み、ついに最終面接を終えた。人事部長から「結果はメールで知らせます」と言われた。翌朝、メールが届いた。開いた瞬間、「おめでとうございます！」という言葉が目に入った。

そのとき、あなたはどうする？

「オフィス」のシナリオ

あなたはオフィスで席に座っている。手元にリサイクルしたい紙があるが、リサイクル箱はかなり遠い場所にある。そこで紙を丸め、投げ入れようと思い立つ。入るかどうか自信はない。慎重に狙いを定め、紙を投げる。丸めた紙は放物線を描いて箱の中へと吸い込まれる。ナイスショット！

そのとき、あなたはどうする？

「優勝決定戦」のシナリオ

応援するスポーツチームが優勝をかけて戦っている。同点で残り時間はわずか。試合終了間際、応援するチームが追加点を入れ、優勝を決めた！

そのとき、あなたはどうする？

シャインをもたらす祝福の具体例

あなたにシャインをもたらす祝福の方法は見つかっただろうか？　見つからない場合は、ほかの方法を試してみよう。

以下に具体例を紹介する。まわりに人がいてもできるものもあれば、家で一人でいるときにするものもある。

- 「よし！」、または「やった！」と言う
- 新しい習慣が人生の目的にどう役立つかを考える
- 思いきりにっこりする
- わが子が拍手してくれるのを思い浮かべる

- お気に入りのアップテンポな歌をハミングする（『ロッキー』のテーマ曲など）
- 少しだけ踊る
- 拍手する
- うなずく
- 親指を立てる
- 歓声を浴びる場面を想像する
- 「よくやった」と自分に言い聞かせる
- 深呼吸する
- 指をパチンと鳴らす
- 打ち上げ花火を思い浮かべる
- 顔を上げ、両腕でVの字をつくる
- 笑みを浮かべ、「まかせとけ！」と言う

もっとたくさんの祝福の方法を知りたければ、巻末の「祝福で『シャイン』を感じる100の方法」を参照してほしい。

祝福は「多様なパターン」を考える
――たくさんあればあるほどいい

祝福は「周囲に人がいるとき」と「いないとき」を想定して、何種類か用意しておくのがお勧めだ。私が気に入っている「一人でやる祝福」のひとつは、マイクという受講生が選んだ方法だ。

マイクはヨガの習慣を身につけようとして、まずは「初めの一歩」に取り組んだ。毎朝コーヒーメーカーに水を入れたら、リビングルームにヨガマットを広げる。たったそれだけだ。

マットを広げるだけ。この習慣を定着させるために、マイクはユニークな祝福を思いついた。ヨガマットをボクシングのリングに見立て、**『ロッキー3』の主題歌（アイ・オブ・ザ・タイガー）を歌いながら主人公さながらに腕を高く掲げ、マットの上を行ったり来たりする**のだ。

ある朝、大声で歌いながらグローブをはめた気分で両手を高く突き上げていたとき、窓の外を郵便配達員が通りかかった。どうやら、祝福全開の場面を目撃されてしまったようだ。マイクはユーモアのセンスがあるのでたいして気まずい思いはしなかったが、祝福の方法によってはカーテンを閉めて行ったほうがいいかもしれない。

職場で行う習慣については、**やることリストにチェックマークを入れて、ニコニコマークを描き添える**だけで達成感を得られることもあるだろう。あるいは「やったぞ、この作業をやっつけた！」と思うだけでもいいかもしれない。

スポーツジムで目立ちたくなかったら、エアロバイクのハンドルを小さくたたいたり、クイーンの「伝説のチャンピオン」を頭の中で口ずさんだりするといいかもしれない。

誰かに祝福を手伝ってもらう方法もある。ジルという受講者は、朝の日課にスクワットを取り入れたいと思っていたが、祝福をどうするかで悩んでいた。というのも、幼い娘がいつもまねをして、隣でスクワットをするからだ。

そこである日、ジルは**スクワットを終えたら娘のエマとハイタッチすることにした。**するととてもいい気分になれたので、翌日もその次の日もまた繰り返すようになり、祝福が定着した。これは小さなエマがいつも近くにいるこの習慣にとって、とても効果的な方法だった。

祝福は大声で歌うことでも、静かに人生の目的に思いを馳せることでもかまわない。大切なのは、祝福がシャイン、つまり内なる成功の感情を生み出してくれることだ。

最高に効く「パワー・セレブレーション」

さまざまな祝福を考えるとき、とくに効果が高そうな方法を少なくともひとつは準備しておこう。私はこれを「パワー・セレブレーション」と呼んでいる。**すぐに定着させたい習慣のための「とっておきの方法」**だ。

私はシャインを強く感じたいときは、ボンディエッティ先生を思い出す。カリフォルニア州フレズノ小学校で4年生だったときの先生だ。この厳しくも素晴らしい先生が私の肩に手を置いて、「よくできた！」と言ってくれるのを想像するのだ。

効果は抜群。

心に響いて最高の気分になれる。強力なシャインの感情をもたらしてくれるのだ。

ただし、**この祝福は多用しないようにしている。**習慣を素早く身につけたいときのための秘策だからだ。

「しっくりこない」ときの対処法

タイニー・ハビットの中で、この祝福の要素がつまずきの原因になることがある。どうしても実践する気になれなかったり、**どれを試しても、どうしてもうさんくさく感じたりする**のだ。こういった場合、適切な祝福を見つける以前の問題が潜んでいるかもしれない。

これについて、もう少し掘り下げてみよう。

先ほどのジルの例を紹介する。

ジルはタイニー・ハビットの講座を受講していたとき、祝福で苦労した。自分の成功にスポットライトを当てる素晴らしい方法がまったくなかったわけではない。彼女は高校時代、バスケットボールの選手として活躍し、**シュートを決めるたびに思いきり拳を突き上げていた**（この祝福は、シュートを決めるという習慣と結びついていた）。

問題は、かつては自分が行っていたこの祝福が、いまではばからしく感じられることだった。「なんだかきまりが悪くて」というのが彼女の説明だった。

これはなぜか。スクワットの習慣を実行するのと、スリーポイントシュートを決めたときでは、何がちがうのだろう？

やがて答えがわかった。**ちょっとしたことは祝福に値しないと感じていた**のだ。

シュートを決めたときは、祝福を勝ち取ったように感じた。だが、2回のスクワットはどうだろう？　まさか。そんなの誰にでもできることだ。スキルも努力も才能もいらない。少しも誇らしいことじゃない。

というわけで、こんな小さな成功で祝福するのがばからしく思えていたのだ。

もしかしたら、あなたも同じように感じているかもしれない――たった2回腕立て伏せをしたり、歯を1本フロスしたりしたくらいで、どうして自分をほめる必要があるのか。

この疑問に対する答えは3つある。

❶行動のシステムがそうなっているから

居間のテレビが古くなっているとしよう。ときどき急に消える。テレビの横をたたくと直る。理由はわからないが、毎回これで調子はよくなる。エンジニアなら説明してくれるだろうが、あなたは番組を最後まで観られればいいので気にしない。

行動もこれに似ている。目には見えない複雑なシステムだが、**ドーパミンが習慣を定着させるうえで重要な役割を担っていることはわかっている**。とにかく、脳はそんなふうに機能しているのだ。

❷祝福はスキルだ

祝福を自然に感じられないこと自体は問題ない。これはスキルで、繰り返し練習することで心地よく感じられるようになっていくものだからだ。

私は昔バイオリンを習っていたとき、先生から弓の正しい持ち方を教えてもらったが、言われたとおりにしなかった。自己流でやりたかったのだ。先生は**上達する唯一の道は、正しい方**

法で練習することだと何度も言った。私はそれでも指示に従わず、結局上達しなかった。先生は正しかった。

そこで私はあえて忠告したい。祝福に反発するのは自由だが、それは習慣を身につけるうえで賢明な選択ではない。多くの人にとって、祝福を習得する努力は、習慣の達人になるためのほんのわずかな代償にすぎない。

❸ あなたの行いは祝福に値する

これは、いちばん大切な答えだ。自分が祝福に値することをしていると認識できると、きわめて大きな変化がもたらされる。自己批判をやめ、自らの成功を素直に受け止める能力は、あなたが身につける小さな習慣だけでなく、人生の多くの場面に前向きな影響を及ぼす。

学生によく伝えていることだが、自分がデザインしたとおりに新しい習慣を行うことは小さな成果ではない。それが**どんなに小さく、わずかな前進であっても、変化を生むのはとてつもなく大きな意義のあること**なのだ。祝福に値しない理由などあるだろうか？

小さなことで祝福するのが難しいとすれば、あなたはおそらく「中途半端は許されない」という考えに囚われている。そんな考えはもうやめよう。それは罠でしかない。

どんなに小さな勝利でも、祝うことによってさらなる勝利がもたらされる。これまで幾度となく変わる機会を逃してきたのに、いまはどうだろう。スクワットを2回するようになった。

あなたは進化を手に入れたのだ。

「意義」を考えれば、やる気が出る

祝福の大切さを理解するには、行動の背後にある意味を見出すことも役に立つ。小さい習慣はささやかに見えるが、掘り下げてみると、そもそもその行動を望んだ本当の理由に気づき、祝福する価値がたしかにあると思い至るだろう。

朝の日課にスクワットを取り入れたジルは、朝食後、カウンターをふく習慣も身につけたかった。ところが祝福によってシャインを感じられず、習慣はなかなか根づかなかった。

そこで彼女は視野を広げ、人生におけるこの習慣の意義について考えた。**自分はなぜこの習慣を積極的に身につけようとしているのか？　なぜ大切なのか？**

答えは、それが夫のコリンにとって大切なことであり、彼女にとって彼が大切な存在だからだ。家で料理をするのはコリンの役目だった。仕事から帰宅し、カウンターが散らかっているとやる気がそがれる。冷蔵庫から材料を選び、家族のためにおいしい料理をつくる気が薄れてしまう——ジルがきれいにしておかなかったせいで。

もっと片づけておくようにと何度も言われていたが、いつも忘れてしまうか、間に合わないかだった。些細なことでケンカになる典型的なパターンだ。

ジルは**カウンターを片づけられた晩は、明らかに穏やかに過ごせる**ことに気づいた。コリンが帰宅し、おいしい夕食をつくり、家族みんなで食卓を囲む。小さなことであると同時に大きなことでもある。

ジルはこれが幼いエマを円満な家庭環境の中で育てるために行う習慣であり、夫との絆を深める方法なのだと理解した。すると、誰にでもできるつまらないことのように思えていたカウンターの片づけが、**じつは達成感を味わうにふさわしい行為だと気づいた。**

意義の理解が祝福に本気で取り組む助けになり、「カウンターをふく」という習慣を定着させる力になったのである。

達成感を「すぐに実感」できる方法
——小さなことを祝福しよう

いまこそ誰かが指摘すべきだ。**「期待」を下げなければならない**、と。

私がこんなことを言うと、唖然（あぜん）とされることがある。あるいは、つくり笑いをされたり、冗談と思われたりすることもある。

だが私は本気だ。

そう、私はこの成果第一主義の野心的な世界で、**あえて目標を下げる**ように説いているのだ。あなたに偉大なことを成し遂げてほしくないと思っているわけではなく、成し遂げるには小さなところから始めなければならないと知っているからだ。だが、**小さく始めることを見下していてはうまくいかない**。

赤ちゃんが初めて歩いたとき、大人たちが拍手するのはなぜだろう？　完璧に歩いたからでも、赤ちゃんがそれを「勝ち取った」からでもない。お隣の赤ちゃんより大きくてしっかりした一歩だったからでもない。拍手をするのは、それが生涯にわたって歩き、走ることに向けての最初の小さな一歩だからだ。それこそが何よりも大切なのだ。

「変化を起こすには小さな一歩が大事だ」ということを認め、信じることが難しい人もいるかもしれないが、それでも大丈夫だ。

達成感を育めずに苦労しているときに役立ちそうな戦略をいくつか紹介しよう。

- **子どもと一緒に祝福する**（子どもは祝福が得意だ！）。ジルは3歳の娘と祝福すると、以前にも増して純粋にシャインを感じられた。
- **身体的な動きを取り入れる。**「にっこりする」「ガッツポーズをする」「ワンダーウーマンのポーズを取る（腰に手を当てて胸を張る）」など。身体的な動きはポジティブな感情を生むことがある。シャインに注意を払い、動作によって気持ちが高まるかどうか確かめる。

- **祝福するとき、愛する人を称(たた)えていると想像する。**そんなとき、あなたはどんな言葉をかけるだろう？　相手の行動を心から誇りに思うだろうか？　もちろん思うにちがいない。その気持ちを自分がシャインを得る方法として利用しよう。

「リハーサル」で脳に刻み込む
——素早く、しっかり定着させるには？

今度はいよいよ、タイニー・ハビットを実践する人々からもっともよく聞かれる2つの質問に答えよう。

1つは、**「習慣を素早く定着させるにはどうすればいいのか？」**という質問。

もう1つは、**「習慣の実践を忘れてばかりだが、どうすればちゃんと思い出せるか？」**という質問だ。

私の答えは意外かもしれないが、習慣を身につけることがスキルだと気づけば、納得してもらえるだろう。

準備はいいだろうか？

習慣を素早く定着させ、忘れず実行できるようになるには、**「行動の流れ（アンカーから小さな習慣まで）を実行してすぐに祝福する『リハーサル』を、7〜10回繰り返す」**。

この「リハーサル」を行えば、習慣形成のスピードを加速できる。

ばかげていると思うかもしれないが、このテクニックはいずれ広まるにちがいない。

習慣のリハーサルとは、実生活で行う瞬間に備えて訓練するということだ。

ダンスの発表会やセールストークのリハーサルと変わらない。リハーサルをしていなければ、ダンスもセールストークも失敗するだろう。**最高のパフォーマンスをするには、リハーサルは欠かせない**のである。

プロバスケットボール選手のステフィン・カリーは、スリーポイントシュートを何度練習しただろうか？　100万回以上？　スリーポイントライン手前から何も考えずにシュートを決められるようになるには、何度も同じ行動を繰り返したにちがいない。彼は習慣を定着させたのだ。ナイスシュート！

タイニー・ハビットのリハーサルでは、**筋肉の動きを脳に記憶させる訓練を行い、それを覚えていられるように脳を書き換える**。そこに効果的な祝福が加われば、習慣を素早く定着させられる。

たとえば、あなたがテレビのリモコンを暖炉の上に戻さないことに、奥さんが怒っていると

私のレシピ

これをしたら……	これをする	習慣を脳に定着させるため実行後すぐにこれをする
夜、テレビのオフのボタンを押したら、	リモコンを暖炉の上に置く。	
アンカーの瞬間	**小さい行動**	**祝福**
小さい行動を行うように思い出させてくれる既存の習慣。	身につけたい習慣をとびきり小さく、とびきり簡単にしたもの。	自分の中にポジティブな感情（シャイン）を生む動作。

しよう。奥さんはかならず戻すべきだと思っている。また忘れてしまったら大変なことになる。そんなときは、リハーサルと祝福で習慣を素早く定着させるといい。

レシピはこんなふうになるだろう。

「夜、テレビの電源オフのボタンを押したら、リモコンを暖炉の上に置く」

リハーサルの流れは以下のとおりだ。

ソファに座る。リモコンを手に取る。テレビのオフのボタンを押したら立ち上がり、リモコンを暖炉の上に置く。そしてとっておきの方法で思いきり祝福する。『ロッキー』のテーマソングを口ずさんでも、ワンダーウーマンのポーズをまねても、静かに成果を認めてもいい。とにかくシャインを感じられるようにする。

これで一度目が終了だ。**それからすぐにま**

た繰り返す。リモコンを持って椅子に座り、ボタンを押し、立ち上がって……。

流れは理解してもらえただろうか。

たしかに、奇抜ではある。脳に習慣を定着させるため、これまで習慣のリハーサルをするように提唱した人など誰もいなかった。だが、私はいまここに、これを提唱する。

このプロセスを信じ、一連の行動を7～10回リハーサルしよう。

すると、どんなことが起きるだろう。おそらく、次の晩にテレビの電源を切ると、脳が「おい、リモコンを暖炉の上に置くのを忘れるなよ」と言うはずだ。

あなたは訓練のおかげで、適切なタイミングですべきことを思い出せるのだ。ナイスシュート！

祝福すべき「3つの場面」

――いろいろなタイミングで祝福する

私はシンプルに伝えるため、祝福は習慣化したい行動を実践した直後に行うよう指導している。だが本当は、3つの異なるタイミングで行うと、さらに早く、さらに確実に習慣の達人に

祝福すべき3つの瞬間

なれる。

そのタイミングとは**「習慣を思い出したとき」「習慣を行っているとき」「習慣をやり終えた直後」**である。

これらの祝福には、それぞれ異なる効果がある。

たとえば、「仕事から帰宅して家に入ったら、カギをいつもの場所にかける」というレシピを作成したとしよう。これを習慣化するなら、**脳からの指令で新しい習慣を思い出した「まさにその瞬間」に祝うのがいい。**

帰宅後リュックを下ろしているとき、「そうだ、明日困らないように、いまカギをかけることにしよう」とふと思ったとする。そう思った瞬間に祝福するのだ。

シャインを感じることで、カギをかける習慣ではなく、**習慣を「思い出すこと」を定着させていく**のだ。

思い出したことを祝福するとき、あなたは「思い出した瞬間」を脳に刻んでいる。これが重要だ。習慣は思い出さないかぎり実行しようがないからだ。

祝福すべきもうひとつのタイミングは、「新しい習慣を行っている最中」だ。そうすると、脳が行動の実践をシャインの感情と結びつける。
ジルの例では、意義を考えることでカウンターをふくことは祝福にふさわしいと納得した。次のステップはその習慣を定着させるのに最適な祝福を考えることだった。試行錯誤ののち、彼女は**習慣を行いながら祝福をすることにした**。

彼女にとって確実にシャインを得られるのは、その晩夫がつくってくれる料理を思い浮かべ、彼がキスをして「よくやったね」と言ってくれる場面を想像することだ。

ジルにとって、この祝福は行動に直結していた。ジルはこの場面を想像することで、自分の小さな行動と、家族の一体感との結びつきを感じることができた。

この祝福は思い出すことを定着させ、カウンターをふくモチベーションを高めた。ジルはいまでは何の意識もせずカウンターをふいている。

習慣の根を「新鮮」に保つ

――きついときはシャインを注入

習慣を自動的に行えるようになれば、祝福はもう不要だ。しかし、親愛なる読者のみなさん、

習慣をみずみずしく保つには、祝福を小まめに補給する必要があるかもしれない。

習慣の根をしっかり保つうえで、祝福が役立つ状況は少なくとも2つある。

1．長期休暇や引っ越しなど何らかの事情のため、しばらくその習慣を行えずにいたとき。

2．習慣に変化を加えて難しくしたとき。たとえば、本来は腕立て伏せを2回するところを、ある日試しに25回に増やしてみたようなとき。

1の場合は言うまでもない。祝福を利用して、改めて習慣を定着させよう。

2はやや複雑だ。

習慣の難易度や長さが増せば、労力もそれだけ増す。**そんなときは祝福をふたたび取り入れると効果的**なのだ。

腕立て伏せ2回という私の簡単な習慣について考えてみよう。やるべきなのは2回だけだ。しかし、続けるうちに自然と回数が増え、いまでは一度に8回か10回こなしている。それくらいは楽勝だ。

だがときには25回とか30回とか、いつもよりだいぶ多くやってみることもある。そうして少し苦痛を感じたときは、祝福を導入する。

習慣を行ったときに**苦痛や違和感、不快感が生じると、脳が回路を書き換えてその習慣を避**

けるように導くと私は解釈している。マイナスの感情は習慣を自動化する根を弱らせるようだ。

そこで私は、30回腕立て伏せをして苦痛を感じたときは、**思いきり祝福をして苦痛を相殺し、習慣を生き生きと保つ**ようにしている。そうやってシャインを注入することで、習慣を持続できるのだ。

「レシピなし」で祝福する
——祝福で自分を根本的に変える

私たちの自己像は「行動の積み重ね」によって確立される。そうした行動の機会は毎日訪れる。

自分はショッピングカートを元の場所に戻すタイプか、それとも駐車場に放置するタイプか？　床が散らかっていたらパートナーに片づけさせるタイプか？　隣に暮らすお年寄りのために雪かきをするタイプか？

人間性というのはこういうちょっとした機会に表れるものだ。ときには失敗して、少し落ち込むこともあるだろう。逆に立派なことをすれば、しばらく自分に満足するはずだ。

だが、**いい行動を繰り返し実行できる機会を簡単に増やせる**としたらどうだろう？自分の最良の面が表れる場面を静かに積み重ねていくことで、（たまには例外はあっても）それが本来の自分の姿になるとしたらどうか。

そんな理想を現実にする方法として、タイニー・ハビットのレシピなしで祝福を行うことについて説明したい。毎日の生活の流れの中で、祝福をしていけばいい。じつに簡単だ。ただし、いい行動を強化するために、**自分がいい行いをした瞬間を見逃さないように注意する必要がある。**

例を挙げてみよう。

サラは二人の子どもを育てるシングルマザーで、すでにタイニー・ハビットによっていくつかの習慣を身につけ、仕事の効率化や健康的な食生活の実現に役立てていた。

子どもを寝かしつけたあとの彼女の行動は、たいてい次のどちらかだった。帰宅時の服装とメイクのまま子どもたちの隣で寝てしまうか、または自分の部屋まで移動してベッドに倒れ込むか――やはり服とメイクはそのままで。

ときにはなんとか服を脱いで寝室の椅子に投げかけることができたし、場合によっては歯を磨いてパジャマに着替えることもできた。

ところが顔を洗うことはほとんどなかった。これが悩みの種だった。メイクをしたまま寝てはいけないのは常識だ。彼女は友人や知人たちから「毛穴が詰まるわよ、シワも増えるし！」と忠告された。

サラもそんなことはわかっていたが、子どもたちの食事の世話や自分の仕事など、ほかにもっと差し迫った問題があるのだ。

日常生活の「あらゆる場面」に広げる

サラはそんな自分の状況についてあまり深く考えたことはなかったが、ある晩、両親に子どもを預け、少し余裕ができた。そこで寝る前に顔を洗った。小さなことだが、**顔をふいて鏡の中の自分を見つめ、にっこりほほ笑んだ。**

するとほかの習慣を祝福するときのようなシャインを感じられた。

心の中でこんな言葉もかけてみた。「サラ、よくやった！　とうとう顔を洗ったのね！　自分を大切にできるなんて素敵な女性だわ」。**彼女はほんの少し自分をほめる時間をつくることができた**のだ。

サラは顔を洗うのにタイニー・ハビットのレシピを作成したわけではないが、この祝福は一日の締めくくりとして自分を大切にする習慣を定着させるのに役立った。素晴らしいことだ。

だが、サラの話には続きがある。

彼女は自分が自分のためにちょっとした時間をつくれるのだと実感すると、顔を洗うだけでなく、ほかにもいろいろするようになった。

夜脱いだ服を椅子に投げるのではなく、畳んで棚に置くようになった。彼女はこうした行動を祝福して継続し、**祝福で心地よく感じる効果を、生活のほかの面にも波及させていった。**

注目すべきは、サラがある晩、望ましい行動を祝う機会を捉えたおかげで、「夜の洗顔」が定着したということだ。このシンプルな第一歩が、自意識を変える強力な方法となったのである。

ここで私が述べたいのは、祝福は人生のどんな場面でも使えるということだ。計画はいらない。レシピも書かなくていい。**自分が望ましい行動を取ったと気づいたら、定着させるためには祝福すればいい。**シャインを感じられたら、その望ましい行動を自動化する道筋ができたことになる。

さらに重要なのは、これによって否定的な感情にばかり目を向けるのをやめて、前向きな感情を得られる機会を手にすると、**自分の意識にプラスの影響を与えられるようになる**ということだ。

人はネガティブな気分ではなく、いい気分を味わったときに大きく変化できるということを忘れないでほしい。

3分間チャレンジ「セレブレーション猛アタック」

――シャインを爆発させる「効果抜群」のワザ

「祝福」はいつか、「マインドフルネス」「感謝」と並ぶ日々の習慣として、私たちの喜びや幸せ全般に大きく貢献するようになるだろう。**あなたが本書からひとつだけ学ぶとすれば、「成功を祝福すること」であってほしい**と思う。

人生におけるこの小さな変化ひとつで、出口が見えない状況にあるときでさえ、きっと大きな効果を生むことができる。祝福は、いざというとき救いの手を差し伸べてくれるだろう。

リンダはタイニー・ハビットを始めた当初、祝福を省いていた。現実と分析を重視する彼女にとって、「物事を小さく簡単にすること」は理にかなっていた。だが、些細なことをするたびに祝福するのはどうか？　あまり合理的とは思えなかった。

彼女にとっては説得力もなければ心地よくもなかったので、祝福は定着せず、祝福なしのままタイニー・ハビットを続けていた。そして成功したり失敗したりしながらも、ほかの人から聞くような大きな変化は実感できていなかった。

私がリンダと一緒に、タイニー・ハビットを通して彼女の人生をさらに変えるにはどうすべきかと考えたとき、祝福の導入が欠かせないのは明らかだった。

達成感を味わうことは、たんに習慣を定着させるだけのスキルではない。これは中途半端を許さない風潮への対抗手段であり、自分を見つめ直す新たなレンズでもある。

リンダは苦手な祝福を克服するため、前向きな感情を得られる「祝福猛アタック（セレブレーション）」という私のお気に入りのテクニックを試すことにした。

「セレブレーション猛アタック」のやり方

これは祝福がうまくいかないときのテクニックだが、こんなふうにしてみよう。

まずは自宅で**いちばん散らかっている部屋（または職場でとくにひどい場所）に行き、タイマーを3分間セットする。**

いらない書類を捨てるたびに祝福する。ふきんを畳んで決まった場所に戻すたびに、収納箱におもちゃを投げ入れるたびに……どうするかもうおわかりだろう。「よくやった！」とか「いい感じ！」などと言うのだ。そしてガッツポーズをする。心地よいと感じることなら何でもいい。小さな成功をそのつど祝福する。

心から実感できなくてもかまわない。目的は、**タイマーが鳴ったらすぐに手を止め、自分の感情に向き合うこと**だ。

あなたはこのとき気分が軽くなり、シャインをはっきりと得られるにちがいない。待ち受けている一日や仕事について、前向きになれるはずだ。意識があまりにもすぐに変わるので、驚くかもしれない。

さらに、片づけたあとを見れば、達成感がこみあげるはずだ。**たった3分で人生をよりよい方向に導けたと実感できる。**「これは繰り返す価値がある。人生をよりよいものにしたのだから」と感じられる。

そう感じるのは、たんに部屋が片づいたからではない。あなたが3分間かけて、すぐに祝福を行うことの効果を検証し、変化のためのスキルを磨いたからだ。

脳を「ポジティブ」につくりかえる

リンダはこのプロセスを信頼してくれ、3分を費やしてやってみた。必要なのはそれだけだった。以来彼女は、「祝福への改宗者」を名乗るようになった。

2か月ほど経ったとき、彼女は自分が**習慣以外の場面でも祝福している**ことに気づいた。あわただしい朝の通勤時にタイミングよく交差点を青信号で通過できたら「よし！」と車の中で叫ぶ。洗濯物の最後の1枚を畳み終えたら「やったね、リンダ!」と自分をほめる。

以前ならこんなことは気にも留めなかっただろう。**苛立たしいことばかりに意識が向いていた**。赤信号に引っかかったとか、5分も並んだレジが急に閉まってしまったとか。

ところがいまでは、小さな勝利が次々と現れる。そして彼女は、それらを祝福するようになった。

リンダによると、意識的にそうしたわけではなかった。要するに、**祝福をすると気持ちがいいと脳が学習した**のだ。彼女は無意識のうちに祝福の習慣を身につけていた。

リンダは「物事を後ろ向きにではなく、前向きに考えられるように脳を訓練し直した」と私に言った。まさにそのとおりだ。彼女は難しい状況に直面しても、小さないいことを見つけ、祝福によって前向きな感情を得られるようにしている。そのおかげで、**悪いことに気を取られず、いいことに意識が向かうようになった**。

前章で紹介したエイミーも同じようなことをしていた。彼女は夫に対する考え方を変え、彼のネガティブな態度を、ポジティブなことをするためのきっかけとして利用した。エイミーの場合、すでに何か月もさまざまな習慣を祝う訓練を積んでいたため、脳は特殊な状況においてさえ、心地よくなる機会を探せるようになっていたのだ。

いま、あなたの頭の中では小さな警報が鳴り始めているかもしれない。**「ポジティブ」と**

「ネガティブ」という言葉に、うさんくささを感じているかもしれない。

人はよく「ポジティブに考えて！」とか「いい面を見つけて！」と言う。それを聞いたあなたはあきれ顔になる。そんなに簡単なことだったら、誰だって前向きになれる。まったくそのとおりだ。

だが、ひとつはっきりさせておきたい。エイミーは魔法を使ったわけではない。リンダも指を鳴らし、ポジティブになる魔法をかけたわけではない。

二人とも効果が立証されているプロセスを利用し、試行錯誤を重ね、困難な状況で頼りにできる揺るぎないツールを見つけた。**脳の報酬中枢を刺激することによって、ものの見方を変えたのだ。**よく考えて慎重に実行したプロセスが、時間をかけて美しく花開いたのである。

祝福で「つらい日々」を乗り越える

リンダの話はまだ終わらない。

2016年の秋、リンダはふたたび憂鬱の沼にはまっていた。夫のアルツハイマー病が悪化し、高額な医療費がのしかかってきたのだ。彼女は精神的に追い込まれ、**毎日職場のデスクに突っ伏して15分は泣いていた。**仕事と子育てをしながら医療費まで工面しなければならず、気が遠くなりそうだった。だから泣くことは自分に許した（これはいいことである）。

しかしやがて、「よし、なんとかしよう」という気になった。

そして立ち上がり、職場で「セレブレーション猛アタック」をした。**3分間片づけて祝福する。さらに気持ちを高めたいときは5分に延ばした。**すると、彼女が言うところの「自己憐憫パーティ」から一気に脱出できた。

誰もが打ちひしがれるような悲しみと喪失を経験した彼女は、ときにはそれに身を委ねるしかないこともあるが、いつまでもそこにとどまっていてはいけないと学んでいた。

セレブレーション猛アタックは、リンダが溺れそうになったとき、自分を水の中から引き揚げる命綱だった。その秋、リンダは**ほぼ毎日それを繰り返し、デスクから頭を上げて前に進んだ。**彼女は自分や家族のために、そしてタイニー・ハビットのトレーナーとして指導する受講者たちのために、最善を尽くしているのだという事実に意識を集中するようにした。そしてその事実を祝福した。

リンダの境遇は痛ましいが、こうしたつらい出来事は世の中にあふれている。タイニー・ハビットを教えているとさまざまな話を聞くが、核となるメッセージは同じだ——達成感は変化をうながす強力な推進力となる。祝福すると自信が増すのは、習慣を身につけるのがうまくなるだけでなく、**自分に優しくすることがどんどんうまくなっていく**からだ。

自分を非難するのではなく、祝福する機会を探すようになる。するといつの間にか根本的な変化が起きる。

あなたはいままで、**自分はこんなタイプ**だと決めつけていた。

たとえば、マイクのように「運動を続けられないタイプ」。ジルのように「片づけるのが苦手なタイプ」。またはリンダのように「泣いてばかりで前に進めないタイプ」。自分を変えることなど無理だと思っていた。

だが数週間、数か月と経つうちに、あなたが人生に織り込んでいった小さく単純な習慣の数々が、あなたの世界という織物全体に変化をもたらす。そして**気がつけば、あなたはかつて想像もしなかった、まるでちがうタイプへと変わっている。**

子どもより早く起きて運動し、ロッキーのまねをして郵便配達員を驚かせるようなタイプに。日々の敗北は気にかけず、勝利を積極的に祝福するタイプに。自分が望みさえすれば、どんなふうにでも変われると知っているタイプに。

これが世界を変え、人生を変化させる祝福の力だ。

少しずつだがとても効果的に人生に変化をもたらす力だ。

いまのあなたは、自分が望むどんなタイプにも変わることができるのである。

「シャインを感じる」ための小さなエクササイズ

本章ではすでに、自然な祝福の方法を見つけるエクササイズを紹介した。かならず練習してほしい。とても大切なことだ。

ここでは、それらに加えてもういくつか、エクササイズの方法を紹介しよう。本当のシャインにつながる祝福を見つけられる方法だ。

エクササイズ ① 「さまざまな祝福」を試してみる

このエクササイズは、小さな成功を祝福する新しい方法を見つけるのに役立つ。これらを試し、自分に効く方法を見つけよう。さらにアイデアが必要なら、巻末の「祝福で『シャイン』を感じる100の方法」をチェックしてほしい。

「好きな歌」を歌う

幸福感や達成感、明るい気分になれる歌を思い浮かべる。それを歌う（もしくはハミングする）ことで、小さな成功を祝福する。

「体」を動かす

幸福感や達成感が得られるような身体的動作を試す。たとえばガッツポーズをしたり、ちょっと踊ったり、うなずいてみたり。シャインを得られる身体的動作を見つけ、新しい習慣に結びつけるためにそれを用いる練習をする。

「気持ちのいいフレーズ」を口にする

幸福感や達成感が得られるフレーズを探す。たとえば「やったー！」とか「最高！」など。いろいろ試して、シャインを感じられそうな言葉を少なくとも1つ見つけること。

「音」を使う

前向きな感情になれる音を探す。群衆の大歓声、トランペットのファンファーレ、スロットマシンの大当たりの音など。好きな音を選び、習慣に結びつけるため、祝福すべきタイミングで繰り返し流してみる。

「イメージ」を思い浮かべる

想像力を働かせてシャインを生む方法もある。これまでの4つの方法よりは難しいが、柔軟性があり（場所を選ばずに行える）、強力でもある（大きなシャインを得られる）。

何分か時間を取って、幸福感や達成感が得られそうなことをリストアップする。孫の笑顔、愛犬とのひと時、大好きなビーチの温かい砂浜など、自分にとって効果的なイメージなら何でもかまわない。

それぞれをイメージしてみて、思い浮かべやすく、シャインを生むのにもっとも強力なものを探す。そのイメージをくっきりと頭に浮かべて、小さな成功を祝福しよう。

エクササイズ② 「セレブレーション猛アタック」をする

少なくとも一度はこの練習をする。万全を期すには、生活の一部として定期的に行うこと。

ステップ1：自宅もしくは職場で、もっとも散らかっている場所を探す。
ステップ2：タイマーを3分間にセットする。
ステップ3：何か1つ片づけるたびに、祝福する。

定着

ステップ4：片づけては祝福、片づけては祝福と続けていく。
ステップ5：3分経ったらやめ、どんな気分がするかを意識する。何が変わったか？　何を学んだか？

エクササイズ③

「人は心地よく感じるときに変化できる」と自覚する

この練習は、INTRODUCTIONのエクササイズの繰り返しである。まだ実践していなければ、ここで取り組んでみよう。ぜひともそうしてほしい。

人は不快さではなく、心地よさを感じたときにこそいい方向に変われる。このことを実感するために、このシンプルなエクササイズがお勧めだ。

ステップ1：小さな紙に「不快さではなく、心地よさを感じることで私は前向きに変わることができる」と書く。
ステップ2：それを洗面所の鏡など、目につきやすい場所に貼る。
ステップ3：繰り返し読む。
ステップ4：自分の暮らしの中で（また周囲の人々にとって）、こうした意識がどう作用するのかを観察する。

CHAPTER

小を大に育てる

変化のスキルを活用する

スクマールは26歳になって2つのことが気になりはじめた。友人たちが一人また一人と結婚し、自分はお腹が出てきたのだ。

どちらも突然の出来事だった。ほんの数か月前まではみんなが独身で、彼はまだインドのチェンナイ出身のスリムな青年だった。

ところがいまや、お腹はズボンから突き出しているし、パーティが終わると友だちは奥さんと家に帰るのに、自分は一人だった。頭の中では、「誰が僕なんかと結婚したがるだろう？」というフレーズが渦巻いた。

やがて彼は、体重をどうにかしようと思い立った。食事に気を配り、運動も増やすようにした。

食事にも運動にも力を入れたが、お腹は少しもへこまなかった。それでも彼はがんばり続けた。そして「太鼓腹との闘い」（彼はそう呼んでいた）は、いつしか外見の問題から健康の問題へと移行していった。

背中と首にひどい痛みを感じるようになり、デスクに30分以上座っているのが難しくなっていた。ハイテク企業のＩＴ技術者として、デスクワークは避けられない。多少の痛みには耐えられると思っていたが、やがて長時間の勤務が難しくなってきた。

彼は仕事のパフォーマンスが下がるのを心配し、ついに病院に足を運んだ。そこで胴まわりの贅肉（ぜいにく）を指摘された。それが痛みの原因の1つだというのだ。

スクマールはそれから ずっと健康的な生活を心がけた。運動をたくさんして食べる量を減らすことにした。

習慣を「大きく」育てる

――なぜ「毎朝50回」の腕立て伏せが定着したのか？

そうして何年か過ぎた。

残念ながら、スクマールは意欲的なトレーニングに励んではすぐに挫折するというおなじみの悪循環に陥っていた。空腹と苦痛に耐えても成果は得られなかった。ストレスと体の痛みが増すばかりで、健康になっている実感はなかった。

彼は**トレーニングをしては放り出し、ポテトチップスを片手に椅子に身を沈めるというパターン**を幾度となく繰り返した。

だが、スクマールは結婚した（太鼓腹を魅力的だと思ってくれる女性を見つけたのだ）。妻も運動するようになり、彼にトレーナーにつくように勧めた。これは何週間かはうまくいったが、やがて挫折した。仕事がかつてないほど忙しくなり、1日のうち1時間も取られるのはストレスだった。**「時間がないのがいけないんだ」と彼は自分に言い聞かせた。**

運動しようとしては挫折して言い訳を探すという堂々めぐりは、ストレスどころではなかった。睡眠や集中力にも支障が生じていたが、もうどうすることもできないと感じていた。

スクマールは43歳になったとき、自分がダイエットに取り組んでから17年も経っていることに気づいた。

小さな不安から始めたことが、かえって苦痛に満ちた悪循環になっていた。だが、2012年にタイニー・ハビットに出合ったことでようやく終わりが訪れた。

スクマールは多くの人たちと同じように、まずは腕立て伏せから始めた。最初は小さくとどめて、歯を磨いたら腕立て伏せを2回した。また、体幹を鍛える「プランク」を5秒間する習慣も身につけた。

こうした小さな第一歩によって、スクマールはついに成功への道を歩み始めた。これらの習慣は大きく成長し、彼は最終的に体重を9キロ減らし、ウエストは17センチも細くなった。

これはかつての悪循環のときのような一時的な成功ではなかった。意識が大きく変化したことで、彼は長年の悪循環を断ち切り、**次のステップとして、長期的に体重を維持し、より丈夫で健康になるための準備ができた**のだ。

51歳になった彼は、毎朝50回の腕立て伏せを欠かさず、続けて1時間のワークアウトをこなし、最後に5分間プランクをすることを日課にしている。

最近、このエピソードを紹介する許可をもらおうと連絡すると、「BJ、僕はすっかり変わったよ」と彼は言った。

腕立て伏せ「2回」と「50回」の間にあるもの

本書ではこれまで、小さなことから始めて自分を大きく変えた人々の実際の話を紹介してきた。新しい習慣をデザインするプロセスを説明し、あなたが習慣の達人になるのに欠かせないいくつかのスキルも紹介した。

だが、2回の腕立て伏せを50回に増やすにはいったいどうすればいいのだろう？

太鼓腹との闘いに「完全に」勝利するには？
長年あこがれている10キロマラソンを完走するには？
不測の事態に備えて十分な貯蓄を確保するには？
何か月も前から構想しているビジネスを立ち上げるには？
コレステロール値を下げて維持するには？

どの疑問にも朗報がある――タイニー・ハビットを実践していれば、習慣は自然と拡大していくのだ。

この章では、**習慣がどのように成長し、増殖していくのか**を説明する。

また、あなたがすでに身につけた「変化するスキル」を確認し、「方向を誤った習慣を修正するにはどうすればよいか」を理解するためのフレームワークを提示する。これにより、小さなことから大きな変化へ到達する道筋を明確に理解できるようになるだろう。

まずは第2章で用いた比喩を振り返ろう。

いい意味でも悪い意味でも、**習慣を育むことは庭造りと似ている**。

あなたは家の裏手のポーチに立ち、荒れ放題の裏庭を何とかして美しい庭にしたいと思っている。何週間か過ぎるうちに雑草が伸び始める。あなたはところどころ少しだけ草をむしるが、骨が折れるので中断する。だが、雑草ではなく、美しい植物を育てたいという思いに変わりはない。

これよりもはるかに効果的なアプローチは、**自分が求める庭（習慣）を「デザイン」することだ。**

小さくか弱い芽が土から顔を出せるようにするには、多少の計画と最初の手入れが必要だ。だからあなたは「小さな成功」を祝うことで根を強くしようと気を配る。そうして根を張った習慣はすぐに自然の摂理に従う――より大きく成長していくのだ。

もちろん、すべきことはまだある。水をやり、雑草をむしらなくてはならない。だがこれは別のプロセスに携わる必要はなく、無理をする必要もない。

あなたの新しい習慣にも同じことがあてはまる。いくらか試行錯誤をして、しばらくは注意しなければならないが、**新たな習慣を適切な方法で確立すれば、欠かさず実行して開花させるのに苦労はいらない。**

庭を完成させれば、ひまわりは空に向かって生き生きと育ち、イチゴは自由自在に葉を伸ばすだろう。

植物と同様、習慣もそれぞれがそれぞれのペースで成長する。

腕立て伏せは2回から50回へと成長するかもしれないが、**各習慣の最終的なサイズは、時間や各個人の制約によっていろいろだ。**毎朝アボカドを食べる習慣はそれ以上大きく育ちはしないが、それがきっかけで夕食後にブルーベリーを食べる習慣や、昼食にセロリを添える習慣が生まれるかもしれない。

「人×習慣×状況」が定着日数を決める

習慣が完全に成長するにはどのくらいの時間がかかるだろう？　すべてに当てはまる答えは存在しない。習慣が完全に形成されるには21日かかるとか、60日かかるといった助言を耳にするが、そんな基準はインチキだ。**習慣に魔法の数など存在しない。**
なぜか？　習慣の形成は次の3点によって左右されるからだ。

- 行動する人
- 習慣の種類
- 状況

さらにいうと、習慣の形成の難しさ（または容易さ）を決めるのは、これらの要素の相互作用だ。だからこそ、**習慣Xが完全に定着するのにかかる日数はYである、とはいえない**のだ。変化とは過程である。庭で花が育ち、指の切り傷が癒えるのと同じだ。

どんな過程にもいえるが、そこには最適化のためにできることが存在する。途中でスピードを上げたり、軌道修正したりする工夫ができるのだ。

習慣がどんなふうに成長し、成長の過程において私たちがどんな役割を果たすべきなのかを理解すれば、私たちは**自分の人生に取り入れたいと願う変化（根本的な変化）を確実にデザインできる。**

それでは、詳しく見ていこう。

「成長する習慣」と「増殖する習慣」

――習慣の2つの拡大法

習慣の規模が拡大する過程には、主に2種類ある。**「成長」と「増殖」**だ。

私がこの文脈で「成長」という言葉を使うとき、習慣がより大きくなることを意味している。たった3回深呼吸するだけの習慣が毎日30分の瞑想になり、キッチンカウンターを1か所掃除するだけだったのが、キッチン全体を掃除するようになるといった例だ。

行動の本質は同じだが、総量が増える。習慣が拡大するのだ。

習慣が成長する様子を観察すると、それぞれが非常に大きくなることに気づくだろう（植物と同じだ）。

スクマールの日々のプランクは5分にまで延びた。これはじつに驚くべきことだ。以前の彼なら痛みに耐えきれなくなるか、もしくは投げ出したくなっていたにちがいない。どちらも習慣を弱らせる理由となる。

あなたはこう尋ねるかもしれない。

習慣は、植物のように「成長」させられる

「彼は始めたばかりのころ、プランクを5秒以上に延ばすタイミングをどうやって判断したのか？」

いい質問だ。これについてはすぐに詳しく考察するが、簡単に表現するなら「延ばしたいと感じたときに延ばした」というのが答えだ。

習慣が大きくなる2番目のパターンは「増殖」だ。

これは、あなたが育んでいる習慣が、**行動のより大きな生態系の一部になっていく**という展開である。

あなたの最終的な願望が「日々をより充実させること」だとして、最初の小さな習慣としておなじみのマウイ習慣を選んだとしよう。

あなたは朝目覚めて床に足をつけたら、

習慣は、植物のように「増殖」させられる

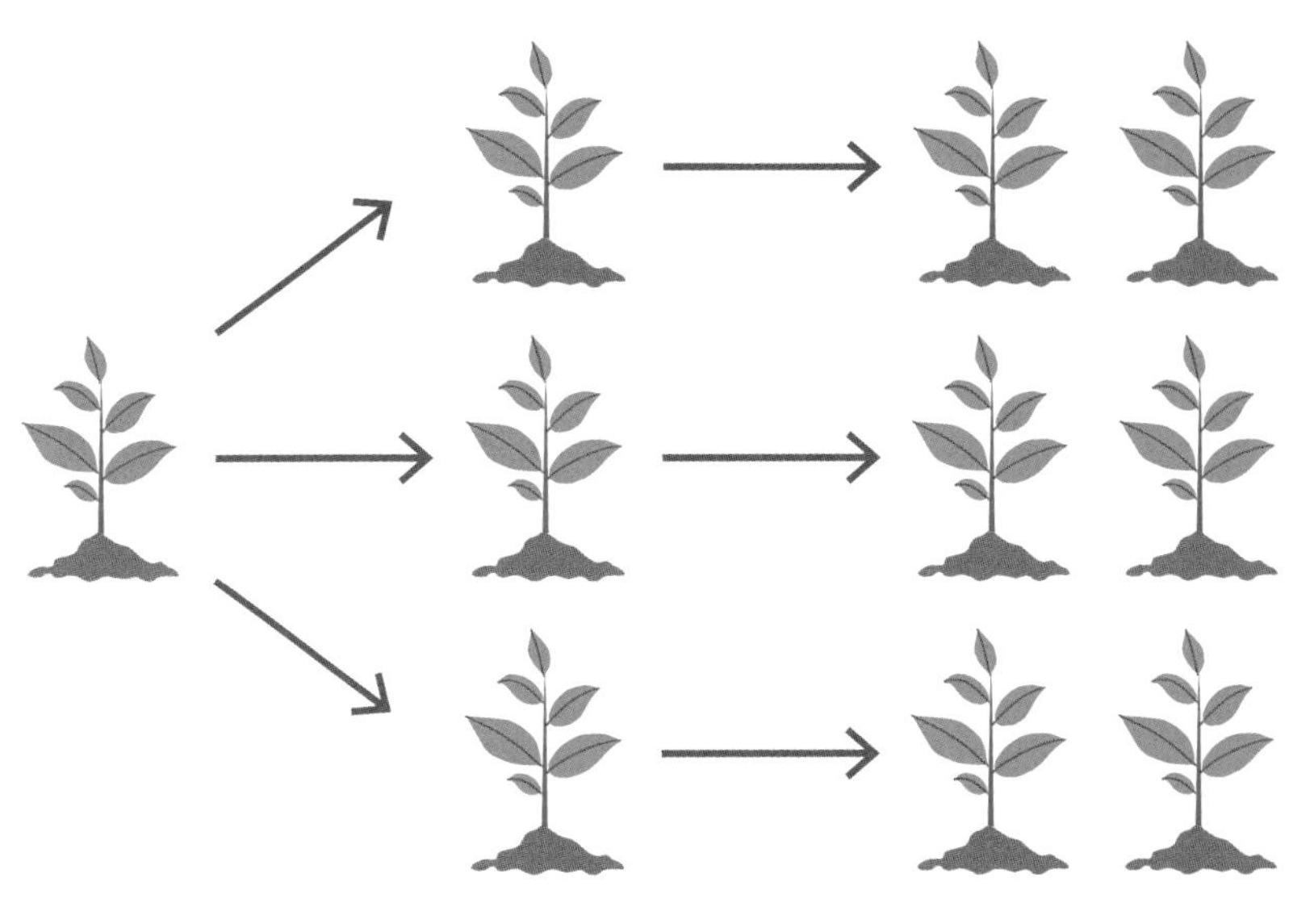

「今日は素晴らしい日になるぞ！」と言う。

これはある決まった状況においてのみ行う習慣なので、大きく「成長」することはない。それでも、**「増殖」することはあり得るし、波及効果も期待できる。**

マウイ習慣はポジティブな感情を生み、そのおかげで意欲が刺激され、ベッドを整えるなど、朝のひと時にいい習慣をさらに取り入れようという気持ちになる。

マウイ習慣を実践しながらほかの習慣を試すこともできる。出勤前に皿洗いをするとか、歯を磨きながら感謝すべきことを1つ思い浮かべるといったことだ。

私がマウイ習慣を推奨するのは、**このシンプルな行為が朝の時間帯のほかの課題に取り組む力になるからだ。**朝の課題をうまくこなせると一日が上向きにスタートし、それによ

って気分も上向き、その後の仕事や生活においても生産性が高まるだろう。

マウイ習慣のポジティブな波及効果の報告を聞くと、この習慣はあまり「成長」はしないが「増殖」するのは明らかなようだ。ちょうど花の種が風に運ばれ、ほかの場所で美しい花を咲かせるのと同じである。

マウイ習慣のようなタイプの小さな変化は、**簡単に身につけられ、自然と積み重なってあなたの一日を変える**ことになる（ベッドからもすんなり出られるようになるはずだ）。

習慣のデザインを始めるときに明確な願望があれば、おのずと自分に適した「成長する習慣」と「増殖する習慣」に取り組むことになるだろう。

あなたの大きな願望の1つが「マラソンを完走すること」だとすれば、おそらくウォーキングかランニングに関係する習慣を少なくとも1つはデザインするはずだ。これは「成長する習慣」であり、**やがて距離が延び、速さも増していく**。

そして同時に、もっと水を飲むとか、食事に新鮮な野菜を取り入れるといった「増殖する習慣」にも取り組むようになるだろう。**そうした習慣は自然と増殖し、あなたは栄養にまつわる習慣をさらに取り入れるようになる。**

それらがすべて組み合わさり、あなたはマラソンを完走するという願望の達成へと近づいていくのだ。

「たくさんの小さな成功」をつかむ

——成功の「頻度」が推進力を生む

タイニー・ハビットを初めて実践したとき、習慣が成長して人生の全体像が変化するのを実感した。さらに、2011年にこのメソッドをほかの人々にも伝えるようになると、タイニー・ハビットの拡大効果が普遍的であることに気づいた。

さらに詳しく観察し、より多くの人々から話を聞き、データを集めると、**明確な「成長パターン」が浮かび上がった。**あなたもいずれ実感することになる。

成功が成功を呼ぶ——これはよく言われていることであり、私の研究でも裏づけられている。だが、意外な事実もある。**どうやら成功の「規模」はあまり重要ではない**ようなのだ。

たとえ小さい習慣でも成功したと感じると、自信が急にふくらみ、その習慣をふたたび実践し、関連する行動を取ることへのモチベーションが高まる。

私はこのような成功を「推進力」と呼んでいる。意外にも、これを生み出すのは成功の「頻度」であって「規模」ではない。

そこでタイニー・ハビットでは、**たくさんの小さな成功を素早く積み重ねることを目指す。**長い時間がかかる大きな成功は目指さない。ところが、研究で得たデータによると、驚くほど多くの人が、小さいことで成功を収めた結果、大きな行動に取り組んでいることが明らかになっている。

当初、私はこの発見に戸惑った。だが、その後の研究で定性的な調査を行ったところ、波及効果を生み、飛躍的な進歩をうながすダイナミックな過程が存在する事実を掘り起こせた。

「モチベーションのベクトル」はせめぎ合う

この背景を理解するために、ふたたび行動モデルを用いて考えてみよう。

私たちは生活の中で、多くの行動について相反するモチベーションを持っている。「ある行動をしたい」という思いと、「したくない」という思いが同時に存在しているのだ。**早起きしたいと思いながらも、ベッドの中でもっと眠っていたい**、というように。

この力関係をさらにわかりやすく説明するため、ダンスを例に考えてみたい。

あなたは社内の休日パーティに参加していて、素晴らしいバンドが大好きな曲を演奏しているとしよう。踊っているのはほんの数人だが、あなたも少し踊りたいと思っている。そこにあるのは期待感だ。「踊ったら楽しそうだし、気分がいいだろうな――それにクールだと思われ

不安が期待を押し下げる

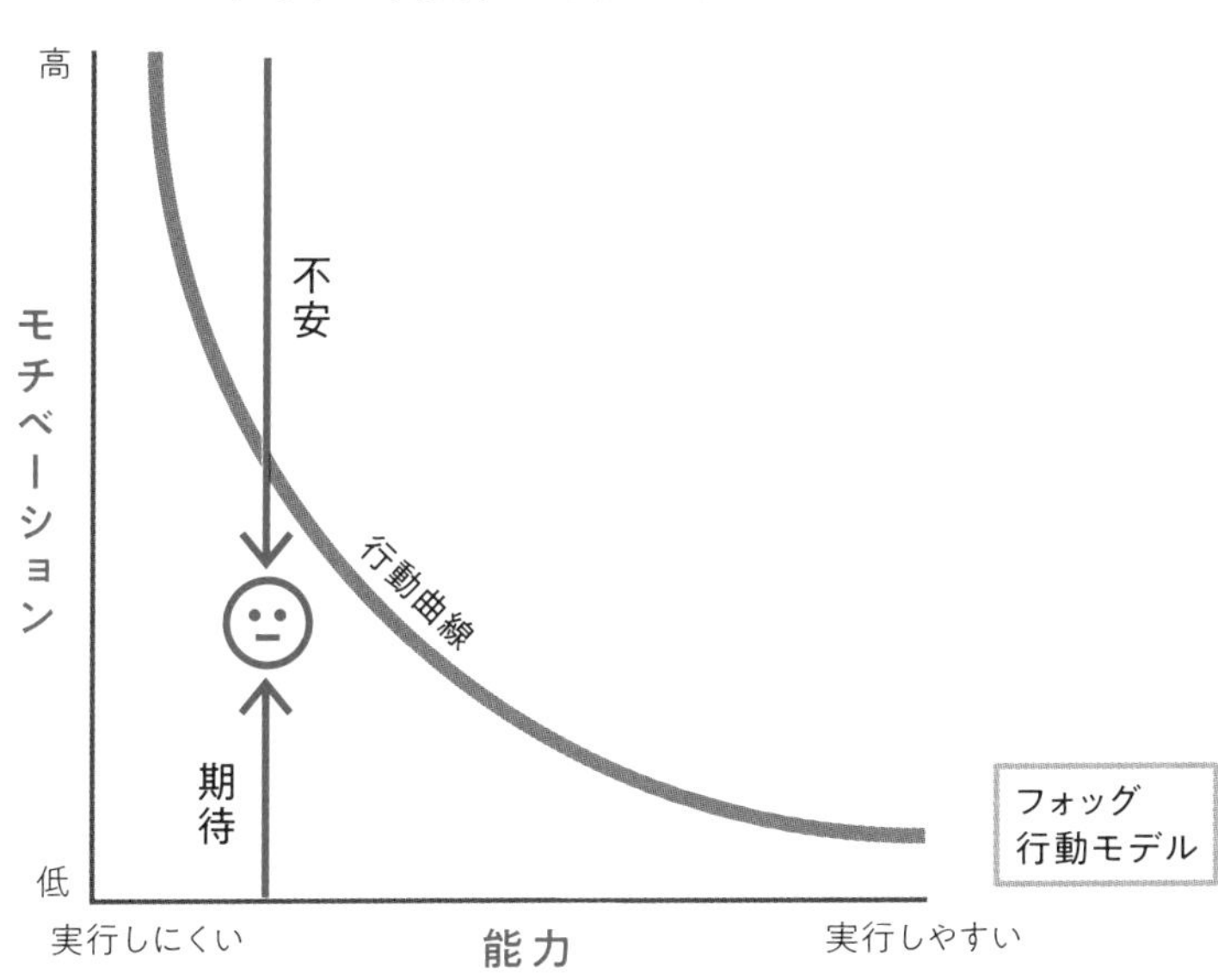

るかもしれない」。いい結果が生まれることを予想している。

だが、他方では不安も感じている。悪い結果になるのではないかという不安だ。「あそこに行って踊ったら、間抜けに見えて同僚の信頼を失うかもしれない。上司からは軽率だと思われ、昇進が見送りになるかもしれない」

期待と不安はせめぎ合うベクトルであり、両者の総和がモチベーションの総合的なレベルとなる。

不安のベクトルを排除できれば期待が優勢となり、モチベーションの総合的なレベルが高まり、その行動は行動曲線の上へと押し上げられる。そうなれば行動を実行に移すことになる。

モチベーションをそぐ不安を和らげたり、

取り除いたりする方法はいくつかある。

社会生活において不安を抑える方法としてよく見られるのは、飲酒だ。アルコールによって、ちょっとした不安は軽減されるか取り除かれ、楽しんでクールに見られたいという期待が浮上し、人前で踊るという行動は行動曲線の上へと押し上げられるだろう。もっとも、これは会社のパーティでは賢明なやり方ではないが。

踊る不安を克服する方法はほかにもある。ダンスフロアの照明を暗くしてもいいし、まずは誰でもうまく見えるシンプルなステップのグループダンスから始めてもいい。周囲にたくさん声をかけて先に踊ってもらう手もある。

私が開催した健康関連の専門家向けの会議では、**みんなに踊ってもらおうとサングラスを配った。**効果は覿面(てきめん)だった(しかも、アルコールより健康的)。

こうした方法はどれも、人前で踊る不安を和らげ、モチベーションの総合的なレベルを高めることができる。

モチベーションを「下げる要素」を排除する

人前でのダンスを行動曲線の上に押し上げるもうひとつの方法は、モチベーションを補うことだ。これは効果的な場合もあるが、しばしば生活にストレスと緊張をもたらす。というのも、

社会的プレッシャーのせいで行動する

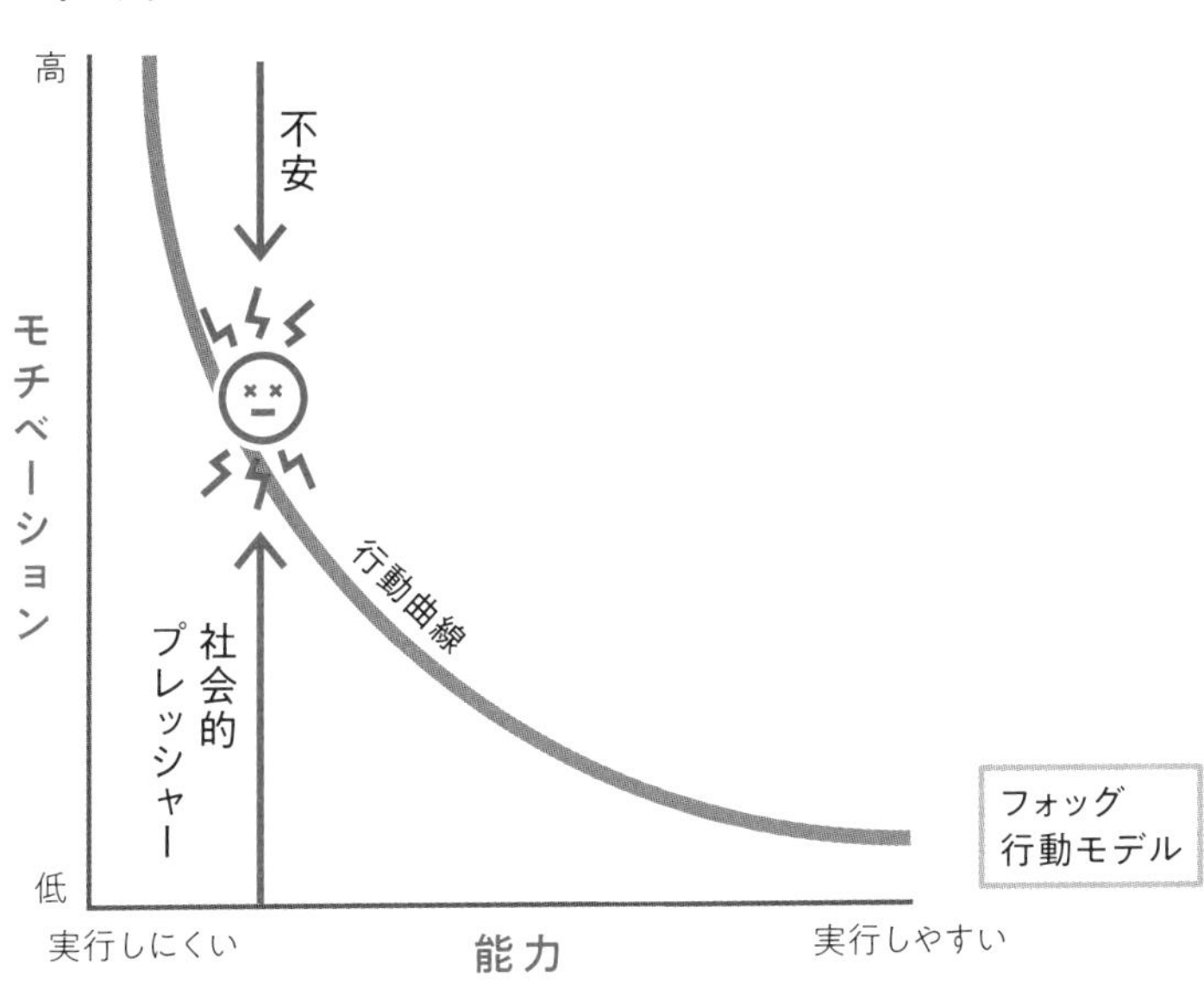

モチベーションのベクトルが矛盾し合うことがあるからだ。

たとえば、誰も踊らないので、バンドに大金をはたいた会社の幹部がステージに上がり、「踊らなければ年末のボーナスはゼロにする！」と宣言する。それはかなわない。そうなるとあなたは踊り始めるが、緊張せずにはいられない。

あるいは、同僚が踊っていて、あなたはフロアの隅に一人で立っているとしよう。同僚たちから突然名前を呼ばれ、踊ってくれとはやし立てられる。首を振って断るが、会場からコールが起きる。これは行動を起こすモチベーションを高めるが、**その要因は期待ではなく社会的プレッシャーだ。**

大きな不安があるにもかかわらず、モチベーションの上向きのベクトルがあまりにも強く、あなたは行動曲線の上に押し上げられる。つまり、社会的プレッシャー（強力なモチベーションの要因）が不安（モチベーションを下げる要因）を圧倒することであなたはダンスフロアに出て楽しんでいるふりをするのである。

長期的な変化をデザインするうえでは、モチベーションを下げる要因を軽減もしくは排除することが重要だ。そうすれば、自然とモチベーションが高まり、それが新しい習慣を長期的に維持することにつながる。

たとえば、上司から毎朝のチームミーティングの進行をしてみないかと打診されたとしよう。昇進につながるかもしれないという期待から引き受けたいと思う一方で、不安もある。

上司はあなたがためらっていることに気づき（ただし彼はまだ本書は読んでいない！）、「一度でも引き受けたら、みんなにランチをご馳走しよう」とインセンティブを提示する。

そこであなたは引き受ける。

習慣の形成という観点からすると、ある行動を「初めて行う瞬間」はきわめて重要だ。会議を進行して失敗したと感じれば、不安のベクトルは強くなり、モチベーションの総合的なレベルは下がり、もう引き受けたくないと思うだろう。

では、反対の場合はどうか。あなたは会議の進行を見事にこなす。手際よく進め、同僚から進行ぶりをほめられる。**このとき、成功の感覚が力強い役割を果たす**。会議をうまく進行できたと感じれば、モチベーションを下げる不安は弱まるか、完全に消えるだろう。

するとモチベーションのレベルは全体的に高まることになる。

そしてつねに行動曲線を上回るようになると、会議の進行という新たな習慣に前向きになり、その後も引き受けるようになる。

小さな成功で「モチベーション」が一気に高まる

だが、それだけではない。

モチベーションを下げる要因が消えると、より大きく、困難な行動への扉が開かれる。

行動モデルの行動曲線が示すように、**モチベーションが高まるにつれて、より困難な行動をこなす力が生まれる。**

会議を進めることに対する不安が消えれば、上司から全社規模の会議の進行を打診されたとき、引き受けたいと思う可能性が高まるだろう。より多くの時間とエネルギーが求められ、考えることも増える困難な行動ではあるが、今度は期待が大きく上昇する。

その結果、あなたは大きな会議をこなし、キャリアを前進させることになる。

私はいままでは、タイニー・ハビットを実践した人たちのデータに、多くの飛躍的な成功が見られた理由を理解している。**たとえ小さなことでも、人は成功したと感じるとモチベーションのレベルが急上昇**し、それによって、より困難な行動に取り組めるようになるのだ。

不安が消えれば行動が起こる

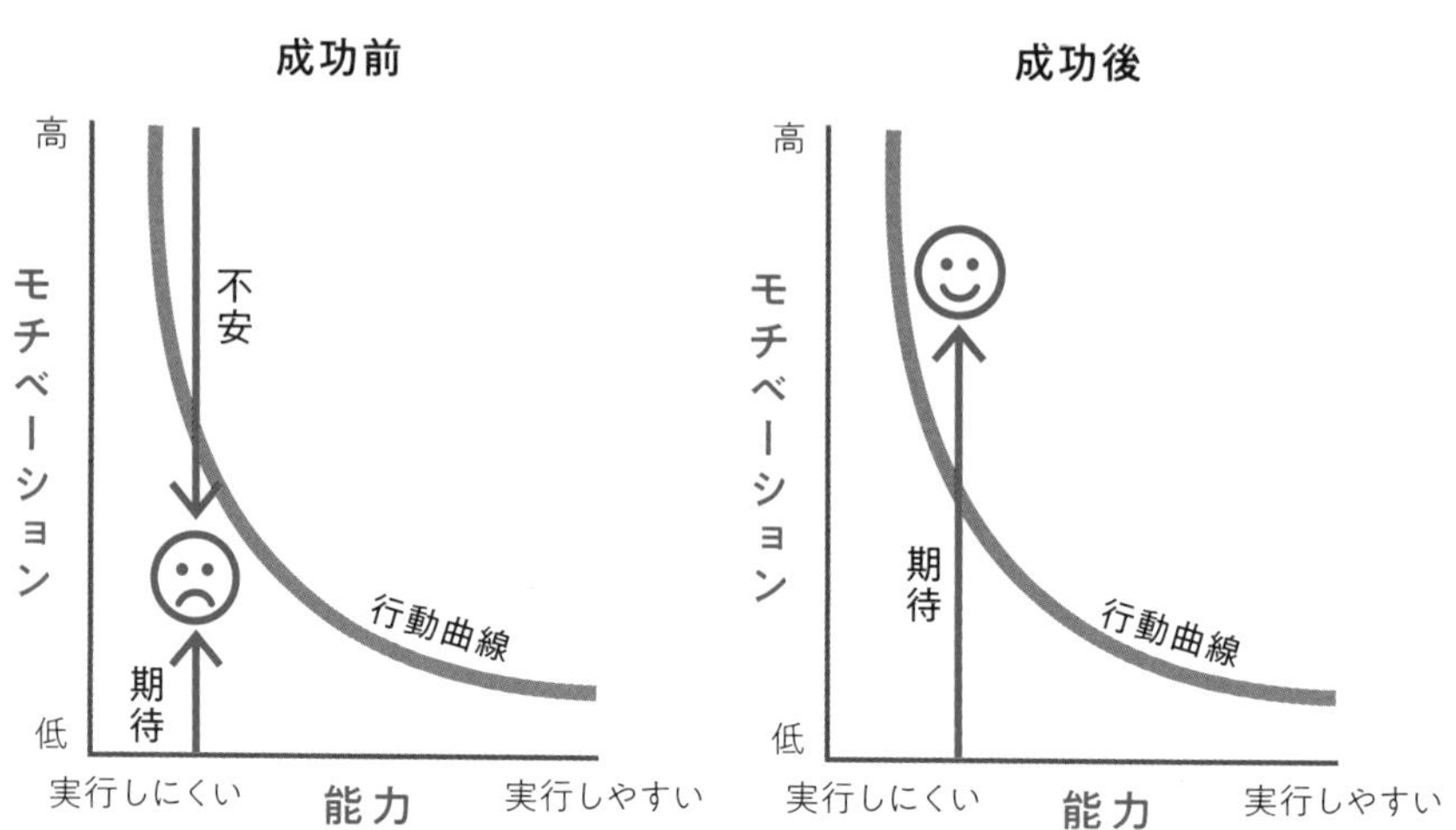

フォッグ行動モデル

そうして小さな成功は、仕事や家庭、さらにはあなた自身の内面においても、状況を大きく好転させてくれる。

なお、ここでぜひ心に留めてほしいのは、**変化を目指すには、自分が変えたい部分から始めなければならない**、ということだ。そして、始めたら変化のプロセスを信じること。

それからもうひとつ、**変化のメカニズムに精通した「習慣の達人」になる秘訣**がある。

私はみなさんに、どんな願望であっても、それをしっかりと心に思い描き、確実に、そして自信を持って実現できる術を身につけてほしいと願っている。

そのために、たんなる思いつきや、先のない見かけ倒しの道に惑わされず、自分がすべきことを正確に理解してほしい。習慣の達人になるには、言い古されたことをしっかり行うことが肝心なのだ——**スキルの習得**である。

「変化のスキル」を習得する
——5つのスキルセット

多くの人は習慣を形成して人生を変えるのは、謎めいた魔法のようなプロセスだと誤解している。だがそんなことはない。いまではあなたも知っているように、**変化には手順がある。**そして、手順の根底にはいくつかのスキルがある。

私はこの「変化のスキル」を定義しようとして**「5つの種類」**があることを突き止め、それぞれの種類に応じてスキルを教えられるようにタイニー・ハビットの手法をデザインした。じつはあなたはこれまでの章で私が伝えたことを応用しながら、変化のスキルを学び、磨いていた。その時点では述べなかったが、これから詳しく説明していこう。

変化のスキルの習得の仕方は、ほかのさまざまなスキルの習得と同じだ。一流のピアニストになるには、楽譜を読み、テンポを保ち、メロディを表現し、暗譜し、指を巧みに動かせるようになる必要がある。適切な方法で練習すればするほど、自信も実力も柔軟性も高まる。

一夜にしてピアノの名手にはなれないように、習慣の達人も一夜にしては誕生しない。だが、**すぐに始め、スキルが高まっていくのを目の当たりにすることはできる。**

これまでに習得したスキルを何か思い浮かべてみよう。

車の運転、水泳、トランプ、外国語。歩くことだってスキルだ。どれも最初はうまくいかないし、うまくいくとも思わなかった。しかし交通量の多い幹線道路に合流するなど、**最初は難しかったり、怖かったりしたことも、やがてごく当たり前の簡単なことになる。**スキルとはそういうものだ。

変化のスキルを学ぶと、それらを意識して積極的に練習できるようになるだろう。人生を変える達人になるために、ありとあらゆるスキルを習得する必要はない。だが、スキルを身につければつけるほど、どんな願望もより簡単に、より速やかに実現できるようになるはずだ。

スキルセット1：行動クラフティング

「行動クラフティング（行動加工）」によって、あなたは**「人生に取り入れたいと願う習慣を選択し、調整する」**ことができるようになる。

行動クラフティングについては、この名称こそ使わなかったが、これまでの章ですでに取り

組んできた。以下の方法については学習済みだ。

- さまざまな行動の「選択肢」を挙げる。
- 願望に結びつきそうな行動の中で「自分にふさわしいもの」を選ぶ。
- 行動を「実行しやすく」する。

すでにかなり多くを学んできたことがわかるだろう。

私がここで伝えたい新たなスキルは、「小さなことから大きな変化を起こす」のに大いに役立つものだ。

《新しい習慣を一度にいくつ行い、どんなときに増やすのかを判断するスキル》

ここでもピアノの比喩がわかりやすい。

ピアノの上達には課題曲の練習が必要だ。少しずつ新しい曲の練習を取り入れていくときは、**どの曲をどれだけ練習するか、どうやって決めるだろう？**

たとえば、ショパンの難曲「幻想即興曲」の楽譜を取り出し、それを完璧に弾けるまで次の曲には移らないという手もある（これは大半の人にとっては破滅的なやり方だが）。

あるいは、「静かな湖畔」のような簡単で楽しい曲を毎週レパートリーに加えていくこともできる。この2つの中間を行くこともできるだろう。**こうした選択をうまく行うことが変化の「スキル」である。**

習慣についても、似たような選択のスキルが求められる。新しい習慣を一度にいくつ行い、どんなときに増やすのか判断するスキルは、試行錯誤によって自分に何が効くかを知っていくことで磨かれる。

「行動クラフティングの指針」をいくつか紹介しよう。

❶「興味のあること」に的を絞る

ちょっとした習慣をたくさん身につけるのが好きな人もいれば、やや難しい習慣に取り組むのが好きな人もいる。**自分にとってもっとも興味があり、面白く感じるのはどんなことか？** それがあなたのすべきことだ。

もし迷うようであれば、まずは3つのごく簡単な習慣から始め（タイニー・ハビットを実践するほとんどの人がそうしている）、新しい習慣を毎月3つずつ加えていくこと。

❷「多様性」を持たせる

多様性に富んだ状態から始めるほど、素早く行動クラフティングとその他の変化のスキルを習得できる。「初めの一歩」（ウォーキングシューズを履く）から始まる新しい習慣をいくつか選び、あわせて「縮小」した習慣（歯を1本だけフロスする）もいくつかやってみよう。また、運動や食生活、生産性など、テーマが異なる習慣に同時に取り組むのもお勧めだ。

いろいろなものに取り組むことで、**自分にとって何がもっとも効果的かを手っ取り早く理解するのに役立つ**だろう。

❸「柔軟」であること

最終的に身につけたい習慣のリストを作成したいとしても、あまり厳格にならないこと。**好みや求めるものは変化する。**今日は「毎朝、逆立ちの練習をする」と書いたとしても、6週間後には興味がなくなっているかもしれない。柔軟性を保ちながら進み、新しいことや自発的なことを取り入れる余地を残すこと。

サリカは人生に習慣を定着させようとしたとき、3つのことから始めた。

コンロをつける。瞑想用のクッションに座って3回深呼吸する。植物の水やりをしたら水をひと口飲む。

彼女のより大きな願望は、病状を管理しやすくするために日々の生活の予測性を高め、健康的なライフスタイルをさらに取り入れることだった。

彼女は2週間もしないうちに、朝コンロをつけることから、毎日朝食をつくるところまで進歩し、最終的には三食きちんと料理をするようになった。以前なら不可能に思っていたことだ。

そこまで到達するには、サリカは**コンロをつける以外にも多くのことをしなければならなかった**。では、どうやって到達したのだろう？　「新しい習慣を増やすタイミングを見きわめる」スキルに着目し、詳しく見ていこう。

「コンロをつける」習慣が自動的になると、サリカは「水の入った鍋をコンロに置く」という習慣を加えた。これは自然に、そして簡単に加えられる習慣で、そのあとすぐにほかの習慣も加わった。戸棚から米を取り出し、別の棚からシナモンを取り出し、冷蔵庫から牛乳を取り出す。

サリカは料理をするようになると、**キッチンが片づいていないと料理しにくいことに気づいた**。カウンターには前の晩のテイクアウトの容器や、調理器具が山積みになっていて、朝食の準備の邪魔になっていた。朝食の習慣が「増殖」するための格好の機会がいくつもある。

満足感と自信を得たサリカはさらに手を広げた。次に行ったのは「夜の習慣」を加えることだった。

翌朝の調理スペースを確保するため、「コンロのそばのカウンターをきれいに片づける」ことにした。この習慣はすぐに定着した。**達成感を得たことで、もっと前進したいと強く願うようになった**からだ。

やがて、夜のうちにカウンターをすっかり片づけるようになった。すると今度は、「シンクの食器もすべて洗って片づける」ようになった。**朝起きてキッチンがきれいだと気持ちがいい**からだ。

習慣が次々と成功し、それぞれの行動が自然と形成されたおかげで、サリカは最初につくったタイニー・ハビットのレシピに多くの関連する習慣を加えることができた。

私がサリカのこの過程を詳しく説明したのは、習慣を加えるタイミングを見きわめるスキルが厳密なものではないことを伝えるためだ。あくまでも自然な流れの中で加えていけばいい。真剣に格闘するようなことではない。

まずは**さまざまな習慣（3つの習慣をお勧めする）に取り組み、どんなことが起きるか観察しよう**。もし前進している実感を得たなら、それは適切なことをしている証拠だ。

サリカは自分の経験について、**「まるで流れに乗って泳いでいるようだった」**と表現している。

彼女は何年ものあいだ、朝起きると散らかったキッチンに圧倒されて朝食を抜き、暗い気持ちで一日をスタートさせていた。それだけに、あまりにも簡単に前進できたことが信じられなかった。彼女によると、「何かに持ち上げられて前に押されているような感覚で、自分が望むことを続けるだけでよかった」そうだ。

スキルセット2：自己洞察

次は自分の好みや強み、願望を理解するスキルについて見ていこう。

これまでの章では、「自己洞察」に関するスキルとして以下のことを論じてきた。

- 願望や求める成果を明確にする。
- 何がモチベーションになるのか理解する（「本当に自分が望むこと」と「すべきと思っていること」を区別する）。

ここで紹介する「自己洞察」の新たなスキルはこれだ。

《あなたにとって有意義な習慣を見きわめるスキル》

ここで重要なのは「あなたにとって」という表現だ。どんな習慣が「有意義」かは人それぞ

れだ。あなたが目指すのは、**最初は規模こそ小さいが、大きな意味を持つ新たな習慣を身につけることだ。**

新しい習慣が有意義かどうかを予測するための指針をいくつか紹介する。

❶あなたが望む「人としてのあり方」に合っているか？

たとえば、愛情深く、感謝を大切にする人物でありたいなら、夫が食事をつくってくれたときに「ありがとう」と言う習慣は有意義であり、大きな変化に向けた推進力になるだろう。

❷「大切な願望の達成」に役立つか？

「新たな習慣」から「願望」に至る道筋がはっきりしていれば、その習慣は意味を持つ。ランニングシューズを履く習慣はささやかすぎて無意味に思えるかもしれないが、5キロ走ることを目指しているならけっしてそんなことはない。

❸「小さくても大きな影響力」があるか？

サリカがコンロをつける行為はささやかだが、変化の連鎖反応を引き起こすものだった。実現できるもっとも小さく、もっとも簡単な変化で、あなたにとって最大の意味を持つ変化を見つけること。

私の例を1つ紹介したい。私は毎朝、浄水器を通した水を携帯ボトルに入れ、出かけるときに持っていくようにしている。

これはじつは、異なるタイミングで行う3つの習慣から成り立っている。「浄水ポットに水を注ぐ」「ボトルに水を移す」「ボトルを持って出かける」の3つだ。どれも小さなことだし、無意味に思えるかもしれないが、私にとっては大切な意味がある。

私はスタンフォードの学生の示唆（しさ）を受けて、使い捨てのペットボトルを買うことに疑問を抱くようになった。**資源を無駄にするのは私の望む生活習慣ではない**。また、学生から地球の未来に無頓着なタイプだと思われたくもない。これは、私の人としてのあり方が問われる問題だった。

私は選択肢を検討し、解決策としてたどり着いたのがこの3つの習慣だった。いとも簡単に身につけられる習慣だ。

そしてもちろん波及効果もあり、「ビーチでゴミを拾う」など、ほかにも無意識に環境に優しい行動を取れるようになった（さらには「ハイキングに行くとき、小さなゴミ袋をポケットにしのばせること」も習慣になった）。

このスキルを磨くには、こんな問いに答えてみよう。

「私が身につけられるもっとも小さく、もっとも大きな意味を持つ習慣は何か？」

すぐに身につけるつもりではなくても、いくつか答えを書き出してみよう。答えをたくさん思いつけば、それだけたくさん「自己洞察」のスキルを磨くことができる。

このスキルをうまく使いこなせるようになると、身につけやすい習慣を選ぶのに役立つはずだ。それだけではない。このスキルを獲得すれば、**自分にとって意味のない習慣を見きわめる能力が高まり、時間を無駄にしなくてすむようになる。**

これまであなたが習慣を定着させるのに苦労してきたなら、このスキルはとくに有効だ。

「無意味」と気づくことにも大きな価値がある

ジルがキッチンカウンターをふく習慣について考えたときのことを覚えているだろうか？

ジルは初めのうち、その作業を忘れてばかりだった。そもそもカウンターをふくのはなんとも地味で退屈なことだ。

だが掘り下げて考えると、**彼女はこの小さな行動が大きな願望へとつながっていることに気づいた。**

彼女が望んだのは穏やかな家庭生活と、夫との良好な関係だ。この大切なつながりに気づくと、習慣に力を供給するのに必要な意味を与えることができた。彼女は自分にとって意味のある習慣を判断するスキルを利用したのだ。

このスキルは、モチベーションが不確かな習慣についてとくに重要になる。**「こうしたい」と「こうすべきだ」という思いのあいだで気持ちが揺らいでいるような習慣だ。**

たとえばあなたはこんなふうに思っているかもしれない。

「食事のたびに野菜を食べる習慣を身につけるべきだけど、野菜はあまり好きじゃないし、おいしく調理する方法だって知らない」

こんなとき、野菜を食べることについて確固たる願望があると気づけば、野菜を食べる習慣を身につけられる可能性は高まるだろう。あるいは、**自分でも気づいていない隠された意味があるかもしれない。**

たとえば、あなたには孫がいて、成長する姿を見守れるように健康でいたいと思っているかもしれないし、会社の年次会議に際して自分の姿に自信を持ちたいと思っているかもしれない。どちらにしても、こうした大きな願望を意識することは、もっと野菜を食べようという決意を強化するのに役立ってくれる。

一方で、野菜を食べることに何の意味もないと気づく可能性もある。野菜を食べる習慣は、そもそもパートナーが言い出したことで、それがなぜ自分にとって大事なのかわからないと思うかもしれない。

それはそれでかまわない。**ブロッコリーを食べる習慣は手放して、自分にとって意味のあるほかのことに集中しよう。**

自己洞察に磨きをかけることで、新しい習慣に「追求する価値があるかどうか」が判断できる。価値があるなら何よりだ。それに気づけば、新たなモチベーションを得たことになる。価値がないと気づくのも結構なことだ。**もっと大切なほかの習慣のためにスペースを確保できるのだから。**

このスキルを習得すれば、あなたのエネルギーはより重要な変化へと向かうはずである。

スキルセット3：プロセス

あなたの習慣、あなた自身、そしてまわりの世界も時とともに変化する。「プロセス」のスキルは、そんな変化に富んだ人生に対応していく力をくれる。

これに関して、本書ですでに学んできたスキルは以下のとおりだ。

・習慣がうまくいかないときのアプローチ法。
・習慣をリハーサルする方法。

ここで紹介する「プロセス」の新たなスキルは、習慣を長期的に成長させることと直接関係している。

《「難易度を高めるタイミング」を見きわめるスキル》

新しい習慣を着実に行っていくと、自然とその先を求めるようになるだろう。

あなたは自分がどの程度までなら背伸びをしても心地よくいられるか判断でき、**その先にほんの少し進んだらどんな感じがするか予測できるようになる。**

「心地よさの境界」を知れば、少し規模を大きくした習慣でも、挫折につながる苦痛やストレスを感じずに実践することができる。

スクマールの腕立て伏せの習慣を振り返ってみよう。

彼は腕立て伏せを2回から3回に増やすタイミングをどうやって判断したのだろう？　そしていったいどうやって50回にまで増やしたのか？

このような習慣では、心地よさの境界の合図は身体的なものなので比較的単純だ。筋肉が悲鳴を上げ、息が切れてくる。

スクマールの場合、2回の腕立て伏せから始め、フォームに意識を集中した。歯磨きのあとに腕立て伏せを始めてから1週間が過ぎたとき、彼はフォームが前よりかなりよくなっていることに気づいた。**進歩を実感したことで、彼は回数を増やしたいと感じた。**そこで実際にそうして、その後も前進し続けた。

スクマールが腕立て伏せの習慣をうまく成長させられたのは、心地よさの境界を見つけるスキルを身につけたからだ。その結果、彼は適度に前進することができた。このプロセスは数週間にわたって繰り返された。

ただし、彼は気が進まないときは無理をしなかった。**そんなときは、2回だけして習慣を維持することで満足した。**

プロセスのスキルには、少し後退し、基本の習慣だけをするタイミングを見きわめることも含まれている。

トラブルシューティング、反復、拡大
――行動デザインのステップ7

行動デザインのステップ

ステップ1：「願望」を明確にする
ステップ2：「行動の選択肢」を挙げる
ステップ3：「自分に合った行動」を選ぶ
ステップ4：小さく始める
ステップ5：「効果的なきっかけ」を見つける
ステップ6：成功を「祝福」する
ステップ7：トラブルシューティング、反復、拡大

この「プロセス」のスキルを、行動デザインのステップに加えよう。

心地よさの境界を表す線はまっすぐではない。どちらかといえば、上昇と下降を繰り返す株価チャートに近い。**習慣を長いあいだ続けていれば、心地よさの境界はつねに変動する**はずだ。だが、あまり深く考える必要はない。そのときどきの心地よさの境界に集中すれば、もっとも的確な選択ができるだろう。

「習慣の難易度」を調整するのに心得ておくべきことは次のとおりだ。

- **「習慣を最小限で終わらせてはいけない」と自分にプレッシャーをかけないこと。**調子が悪いときや疲れているとき、気乗りがしないときは、小さい規模に戻そう。ハードルは望んだときにいつでも上げることができるので、意外かもしれないが、必要ならいつ下げてもかまわない。柔軟であることもこの「プロセス」のスキルの一部だ。
- **規模を大きくしたいときはためらわないこと。**自分のモチベーションに従って回数や難易度を決めよう。
- **過剰に行ったときは、いつにも増して「祝福」に力を入れること。**習慣の拡大のために無理をしすぎると、苦痛やストレスになり、習慣を弱めかねない。苦痛やストレスを感じたら(きっと感じるだろう)、祝福に力を入れて、ネガティブな感情を埋め合わせよう。
- **心地よさの境界を確認できるように、感情の合図を意識する。**「ストレス」や「苦痛」、そして「回避行動」は、習慣に何らかの問題が起きていること示している。おそらく、難易度を大きく上げすぎたか、難易度を上げる時期が早すぎたかのどちらかだ。反対に、習慣が退屈だと思ったら、難易度を上げるといいかもしれない。

スキルセット4：コンテクスト

コンテクスト（文脈）とは、私たちのまわりの状況を意味する（私は「コンテクスト」を「環境」とほぼ同義語として使っている）。

私たちは習慣が独立して存在する世界に生きているわけではない。**習慣は、私たちがふだん意識している以上に環境の影響を受けている。**環境には自分が関わるまわりの人々も含まれる。

習慣のかなりの部分が環境の産物である以上、変化を生み出して持続させるには、「コンテクスト」のスキルを身につけることが欠かせない。

この方法をさらに詳しく検討するにあたり、私はこのスキルを次のように定義する。

《習慣を実行しやすくするように「環境」を調整するスキル》

このスキルは永続的変化に欠かせない。

私はダイエットプログラムの企業であるウェイト・ウォッチャーズと仕事をしたとき、「環

境を見直さずに持続的な減量を実現できるだろうか」とCEOに聞いた。

すると彼は「絶対に無理だ」と答えた。**「減量しても、その過程で環境を変えなければ、いずれリバウンドがくる」**というのが私たちの共通の意見だった。二人とも、コンテクストに大きな力があると考えていた。

環境を見直し、まわりの世界と自分が望む習慣のギャップを小さくするように導いてくれる問いが2つある。

1つ目は、**「この新しい習慣を実行しやすくするにはどうすればいいいか？」**という問いだ。

これは第3章で論じた、行動を小さくするための問いかけ（173ページ参照）の変形だ。

だがここでは、習慣を小さくするのではなく、習慣と環境の関係に注目してほしい。

私は初めてフロスと真剣に向き合おうと決めたとき、

バスルームを見渡した。フロスはいつも鏡の裏の棚にしまってある。

私は**「新しい習慣を実行しやすくするにはどうすればいいか?」**と考えた。答えは明らかだった。フロスを棚から取り出し、カウンターの歯ブラシの隣に置く。これからはそこが定位置だ。この一度限りの行動は、フロスを確実な習慣にするうえで、大きな役割を果たした。

「ちょっとした障害」を見つける

たとえば、あなたは新たな習慣として、帰宅後すぐにキュウリのスライスを食べることにして、1週間が経ったとしよう。それまではスナック菓子をほおばっていたので、キュウリを食べて夕食まで間をもたせたいと思ったのだ。

最初の2日はうまくいったが、その後はキュウリを食べず、キッチンカウンターに置いてあるスナック菓子に手を伸ばすこともあった。これは「トラブルシューティング」すべき事態なので、こう問いかけてみよう。

「新しい習慣を実行しにくくしているものは何か?」

するとあなたは、ある日サボったのは、冷蔵庫にキュウリがなかったからだと気づいた。

自分以外の誰も冷蔵庫の整理をしてくれないと小声で文句を言いながら、15秒か20秒ほどごそごそと探してみるが、キュウリは見当たらなかった。スナックに手を伸ばすには絶好の言い訳だ。

別の日は、**キュウリはすぐに見つかったが、すぐに食べられる状態ではなかった**。疲れているので、洗ったり切ったりする気分にはなれなかった。そこでまたスナック菓子に手を伸ばしてしまった。こうして、習慣のデザインを見直す手がかりがそろった。

- 前の晩にキュウリを洗って切っておく新たな習慣をつくる（継続的習慣）。
- 家族にキュウリは食べないように伝える（一度限りの行動）。
- キュウリを発見しやすいように冷蔵庫内を整理しておく（週に一度の習慣）。

習慣をめぐる環境を再構築すれば、行動のハードルが下がり、習慣が自然と行動曲線を上回ってくれる。**洗ってスライスしたキュウリが待っているのだから**。

このように環境を見直す行動の中には、一度で終わるものもある。家族にキュウリを食べないようにお願いしたり、フロスをカウンターに移動したりといったことだ。

「動線」のすべてを調整する

ある習慣を追求するうえで、環境に関係するほかの習慣を身につけようと思い立つこともあるだろう。サリカを覚えているだろうか？ 彼女は「散らかったキッチンカウンター」が朝食づくりの妨げになっていると気づき、夜のうちにキッチンを片づける習慣を取り入れて対応した。

練習を重ねることで、望ましい習慣を後押しするように環境を見直すスキルは高まっていく。そうした視点で世の中を観察するようにすれば、**ごく小さな障害が望ましい習慣の妨げになっているこ**とに気づきやすくなるのだ。

新しい習慣に必要な環境を意識して慎重にデザインを修正すると、生活は全般にわたって楽になる。

環境デザインの指針をさらにいくつか紹介しよう。

- 新しい習慣をつくるときは、実行しやすくなるように**環境のデザインを考えるのに時間をかける。**
- 新しい習慣を始めたら、並行して、習慣を実践しやすくするために**「環境の調整」も進める。**
- **「みんなの常識」を疑問視する。**ビタミン剤はキッチンに、フロスはバスルームに置くようにと誰が言ったのだろう？　ビタミン剤はパソコンの隣に置くべきかもしれないし、フロスはテレビのリモコンの隣のほうが合理的かもしれない。あなたは習慣の達人であって、協調主義者ではない。
- **「必要な道具」に投資する。**たとえば、雨が降って寒い日でも、11キロ離れた学校に自転車で通学したいと思っているとしよう。そんなときは、悪天候でも自転車に乗る苦痛を和らげる装備を購入し、モチベーションをくじく要因を排除すること。

最強のダイエット法は「スーパー冷蔵庫」

私がここまで話してきたのはシステムや原則についてであり、特定の成果をもたらす特定の習慣についての話ではない。

だがここでギアを入れ替え、「健康的なものを食べるのに役立つ具体的なテクニック」を紹介したい。

本書の読者の一部は、ダイエットして、さらに、落ちた体重を維持したいと思っているだろう。または、あなたの大切な人がそう思っている場合もあるだろう。

そこで**私がこの10年で得た、ダイエットにもっとも効果的な解決策**をここで披露したい。名づけて「スーパー冷蔵庫」。

減量は主に、食生活の変化によって実現する。運動にも多くの利点があるが、減量のカギにはならない。

時間と労力を費やして栄養面を工夫すれば大きな成果が得られるが、意志の力に頼って食生活を改善するのは望ましくない。理由は明らかだ。モチベーションを押し下げるベクトルが強く作用したとき、継続が困難になるからだ。

残念ながら、食べ物に関する現代の環境は、良質な食生活を求める私たちの願望には不利なことばかりだ。職場や旅行中や外食時には、望ましい選択肢はかなり限られてしまう。その現実を受け入れなければならない。

そこで私が選んだ方法を公開したい。

食生活を変えるひとつの現実的なアプローチとして、**自宅の冷蔵庫を中心に食の環境を再構築する**のだ。

私はデニーと一緒にさまざまな習慣を変えてきたが、「スーパー冷蔵庫」は家事をめぐる最大級の変化かもしれない。冷蔵庫を見直した効果もあり、二人とも体重の15パーセントの減量に成功し、理想的な体重を何年も維持している。しかも、体重を維持しているのに、そのプロセスはきわめて簡単だと感じられる。

二 スーパー冷蔵庫は美しい

スーパー冷蔵庫との暮らしはこんな様子だ。

冷蔵庫を開けると、中にはすぐに食卓に並べられる食材が収まったガラス容器がたくさん並んでいる。ある容器には洗ってカットしたブロッコリーが入っている。カリフラワーやセロリ、パプリカ、玉ねぎなども同様だ。調理済みのキヌアが入った容器もある。新鮮な果物やゆで卵は軽食用だ。全脂無糖ヨーグルトに何種類ものザワークラウト、マスタードなどの調味料も各種常備している。

スーパー冷蔵庫の眺めは美しい。だが大切なのはそこではない。私たちは、**健康的な食材のたくさんの選択肢がすぐに目に入るようにデザインし直した**のだ。冷蔵庫にあるものなら、いつでも、何でも、好きなだけ食べてかまわない。ただし、食事の行動計画に反するような食べ物は冷蔵庫に入れないことにしている。

私たちは毎週買い物と準備に時間をかけ、スーパー冷蔵庫の機能を維持している。毎週日曜日に冷蔵庫を刷新するたびに、私はその光景にほれぼれしてしまう。まるで雑誌から抜け出してきたような眺めだからだ。**じつに美しい！**

次のステップは少しつらいかもしれない。せっかくの美しい冷蔵庫を台無しにしなければならないからだ。だがこれは非常に重要なステップだ。準備した素晴らしい食材はすべてその週のうちに消費しなければならないのだ。何も捨ててはいけない。できるだけ、**すべての容器を空にすること**。

スーパー冷蔵庫を毎週整えるには時間も労力もかかるが、その投資はすぐに報われる。急いで昼食を取らないといけないときは、冷蔵庫からいくつか選べばそれでおしまいなのだ。急に軽食がほしくなったときでも（たとえ夜中でも）、スーパー冷蔵庫を開ければ好きなものを何でも取り出せる。

それでもまだ足りなかったら？　**またスーパー冷蔵庫に戻ってちがうものを選べばいい**。どれも体にいい食べ物ばかりだ。かならず何かがある。意志の力に頼る必要もない。スーパー冷蔵庫のおかげで体重を減らし、よく眠れるようになり、良質なエネルギーを得られるようになった。

スーパー冷蔵庫を始めたばかりのころは試行錯誤があった。まるでうまくいかないこともあった。だが私たちは、健康的な食生活を追求するうえで、冷蔵庫をいちばんの味方にすることを学んだ。

環境のデザインは楽しくできる作業であり、効果もすぐに表れる。

このスキルは、時間が経てばあまり考えずに使えるようになるだろう。

最終的には、たとえばホテルの部屋に足を踏み入れたとき、その部屋があなたの望ましい習慣を後押しするような環境でないと判断すれば、**調整にほんの数分の時間をかけるようになる**はずだ——それだけでほら、上質な食事や睡眠、身づくろいのほか、あなたの願望を実現しやすくする部屋のできあがりだ。

スキルセット5：マインドセット

最後の5番目は、私がマインドセット（心構え）のスキルと名づけたものだ。

これは「変化に対してどう向き合うか」、そして「自分のまわりの世界をどう解釈するか」に関するスキルである。じつのところ、いくつかの貴重なマインドセットのスキルはすでに学んでいる。

- 広い心と柔軟性、好奇心をもって変化に臨む。
- 期待を下げることをためらわない。
- どれほど小さい成功でも、「祝福」によって心地よさを感じる。
- 忍耐強く、変化のプロセスを信じる。

「マインドセット」に関してもっとも重要なのは「祝福」のスキルだが、ここで紹介する次のスキルもそれに劣らないほど重要である。

《「新しいアイデンティティ」を受け入れるスキル》

古いアイデンティティを手放し、新しいアイデンティティを手に入れると、**小さいことを大きな変化に転換する力が一気に高まる。**

タイニー・ハビットの初心者はよくこんなことを言う。

「私は自分のやり方から抜け出せない」

「私は簡単に変われるタイプじゃない」

「私にはどんな方法も効果がない」

ところが、そんな人たちの多くがプログラムを始めてたった5日ほどで考えを変え、こんなふうに言う。

「BJ、**信じられないけど、私がまちがってた。**私は変われるタイプなのよ」

「自分は最後までやり通せるタイプだってわかったよ」

「私は◯◯なタイプだ」という表現を何度も耳にするので、私はこれをタイニー・ハビットの評価プロセスに組み込むことにした。

私が開催する5日間のプログラムの最後に、**「タイニー・ハビットを実践したら、私は自分が◯◯なタイプだと気づいた」**という文の空欄を埋めるようにしてもらったのだ。

このデータを集計したところ、習慣を身につけるスキルが高まると、それとともに受講者の「自分に対する見方」が変化することが見て取れた。

人はアイデンティティに沿った行動を取ろうとする

チェンナイ出身の腕立て伏せ王者スクマールも、「アイデンティティ」が難題を解くカギとなった。彼はタイニー・ハビットを始める前はこう思っていた。

「僕は運動するようなタイプじゃない。食生活にも無頓着だ。寝つきも悪いタイプだ」

彼はこれらを変えることのできない性格的特徴と捉えていた。自分はとにかくそういうタイプだと思い込んでいた。だが彼はうつ伏せになり、2回の腕立て伏せを初めて行ったとき、自分についての心理の組み替えに向けて第一歩を踏み出していた。

人は誰でも、**自分のアイデンティティと矛盾しないように行動したいという根強い本能**を持っている。

ある集団が脅威に直面したとき、予測不可能な行動を取るメンバーは、集団をリスクにさらす。そしてそのような人物は孤立する。これには進化上の正当な理由がある。

食べ物やすみかをはじめとする資源が集団の結束と協力にかかっているとき、ある人物が何をするか、確実に予測できることは重要だ。自分の命が他人の行動次第で失われるかもしれないからだ。私たちは社会的な生き物であるため、**自覚はなくても誰もが何らかのアイデンティティを維持する行動を取っている。**

スクマールは腕立て伏せを始めたことにより、肉体的にも精神的にも強くなった。そのおかげで運動することに達成感を覚えた。

すると、ジムに行ってもあまり場ちがいな気はしなくなった。以前なら、さまざまな器具を試すのに気後れし、いつも自問していた。自分はこのベンチプレスを利用できるほど強いだろうか？　たったの2回しかできなかったら格好がつかないのではないか？

プランクと腕立て伏せを続けて成果が得られるにつれて、**スクマールのアイデンティティは変化していった。**彼は筋力トレーニングの効果を理解し、自分に力がついたことを実感した。ジムでは前より心地よく感じられるようになり、通う回数も増えた。

専属トレーナーから隔週で指導を受ける契約書にもサインした。グループで運動するクラスも驚くほど楽しかった（以前は試してみる勇気もなかったのに）。エアロバイクのクラスでは、友だちまでできた。

いったい何が起きたのだろう？　彼が成長したのは言うまでもない。

だが、**こうした変化がうながされたのは、彼が新たなアイデンティティを受け入れたからだ。**彼は、自分は運動が苦手なタイプだという思いを捨てた。タイニー・ハビットをとおして達成感を得たおかげで、自分を新たな角度で見られるようになったのだ。

変化がほかの習慣に「波及」する

アイデンティティの転換は、1つや2つの行動ではなく、いくつもの行動を育むのに役立ち、変化の推進力になる。**多くの願望には複数の習慣の変化が必要**であるため、これは重要なことだ。あなたが望む自分になるための新たな習慣は、いくつかの習慣の集まりであり、健康や睡眠、ストレスの分野ではこれがとくにあてはまる。

「マクドナルドによく行くタイプ」と「農家の直売所で買い物をするタイプ」では、食をめぐる行動が総じて異なる。

農家の直売所に行くようなタイプになったつもりで食事をしてみると、脳はそれに見合ったアイデンティティへとあなたを導くようになり、サラダにカボチャの種を加えることが突飛なことではなくなる。ごく自然なことに思えてくる。**アイデンティティの転換は、あなたを願望へと近づけるほかの新たな習慣について考えるのに役立つ**のだ。

ある分野でアイデンティティをうまく転換できると、ほかの分野でも変化がうまくいくことが多い。

スクマールは運動で成功したおかげで勇気を得た。

そこで、「自分は健康的な食生活には向いていない」という凝り固まった考えに疑問を投げかけ、自分が目指す、あらゆる面で健康的な人物にふさわしい食習慣をデザインした。

一度の食事の量を減らし、白米から玄米に切り替えるなど食事の内容も見直した。これもまたアイデンティティの変化につながった。健康的なものを多く食べるにつれて、さらに健康的なものを食べたいと考えるようになったのだ。

彼は甘いものが大好きだったが、タイニー・ハビットの旅に出てから数か月ほどすると、もはや甘党ではなくなっていた。

この変化の驚くべき点は、彼が砂糖とは直接向き合っていないことだ。甘いものへの興味が薄れたのは、彼が意識して起こした変化の波及効果だった。スクマールは砂糖の怪物を背後から撃退したのである。

また、彼は自分にはファッションセンスがないと思っていたが、お腹がすっきりしてからは、買い物が前よりも楽しくて刺激のある経験になったことに気づいた。いまでは鏡の前に立つと自分がファッショナブルになったと実感できる。

スクマールは、かつては揺るぎないように思えた自分自身へのネガティブなイメージに対して疑問を投げかけた。彼の苦痛とストレスの原因となっていたアイデンティティを打ち砕いたのだ。

それは確固としたもののように存在していたが、**自分のそうした部分を変えられるなら、自分が望むどんな変化も可能になる**と自分に言い聞かせた。こうした自信と楽観的な感覚こそが、スクマールにとっての本当の大きな変化だった。

彼は人生のあらゆる面で自信が増し、19年間勤めた会社を辞めた。そして、タイニー・ハビットを基礎として、大きな組織の大掛かりな変革を支援するビジネスを立ち上げたのである。

「新しいアイデンティティ」を身につける方法

では、「アイデンティティの変化を受け入れる」スキルを身につける秘訣を紹介しよう。

- **「私は○○なタイプだ」**という文に、あなたが望んでいるアイデンティティ（複数でも可）を当てはめる。
- あなたが獲得したいと思うアイデンティティにまつわる人やもの、サービスが集まる**イベントに足を運ぶ**。私は発酵食品を食べる習慣を身につけようと決めて、地元で開催された発酵食品フェスティバルを訪れた。そして私より知識が豊富な人々に出会い、新製品についても学んだ。ザワークラウトの達人からつくり方を教えてもらうワークショップにも参加した。食品を発酵させる道具も買った。家に帰ったとき、「自分は発酵食品を食べる（さらには自分でつくる）タイプ」なのだというアイデンティティがはるかに強くなっていた。
- **「専門用語」を学ぶ。その道の「名人」が誰なのか知る。関係する「動画」を観る。**私はサーフィンを始めたとき、波を表現する専門用語を調べて使うようにした。サーフィンの大きなイベントをチェックし、一流のサーファーたちのビデオを研究した。
- **「Tシャツを着る」ことはアイデンティティを公言するいい方法だ。**ナイキは「RUNNER」と書かれたTシャツを売っている。私はサーフボードやサーフィンの図柄のTシャツを着ている。年に100回以上はサーフィンをしているので、サーファーであることを示すアイデンティティを身にまとうのは自然な感覚だ。

- **SNSのプロフィールを更新する。**プロフィール写真を新たなアイデンティティを伝えるものにする（そしてみんなの反応を観察する）。経歴も新たなアイデンティティに関係するものにする。新たなアイデンティティに関係する内容を投稿する。
- 新たなアイデンティティの専門分野のことを**誰かに教えるか、ロールモデルになる。**社会的役割には大きな力がある。

「本書を読むだけ」で終わらせてはならない
——スキルは磨く必要がある

変化のスキルを一度にすべて覚える必要はないので安心してほしい。

また、**すべてのスキルを身につける必要もない**（身につけられるに越したことはないが）。

それでも多くを習得すれば、前進して、人生を大きく変えるうえで自信がつき、効率も柔軟性も高まるだろう。

本書のような変化に関する本を読むのはいいことだ。

だが、そこで終わりにしてはいけない。

本を読むだけでダンスは習得できない。マニュアルを読んだだけで車は運転できない。

あなたが私の本を読んでくれるのはとても嬉しいが、どうか私の意見を日々の生活に取り入れてほしい。これまでに習得したほかのスキルと同じように、変化のスキルも磨けば向上する。失敗しても問題ない。

「行動の変化はスキルである」という考え方は、習慣に関しては新しい発想だと思う。しかし、自転車や水泳、パソコンなどと同じく、変化もスキルの習得によって実現できる。そして、そう自信を持つことに意味がある。最初は少し苦労するかもしれないが、継続すればかならず前進できる。

小さい変化の中には成長するものと、増殖するものがある。その中で達成感を得れば、あなたのアイデンティティは変化する。そしてそれこそが、小さなことから始めて大きな変化を起こす秘訣なのだ。

私の予想をひと言。**あなたは思っているより早く成功できるだろう。**

「変化のスキル」を磨くための小さなエクササイズ

エクササイズ① 「すでに習得したスキル」に学ぶ

このエクササイズでは、これまでのスキル習得の経験から得た教訓を生かす。

ステップ1：これまでに習得したスキルを少なくとも5つ挙げる——車の運転、フランス語、フォトショップ加工など。

ステップ2：それらのスキルを習得したときの工夫を思い返して書き出す——先生についた、簡単なことから始めた、毎日練習したなど（書き出す際、少なくとも5分は考えること）。

ステップ3：メモを見て、変化のスキルの習得に応用できないか検討する。

エクササイズ②

「行動クラフティング」のスキルを磨く

行動クラフティングのスキルの1つとして、「一度にいくつの習慣を実践するか」を判断する力がある。このエクササイズでは、実際にそれをやってみる。自分は一度にいくつの習慣を身につけられるのかを知るために、同時に6つの習慣を身につけようとしてみよう。

ステップ1：これまでに本書で学んだ知識を用い、新しい習慣のレシピを6つ作成する。
ステップ2：各レシピをレシピカードに書く。
ステップ3：各レシピについて、行動が十分に小さいか考える。まだ十分に小さくないならさらに小さくする。
ステップ4：各レシピについて、アンカーが十分に具体的か考える。それぞれのアンカーの「最後尾」を確認しよう。
ステップ5：6つの新しい習慣を1週間実践し、必要に応じて修正やリハーサルを行う（もし途中で好きになれない習慣があれば中止し、別の習慣を補充する）。
ステップ6：1週間が経過したら、各レシピについてどう感じるか振り返る。さらに前進するときは、気に入った習慣だけを続け、それ以外はやめる。

行動クラフティングのエクササイズをうまくこなすには、環境のデザインを改良し、リハーサルを行う必要がある。これが次の2つのエクササイズの軸となる。

エクササイズ ③「コンテクスト」のスキルを磨く

このエクササイズでは、あなたの求める変化を後押しするように環境を改良する。

ステップ1：エクササイズ2で作成した6つのレシピを1つずつ確認する。
ステップ2：各習慣について、実行しやすくするために環境のデザインを改良できないか検討する。

エクササイズ ④「プロセス」のスキルを磨く

プロセスのスキルの中でも重要性が高いのは、新しい習慣をリハーサルし、毎回、祝福することだ。ここではその実践に向けたエクササイズを行う。

ステップ1：エクササイズ2で作成した6つのレシピを1つずつ確認する。
ステップ2：各レシピに沿って、アンカーとなる行動のあとに小さな習慣を行う。
ステップ3：小さな習慣を行った直後に祝福する。
ステップ4：この一連の流れを7〜10回繰り返す。
ステップ5：習慣のリハーサルをすることを奇妙に思わないようにする。スポーツやビジネスのプレゼンと同じく、行動変化も、最高の成果を挙げるにはリハーサルがカギである。

エクササイズ 5　「マインドセット」のスキルを磨く

マインドセットのスキルの中で重要なのは、小さい行動に満足することだ。歯を1本だけフロスすることや、腕立て伏せを2回するだけでよしとする。ここでは、この考え方をすんなり受け入れるのに役立つエクササイズを紹介する。

ステップ1：定着してきた新しい習慣を1つ選ぶ（何もなければ歯をフロスする習慣を選ぼう）。
ステップ2：その新しい習慣を行うとき、あえていちばん小さな行動だけ行う。もっと続けたいと思っても我慢すること。
ステップ3：あえて小さくしたことを祝福し、「これでいい」のだと実感する。

ステップ4：「ごく小さな変化でもよい」という考え方を定着させるため、これを少なくとも3日続ける（規模をいったん小さくしたことで習慣をさらに強固に定着させられるのだから、規模を縮小して行うことに満足しよう）。

エクササイズ

⑥「自己洞察」のスキルを磨く

自己洞察のスキルの中で重要なのは、人生におけるもっとも小さいけれど、もっとも大きな意味のある変化を見つけることだ。ここに提案したエクササイズの中ではこれがもっとも難しいと思うので、あえて最後に取り組んでもらうことにした。

ステップ1：「自分にとって人生で本当に大切な領域は何か」を考える。たとえば、よき母になることや、思いやりを示すことなど。

ステップ2：その領域で重要な意味を持ちそうで、「簡単に実行できる一度限りの行動」を、3分間かけて複数挙げる。それらの行動をリストにする。

ステップ3：ステップ2を繰り返す。だが今度はその領域で重要な意味を持ちそうで「もっとも小さい習慣」を複数挙げる。同じくリストを作成する。

おまけの課題：ステップ2と3から実践したい行動を決める。

CHAPTER

悪習をやめる

習慣の結び目をほどく

ガーナに出張中だった甘いもの好きのジュニは、朝の7時にアイスクリームを買える場所はないかと探していた。

同僚たちは、ここは西アフリカなんだと彼女に言い聞かせてから、いったいどうして朝食にアイスクリームを食べたいのかと尋ねた。

「私は大人なんだから、食べたいものは何でも食べていいはず」と彼女は答えた。

いまこのエピソードを語るとき、ジュニは信じられないという表情で首を振る。

現実を直視するのになぜそれほど時間がかかったのだろう?

朝食のアイスクリームだけではない。昼食時にはダブルキャラメルマキアートを飲み、テレビのCMのあいだにはオニオンフレーバーのスナック菓子、そして夕食時にはまたアイスクリームを食べていた。

すべての行動が折り重なって、彼女の日常は健康と幸せから遠のくばかりだった。

ジュニは糖分を取りすぎる習慣の深刻さを否定していた。あとから振り返ると驚くべきことだが、当時はほかのことに気を取られていたし、糖分を除けば生活のほとんどの面でかなりの節度を保っていた。

彼女はラジオの司会者として成功していただけでなく、熱心なランナーでもあった。タイニー・ハビットを始めようと思い立ったのも、シカゴマラソンに出場したかったからだ。

最初のセッションでは、**タイムの向上を目指して体幹を鍛えるのに役立つ習慣**をいくつか考えた。これがとてもうまくいったので、彼女は仕事の生産性に関わる習慣も身につけ、糖分の過剰摂取をある程度抑える健康的な食事法をいくつか取り入れた。

ところが、2015年に母親が亡くなった。

娘と同じく精力的に仕事をこなすタイプだったが、糖尿病にともなう合併症が原因で亡くなった。ジュニはアラバマに飛び、いちばん上の姉を支えながら母親を見送る手続きをすべて行った。

6人いるきょうだい（末っ子はまだ19歳だった）はすっかり気を落とし、ジュニに頼りきりだった。ジュニはストレスと深い悲しみを抱えながらも、きょうだいのために気丈に振る舞ったが、負担は大きかった。

そこで夫から、帰宅したら何が必要かと聞かれると、迷うことなく「バスキン・ロビンスのバブルガム・アイスクリーム」と答えた。

2年後、7キロ近く体重の増えたジュニは、**悲しみが癒えるどころかますます強くなった**と感じていた。ジュニは母の葬儀を終えてから、すぐに、2人の子どもと仕事を持つ多忙な生活に戻った。11歳の自閉症の息子の要求は、彼女のストレスの高まりと連動して大きくなっていくようだった。

猛烈な勢いで前進し、毎日を何とか乗り切っていたが、ふと気づけば、母を失った悲しみがつねにつきまとった。悲しみと向き合う代わりに、アイスクリームやケーキで気を紛らし、糖分を取りすぎるたびに重い倦怠感（けんたいかん）を味わった。

砂糖はもはや、否定しようがないほど生活に支障をもたらすようになっていた。体重の増加で走るのがつらくなり、仕事中にイライラすることや、ぼんやりすることもあった。ラジオのトーク番組の司会者としては、リスナーからの質問や、現場からの急な電話の思いもよらない話題に対して、当意即妙にコメントを返さなければならない。糖分をたっぷり取ってハイになると一瞬は力が出るが、気が散って集中できなくなることもあった。

「有害な行動」を排除する

——人生を根本的に変えるチャレンジ

ジュニが私の行動デザイン・ブートキャンプに参加したのは、仕事のプロジェクトに役立つスキルを求めてのことだったが、終了時には行動デザインを通してプライベートの生活を変える方法も学んでいた。

気力を取り戻した彼女は、自宅の書斎の壁に大きな紙を貼り、ペンを手に取った。人生のいろいろな領域における願望を挙げて、それぞれに「行動の群れ」を作成していった。そして最後の行動の群れの願望の雲に「砂糖の摂取をやめる」と書き、丸で囲んだ。

そう、これだ。

これは彼女にとって、もっとも重要な変化をもたらす行動だった。ただし、**これは何かを「する」のではなく「やめる」、つまり人生から排除すべき行動だ。**

彼女は、これはいままでに挑んできたレースの中でも、もっとも厳しいものになるだろうと気を引き締めた。

問題は、このときブートキャンプで主に学んだのは、顧客を引きつける方法だったことだ。「悪習をやめる方法」には焦点を合わせていなかった。

だがジュニは、自分は自制心があり、賢くて気丈なのだから、**行動モデルを応用して人生から悪習を排除できる**はずだと思った。

そこで彼女は実行に移した。

糖分を摂取する具体的な習慣（「毎晩夕食にアイスクリームを食べる」）を行動モデルにあてはめ、「モチベーション」と「能力」「きっかけ」の関係によって、その習慣が行動曲線のはるか上に位置することを把握した。

糖分摂取のきっかけになっているのは疲労と悲しみだった。緊張感を保つためにも砂糖を利用していた。

砂糖の怪物に挑むため、**ジュニは家から甘いお菓子を排除した**。ひどく疲れても、疲れを無視するか、アイスクリームの代わりにプレッツェルを食べるように心がけ、車には不測の事態に備えて砂糖が入っていないスナックを常備した。

母のことで悲しくなったときは、何も食べずに「ポケモンGO」を楽しむことにした。

問題の「根本」に対処する

最終的にジュニにとって効果的だったのは、悲しみの根本に対処することだった。

彼女はまず、日記をつけたり、ソーシャルメディアで友だちと連絡を取ったりといった、いくつかの前向きな習慣を身につけた。すると悲しみを押し殺すのではなく、消化しながら母を悼(いた)むことができた。

悲しみに健康的な方法で対処できるようになると、**気持ちが落ち着き、前向きな習慣を実践するモチベーションがさらに高まった**。

甘いものを食べる間隔が広がり始めると、ジュニはそうした小さな成功を祝福した。最初は食事を1回分だけ砂糖なしですませるようにした。それから2時間ほど砂糖を口にせず過ごせるようになった。

これでは不十分だと思うかもしれないが、ジュニは期待を下げることの重要性を理解していた。だからこそ、うまくいったときは勝利を収めた気分になった。

ジュニは達成感を利用する術を知っていたので、**一日砂糖なしで過ごせたときは祝福した。**これは大きな達成なのだ。

つねに申し分なしとはいかなかったが、決めた道を歩み続けていくことで、やがて一週間をとおして一度も甘いお菓子を食べずに過ごせるようになった。

ジュニは柔軟さと反復が大事だとわかっていた。だから、たまに特別な機会に甘いものに囲まれて、**アイスクリームの誘惑に負けたとしても、自分をあまり責めないようにした。**誘惑に負けたことを、分析して対処すべき課題と捉えたのだ。

習慣が崩れそうになったときはさまざまな方法を試し、試行錯誤しながら効果的なものとそうでないものを区別し、そうするあいだも**自分への思いやりと勝利を祝うことを忘れなかった。**

ジュニの多方面からのアプローチは功を奏し、砂糖を口にすべきかどうか、自分で選択できるようになった。ジュニが行動デザイン・ブートキャンプを終了したのは3月だった。5月の終わり、彼女から「やり遂げました」というメールが届いた。

ジュニは砂糖に打ち勝ったのだ。

「上りの習慣」「下りの習慣」「急降下の習慣」

ジュニは行動デザインとタイニー・ハビットから学んだスキルを使って、砂糖漬けの習慣から抜け出した。私は彼女のことを誇らしく思い、**望ましくない習慣をやめることに関し、この手法をもっと広く伝えたい**と願うようになった。

私自身は何年も前から悪習への対処に成功していたのに、新しい習慣を身につける支援のことばかり考えていた。

じつは悪習の領域に深く立ち入ることにためらいもあった。私は依存症の専門家ではないが、悪習についての会話は薬物依存症や強迫的行動と結びつけられることが多いからだ。

私はセラピストや医師の役割を担いたくはなかった。タイニー・ハビットは深刻な依存症に対する答えにはならないとわかっているからだ。

それでも、あまり深刻でない悪習に悩む人にとっては朗報がある。タイニー・ハビットには形勢を逆転させる可能性があるのだ。

習慣について考えるうえで役立つのは、習慣を「3つ」に分類することだ。

3つの習慣とは何か。これはいい習慣か、悪い習慣かは関係ない。

まず、**「上りの習慣」**と呼ぶべき習慣は、維持するには継続的な注意が必要だが、やめるのは簡単なものだ。たとえば、目覚ましが鳴ったらベッドから出る、ジムに通う、毎日瞑想するといったことだ。

これとは反対に**「下りの習慣」**は、維持するのは簡単だが、やめるのが難しい。二度寝、悪態をつく、ユーチューブに没頭してしまうなどである。

最後の**「急降下の習慣」**は、重い依存症など、専門家による介入がなければ、やめるのがきわめて難しくなり得る習慣だ。

「悪習を断つ」と考えてはいけない

私は「下りの習慣」をやめる手助けをするために、「行動変化マスタープラン」という新しいシステムを構築した。これは段階的な手順に従う包括的なアプローチであり、解決策を模索する必要がない。

もちろんこのプランも行動モデルの上に築かれている。

B＝MAP（行動＝モチベーション・能力・きっかけ）は、新たな習慣をデザインする土台であると同時に、あなたを束縛している習慣に別れを告げるための土台でもある。

本書ではすでに物事を簡単にする方法について説明した。今度は難しくする方法（能力を下げる）について考えてみよう。

また、ここでは**効果的なきっかけを組み込むのではなく、きっかけを取り除く方法を探す。**

さらには、モチベーションを高めるのではなく、低下させる方法について考える。

行動変化マスタープランの説明に入る前に、一歩下がり、私たちがこれまでに教えられてきた悪習に対する考え方を分析しよう。結局のところ、問題の大部分がそこにあるからだ。

いい習慣と同じく、悪習も変化を起こすのが簡単なものと難しいものがある。

難易度のスペクトラム上でもっとも「難しい」領域にあるものについては「悪習を断つ」とか「依存症と闘う」といった表現を聞くはずだ。まるで望ましくない行動は、容赦なく打倒すべき極悪非道の厄介者だと言わんばかりだ。

だが、**こうした表現（およびそこから生まれる手法）は、課題を解決するには役に立たず、効果的でもない。**私はできるならば「悪習を断つ」という表現はなくしたほうがよいと思っている。誤解を招く表現だからだ。

「断つ」という表現は、悪習の排除について誤った期待を抱かせる。あたかも、一時期に大きな力を加えれば、習慣が消滅するかのようだ。だが、そんなことはめったにない。**通常、望ましくない習慣は、たった一度力を加えただけでは排除できない**のだ。

悪習の結び目を「ほどいていく」

そこで私は「断つ」に代わる言葉と比喩を提案する。

結び目がたくさんできていて絡み合ったロープを思い描いてほしい。すぐにイライラしてしまう、スクリーンと向き合う時間が長すぎる、物事を先延ばしにする、といった望ましくない習慣を、そんなイメージで捉えてみよう。

結び目を一気に解きほぐすことは不可能だ。ロープを引っ張れば、事態は悪化するばかりだ。結び目はひとつずつほどくしかない。

また、最初からいちばん難しいところに集中してはいけない。なぜか？　いちばんほどきにくい結び目は絡み合ったロープの奥深くにあるからだ。

そこで必要なのは、体系的に取り組み、**いちばんほどきやすい結び目を探すこと**だ。

ジュニはまず、砂糖漬けの習慣の〝もつれ〟をすべて書き出した。そしていちばん簡単にできることに取り組んだ。

まずは、夕食後にデザートを食べるのをやめた。最初はたった1日だけ。それができたら2日続けて。

次に、彼女は休憩室に常備していたアイスクリームを片づけた。最終的には、自宅の冷凍庫からも取り除くことができた。

もつれをほどくプロセスはすぐに弾みがついた。甘いものなしで悲しみに向き合うことは、以前はひどく恐ろしく感じたのに、だんだんと動揺せずにいられるようになった。

ひと晩デザートなしで過ごせたときは、大きな励みになった。**自分は思っているより強いのだと感じられた**。そしてそれを機に、状況が大きく変わっていった。


仮に彼女が悪習をやめるための従来からの知恵に頼り、ドーナツの代わりにセロリのスティックを食べていたら、きっと早々に音を上げていただろう。意志の力だけで何かを行うのは難しく、難しいことは往々にして続かない。

しかも、**そもそも行動が望んでいないことなら（本当はセロリなんて食べたくない）、いい習慣でも定着しない**。そうして挫折していたら、そのせいでさらに落ち込み、失敗の悪循環に拍車をかけることになっていただろう。

悪習をやめられない状態は、深い羞恥心と罪悪感を引き起こしかねない。なぜか？　多くの文化では自己責任が大いに重視されるからだ。「正しいことをできないのは弱さの表れ」という考えだ。

行動変化の観点からは、この考え方は短絡的で何の役にも立たないが、私たちの心理にはそんな考えが深く組み込まれている。

だが、仮に習慣の解消に関する誤った助言に従い、失敗したとしても、それはあなたのせいではない。あなたは問題の対処法について誤った発想を受け継ぎ、ストレスと機能不全の悪循環に陥ってしまったにすぎない。

しっかりと胸に刻んでほしいのは、**あなたは自分が望む変化をより賢明に、よりうまくデザインできる**ということだ。

そしてこの章は、そんな思いからあなたのために書いている。

ではいよいよ、基本的な要素については、悪い習慣もいい習慣も変わらないという真実を解き明かしていこう。行動は行動だ。どんなときも、モチベーションと能力、きっかけが融合した結果であることに変わりはない。

「行動変化マスタープラン」を実行する
――悪習をやめる段階的アプローチ

私が考案したマスタープランは、望ましくない習慣を阻止する3つのフェーズから構成される。

行動変化マスタープラン

フェーズ1

「新しい習慣」を**つくる**ことに集中する

↓ そして……

フェーズ2

「従来の習慣」を**やめる**ことに集中する

↓ もし必要なら……

フェーズ3

習慣を**置き換える**ことに集中する

まず「フェーズ1」として、新しい前向きな習慣を身につける。

続く「フェーズ2」で、従来の習慣に関する具体的な行動をやめることに集中する。

やめられないときは「フェーズ3」に進み、従来の習慣を新しい習慣に置き換える。

これら3つの各フェーズには、さらに詳細なステップがある。これについては巻末のフローチャートを参照してもらいたい（ここで説明するには細かすぎるため）。

変化に関する伝統的なメソッドの中でも効果があるものは、このマスタープランの中にエッセンスを取り込んでいる。一例は、「動機づけインタビュー」だ。

これは**クライアントが自分自身のモチベーションを理解できるように導く**カウンセリング手法である。伝統的な手法の中で、私が価値があると考える数少ない例のひとつだ。

動機づけインタビューによって、自分がある行動をする理由や、しない理由をよりよく理解できることがある。

互いに協力し、責任を持ち合うパートナー（アカウンタビリティ・パートナー）を持つことも、さまざまな点で役立つ可能性がある。

あなたがデジタル画面に釘づけになる時間を減らしたいなら、**パートナーは夜8時にWi－Fiがオフになるタイマーをインストールするように助言してくれる**かもしれない。そうすれば遅くまでネットサーフィンをするのが難しくなる（アカウンタビリティ・パートナーに感謝だ）。

マスタープランは、望ましくない習慣を解消する包括的システムとして、すでに変化を起こす効果が証明ずみの手法を取り込んだうえで、実行のための指針を順序立てて提示する。

これはたんなるテクニックの羅列でもなければ、指針の寄せ集めでもなく、**あなたに苦痛をもたらす習慣を解消することで、人生を変革する**ためのアルゴリズムである。

準備はいいだろうか？

新しい習慣を「つくる」ことに集中する

――行動変化マスタープラン：フェーズ1

まずは朗報から伝えよう。

本書を読んでタイニー・ハビットを実践しているとしたら、**あなたはすでに望ましくない習慣をやめる道を歩み始めている。**

行動変化マスタープランのフェーズ1は、新しい前向きな習慣の構築だからだ。最初にこのフェーズに取り組んで、**変化のスキルによって自分は変われる**と実感すると、自分の人生にあってほしくない習慣を排除する力を確かなものにできる。

「ラクすぎる習慣」を身につける

ジュニの新しい習慣の中で、砂糖への依存に正面から立ち向かった習慣がいくつあったか、覚えているだろうか？

答えは「ゼロ」だ。

ジュニは感情的な負担のない習慣を実践して「スキルアップ」した。**新しい習慣はいずれも無難で威圧感がないものだった**。そのおかげで、彼女は感情を揺さぶられることなく変化のスキルを学ぶことができた。

たとえば、何年も体重のことで悩んでいるとしよう。太りすぎをからかわれたりしたことがあるかもしれない。あるいは、医師に診てもらうたびに嫌な気分を味わってきたかもしれない。そんなとき、まず集中すべきは体重を減らすことだと思うのがふつうだ。

フェーズ1では、私はこれとはちがう手法を支持する。

最初に減量や、苦痛をともなう努力に集中してはいけない。**まずはそれとは別の領域にある習慣を身につける**。整理整頓や人間関係、創造性など、体重と関係がないことなら何でもいい。

最初は変化のスキルを磨き、**変化のプロセスそのものに精通する**ことのほうがはるかに重要なのだ。

フェーズ1では、あなたに強さをもたらす習慣をつくる。これこそが、素早く成功をつかみ、変化のスキルをもっともうまく身につけられる方法だ。

だが、ここで終わりではない。

「アイデンティティ」を変化させる

前向きな変化を身につけるごとに、自分が望む人物像に近づくことができる。

こうした変化によって達成感を味わうと、自分に対する見方が自然と変化し、**かつては持っていなかったアイデンティティを自認するようになる**。すでに第6章で説明したように、これはさらに前向きな習慣をもたらす。

それに加えて、望んでいない習慣を締め出す副次的な効果も期待できる。

切り捨てたいと感じる習慣はもはや、**あなたが獲得しつつあるアイデンティティや人物像とは整合しない**からだ。

スクマールの場合、運動に関わる行動を増やすと、いくつかの悪習は自然と消えていった。彼はいまでは、エレベーターではなく階段を使っている。**自分はそうするのがふさわしいタイプだと思っているから**だ。

また、夜はテレビを観て過ごすのが習慣だったが、友だちとラケットボールをするか、妻と犬を連れて散歩するようになり、めったにテレビを観なくなった。

スクマールはかならずしも、こうした悪習を改めようと思っていたわけではない。新たなアイデンティティの確立をうながすいくつものいい習慣を身につけたことで、人生の景色がすっかり変わり、多くの悪習がそぐわなくなったのだ。

このように、人生にいい習慣を加えるだけで望ましくない行動をすべて解消できるというのであれば、それで話は終わる。

しかし、どんなに手入れをした庭でも雑草は生えてくるものなので、さらに前進しよう。

フェーズ1は準備の時間だと考えるといいだろう。

「準備」という言葉がどうにも退屈に聞こえるのはわかっている。だが、**自分が楽しめる新しい習慣を実践し、成功を祝福することができれば、このフェーズは楽しいものになる**にちがいない。

あなたが新たに手にした習慣とスキル、アイデンティティは、フェーズ2で大きな意味を持ってくる。もつれた結び目をじっくりと観察し、戦略をデザインするのに役立つはずだ。

従来の習慣を「やめる」ことに集中する

――行動変化マスタープラン：フェーズ2

これまでの章では、習慣に踏み込んでいく道筋のデザインについて説明してきたが、習慣から抜け出す道もデザインすることができる。ここでもまた、行動モデルが基礎になる。**ある行動をやめるには、行動モデルの3つの要素のいずれかを調整すればいい**。つまり、モチベーションか能力を下げるか、きっかけを取り除けばいいのだ。

この変化をどれか1つでも長期的に維持すれば、習慣は途絶える。

簡単そうではないか？

答えは、イエスでありノーでもある。

毎日の運動や朝5時の起床といった「上りの習慣」は、ほとんど誰もが簡単にやめられる。しかし、あなたはこうした類いの習慣をやめたくてこの章を読んでいるわけではない。あなたがやめたいと思っているのは、健康と幸福を損なう「下りの習慣」だ。

もっと「具体化」する

悪習をやめたい場合によくあるまちがいは、抽象的な対象に対してモチベーションを高めようとすることだ。

たとえば、「職場でイライラしない」とか「ジャンクフードを食べるのをやめる」といったことだ。

どちらも具体的に聞こえるかもしれないが、じつはそうとはいえない。あくまでも習慣のも

行動の群れ

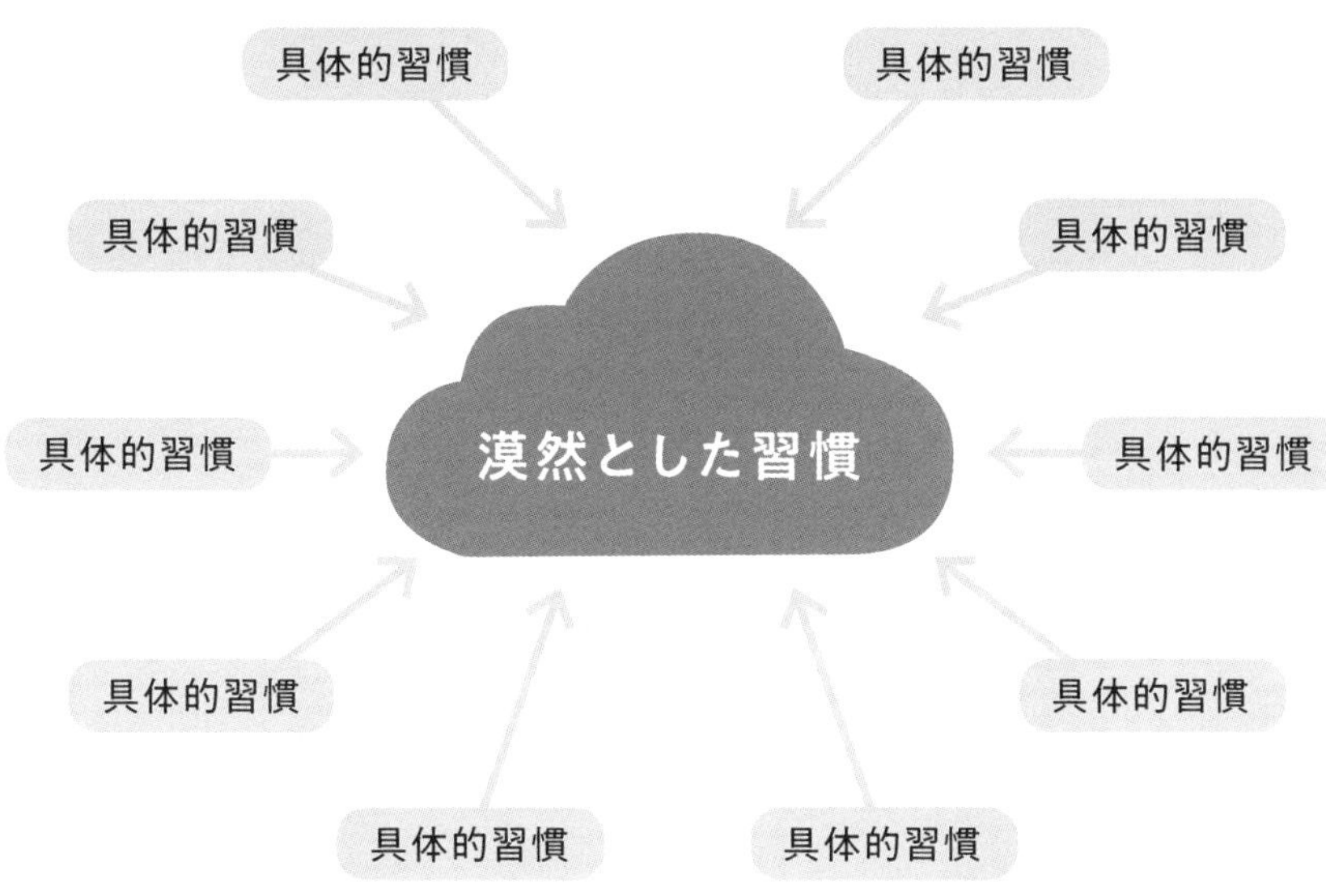

つれに対する抽象的なラベルにすぎず、私はこういったものを**「漠然とした習慣」**と呼んでいる。

漠然とした習慣に照準を合わせると、おそらくいい成果は得られないだろう。ちょうど、絡み合ったロープ全体を一度にほどこうとしてもほぐせないのと同じだ。

前進するにはもつれた箇所を一つひとつ解消する必要がある。つまり、**着目すべき具体的な習慣を特定しなくてはならない。**

そして、ここで役に立つのが「行動の群れ」だ。

次ページの雲の中に、あなたがやめたいと思っている漠然とした習慣を書いてみよう。

次に、漠然とした習慣を構成している「具体的習慣」を、雲のまわりの枠の中に書いていこう。

私がやめたいのは……

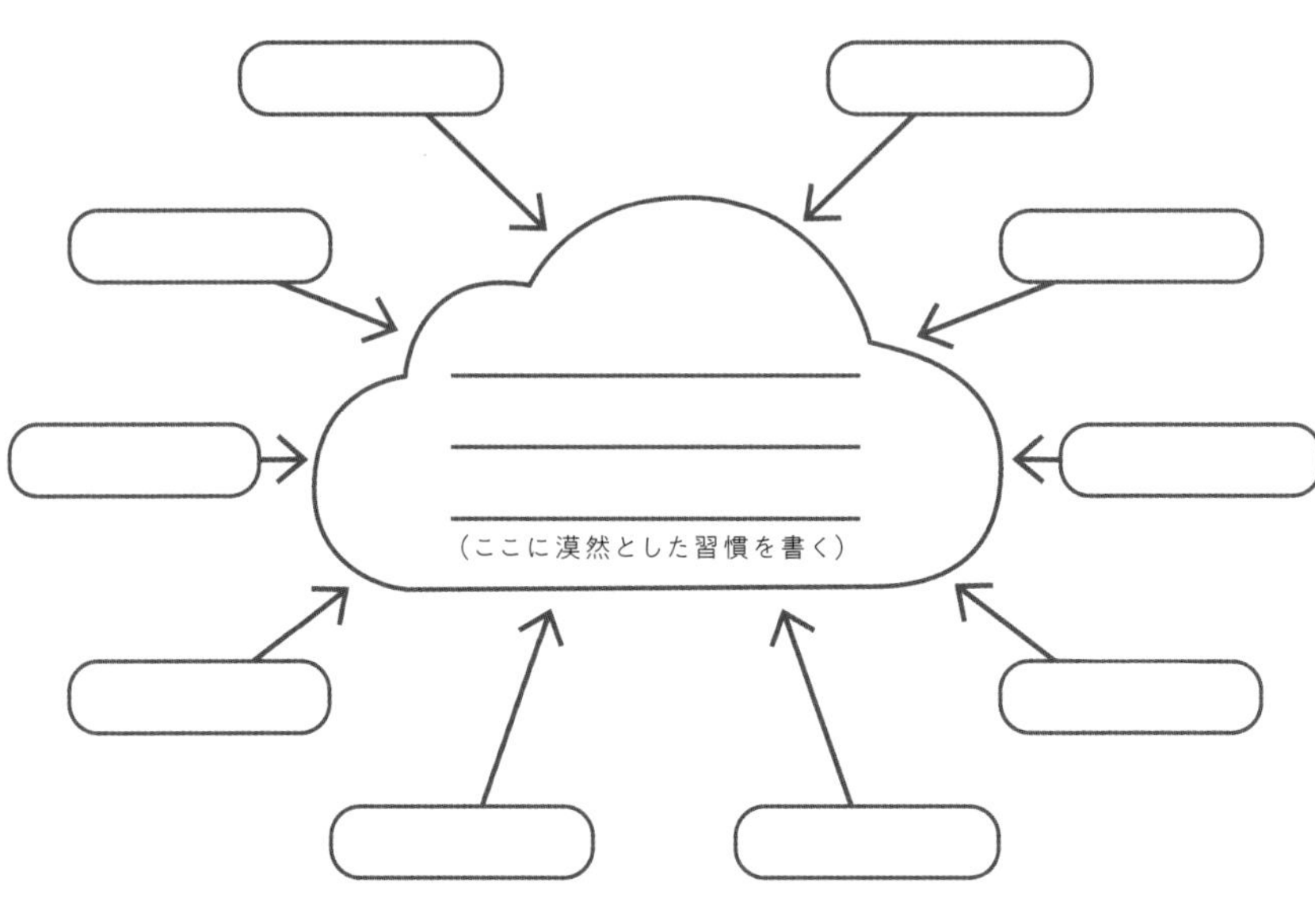

参考までに、漠然とした習慣を「ジャンクフードを食べすぎる」とした例を作成したので紹介する（次ページ）。

なぜこれが重要なのか？

漠然とした習慣だけに意識を集中すると、ストレスを感じたり、おじけづいたりしてしまう。そうなると、「いまは時間がない」とか「あとでやろう」と思い、回避する原因になりかねない。

だが、漠然とした習慣に関係する具体的な習慣をリストアップすると、**この大きな悪習を解きほぐすことが、より簡単に感じられるようになる**だろう。

私は望ましくない習慣をやめるために初めてこの方法を使ったとき、家で「使ったもの

行動の群れ

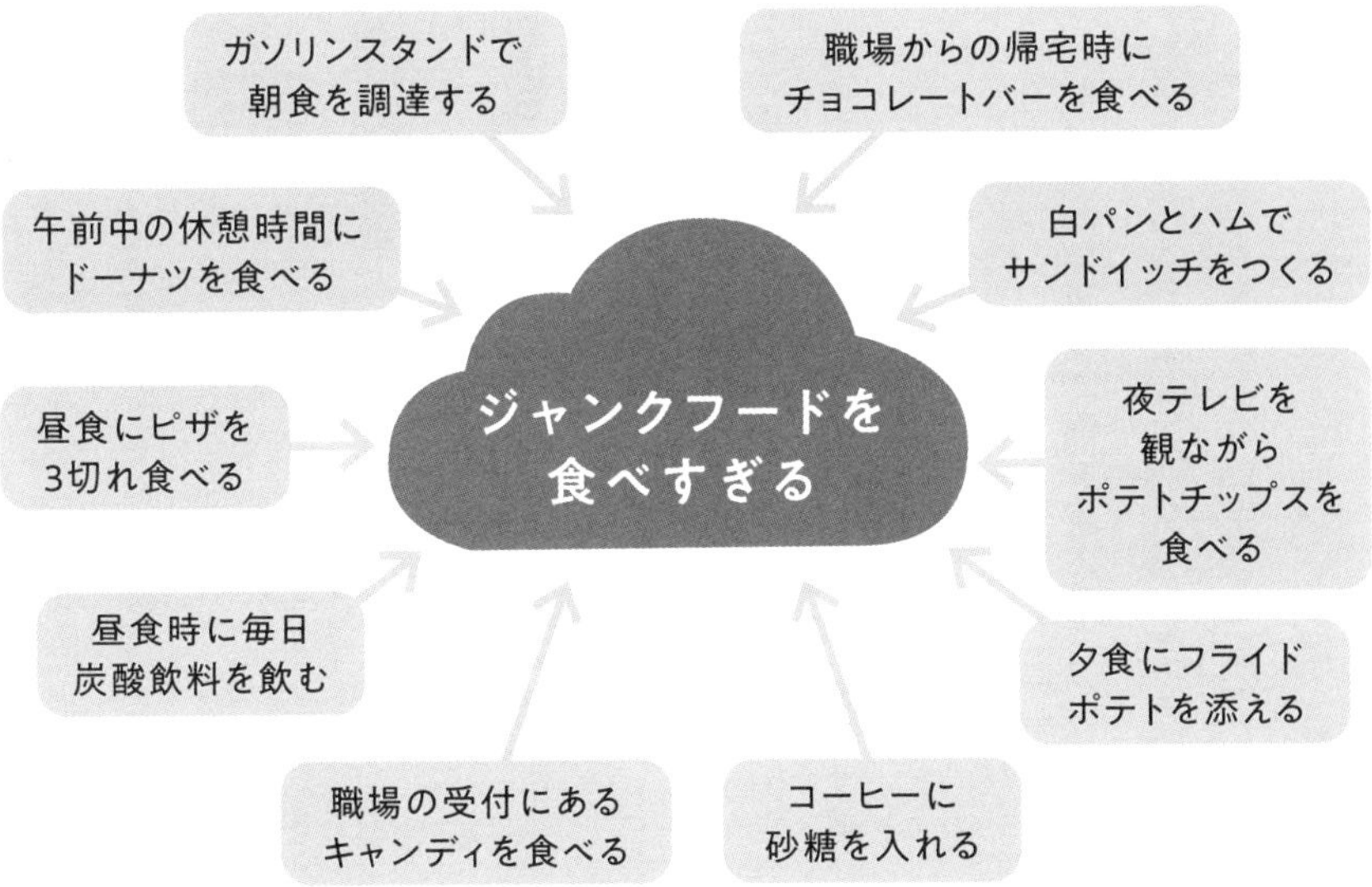

ジャンクフードを食べすぎる

ガソリンスタンドで朝食を調達する

職場からの帰宅時にチョコレートバーを食べる

午前中の休憩時間にドーナツを食べる

白パンとハムでサンドイッチをつくる

昼食にピザを3切れ食べる

夜テレビを観ながらポテトチップスを食べる

昼食時に毎日炭酸飲料を飲む

夕食にフライドポテトを添える

職場の受付にあるキャンディを食べる

コーヒーに砂糖を入れる

を元の場所に戻さない」という漠然とした習慣を構成している具体的習慣をなんと15も挙げることができた。

自分がこんなに家を散らかす習慣を持っているなんてと、多少の自己嫌悪に陥った。**自分はそんなにだらしないのか？**　どうやら、そうらしい。

あなたがこの手法を利用するときは、こんなふうに一時的に落ち込むことに驚かないでもらいたい。自分の悪習と向き合うと、ほとんどの人はそのような経験をするようだ。だが、落ち込んでもすぐに立ち直れる。

私は家の片づけに関する具体的習慣を眺めながら、**素早く簡単に解決できるものがいくつかある**と気づいた。チェストの上にセーターを置いたままにするのも、キッチンカウンターに本を山積みにするのも、すぐにやめられそうだ。そう思うと気持ちが晴れた。

この手法を実践したとき、私は自分が主導権を握っていると感じた。それどころか、かなり楽観的になった。そしてきっと、あなたもそうだろう。

また、1つ目の成功（チェストの上にセーターを置きっぱなしにしない）を土台として、より難しいことに取り組めるようになるはずだ。

「いちばんやめやすいこと」から始める

そこで私はこう言いたい。解決すべき具体的習慣が山ほどあるのを目の当たりにしても、そこで立ち止まらないこと。そして、圧倒されないこと。

まずは**もつれた習慣の中から1つだけ選び、人生から取り除けるようにデザインする**のだ。

だが、どの習慣から取り組むべきか？

この答えはとても大切なので、言い方を変えて3回繰り返したい。

いちばん簡単な習慣を選ぶこと。

「できそうだ」といちばん強く思える習慣を選ぶこと。

大がかりだと感じない習慣を選ぶこと。

人はよく、解消するのがいちばん難しく、面倒な習慣を選びたくなるが、それはまちがっている。まるで大きく絡まったロープのかたまりの奥深くにある、もっともかたい結び目からほどこうとするようなものだ。そうではなく、やめるのがいちばん簡単そうな具体的習慣から始めよう。

また、解消する習慣は複数選んでもかまわない。それはあなたの自由だが、**どんな決断をしても、自分に負担をかけてはいけない**。まずは変化のスキルを磨くのが先決だということを忘れないように。難しい課題は、さらに多くのスキルを身につけ、勢いを得たときのためにとっておこう。

ノウハウと自信を得るにつれ、結び目を解きほぐしていくのが簡単になるのに気づくだろう。しかも、具体的習慣の中には自然と消えていくものもあるので、すべての習慣に向き合わずにすむかもしれない。

ここで紹介するステップは、本書ですでに説明した行動デザインのプロセスに基づいている。ただし、**いま目指すのは習慣を「やめる」ことなので、やり方を反転させる必要がある**。

習慣を解消するために、まずはすでに存在する習慣をマッピングする。習慣を始めるにしても、やめるにしても、具体的な行動（抽象的なものではなく）に対処することが重要だ。

やめたい具体的習慣を選んだら、次のステップに進もう。モチベーション、能力、きっかけのいずれかを取り除けば、具体的習慣をやめられるのだと思い出してほしい。

そして、私の研究から、**このプロセスには最適な順番がある**ことが明らかになっている。まず取り組むべきは「きっかけ」である。

悪習の「きっかけ」をつぶす

状況によっては、きっかけに働きかけるだけで習慣をやめられることがあり、それには3通りの方法がある。**「きっかけを取り除く」「きっかけを避ける」「きっかけを無視する」**のいずれかだ。

❶ きっかけを取り除く

「きっかけを取り除く」ことは、望ましくない習慣をやめるうえでもっとも単純な選択肢だ。そして、きっかけを取り除く最善の方法は環境のデザインを修正することだ。

たとえば、仕事中にSNSをチェックするのをやめたいと思っているとしよう。対策としては、**スマートフォンの電源を切る、機内モードにする、アプリの通知機能をオフにするなどが考えられる。**いずれもきっかけを取り除くものだ。たったそれだけで悪習を解消できる可能性がある。

タイニー・ハビットのレシピで表現するとこんなふうになる。

私のレシピ

これをしたら……	これをする	習慣を脳に定着させるため実行後すぐにこれをする
職場で席に着いたら、	SNSの通知機能をオフにする。	（笑顔のイラスト）
アンカーの瞬間 小さい行動を行うように思い出させてくれる既存の習慣。	**小さい行動** 身につけたい習慣をとびきり小さく、とびきり簡単にしたもの。	**祝福** 自分の中にポジティブな感情（シャイン）を生む動作。

「職場で席に着いたら、SNSの通知機能をオフにする」

さらには、アプリをアンインストールすることもできる。**これは一度限りの行動であり、通常、日々の行動より効果的だ。**たった一度行えばすむので、習慣を定着させるための苦労はない。

このように、きっかけを取り除くデザインにおいては、日常的なきっかけを排除することも、きっかけを永遠に取り除く一度限りの行動を取ることもできる。

SNSの利用に関していうなら、前者のほうが優れているだろう。仕事帰りの電車の中でSNSを利用するのは気分転換にもなるから、アプリをアンインストールするのは極端かもしれない。

❷ **きっかけを避ける**

きっかけを取り除くことができない場合は、「きっかけを避ける」工夫をしてみよう。

たとえば、朝のコーヒーと一緒に砂糖たっぷりの菓子パンを買う習慣をやめたいなら、カフェに寄るのをやめて、家でコーヒーを入れる。そうすれば、カフェに付随する誘惑に遭遇せずにすむ。

きっかけを避けるにはこんな方法がある。

- きっかけに出合う**場所に行かない。**
- きっかけの原因になる**人に近寄らない。**
- 他人からきっかけが**持ち込まれないようにする。**
- きっかけとなるような**メディアを避ける。**

私がレストランでパンの食べすぎを避けるのに役立っている、タイニー・ハビットのレシピを思い出そう——ウェイターがパンを勧めにやってきたら「結構です」と言う。

私はそんなふうにして環境を管理し、**「テーブルにパンの入ったバスケットが置かれる」ときっかけを回避できている。**

とはいえ、きっかけがもたらされる状況をすべて避けることも現実的ではないだろう。菓子パンを販売するカフェで働いている場合や、きっかけをもたらすのが直属の上司である場合はどうしたらいいのだろう?

❸ きっかけを無視する

最後の選択肢は「きっかけを無視する」ことだが、**これは意志の力を必要とするので難しいかもしれない**。行動曲線を上回る習慣(モチベーションと能力が十分にある習慣)については、きっかけを無視するにはとくに大きな努力を要する。

あなたにもこんな経験があるだろう。

きっかけを提示されても抵抗し、はねのけることができた。ところが、**きっかけに「ノー」と言い続けられず、やがて意志が弱くなる**。パーティで一度や二度なら飲み物を断ることもできる。しかし、周囲から何度も勧められたら(そして自分でも飲みたいと思っていたなら)、そのうち我慢しきれなくなる。「誘い」に抵抗するには、そのたびに意志の力をふりしぼらないといけない。

とくにくじけやすいのは、余裕がないときだ。たとえばある朝、家で健康的な食事を取れず、しかも会議があって何か食べておかないと乗り切れなければ、カフェでブルーベリーマフィンを買うことになる。また、不安に駆られるとSNSに逃避したい衝動が高まることもある。

長期的な視点からは、きっかけを無視するのは最適な解決策とはいいがたい。

しかし、意志の力がとりわけ強く、無視し続ける力があるのであれば、この方法も選択肢となる。きっかけを無視して望ましくない習慣を見送れたときは、かならずその成功を祝福すること。

ここまでをまとめると、きっかけには「取り除く」「避ける」「無視する」の3つの方法で対処できる。

あなたにとって、このうちのどれか1つでも効果があれば素晴らしいことだ。**人生から排除したい具体的習慣をやめるために、もっとも簡単な解決策が見つかった**のだから。

具体的習慣を1つ解決できたら、「行動の群れ」に戻り、次に解消すべき具体的習慣をさらに1つ選ぶ。ガソリンスタンドで朝食を買う習慣をやめられたら、職場の受付にあるキャンディを食べる習慣に移る、という具合に。

だが、きっかけを取り除くことも、避けることも、無視することもできなかったらどうすればいいのだろう?

もちろん、そういうこともある。

きっかけを追放できないときは、行動モデルの次の要素に進もう。

悪習の「能力」を調整する

行動変化マスタープランの次なるステップでは、習慣を実行しにくくする方法に取り組む。

第3章では「能力の鎖」というモデルを使い、「時間」「資金」「身体的能力」「知的能力」「日課」という5つの要素について説明した（161ページ参照）。

その際の目的は、能力の鎖の概念を使って新しい習慣を実行しやすくすることだったが、**今度は習慣を実行しにくくするために鎖を弱めるか断ち切る**ことを試みる。

それぞれの輪の特徴と、それらのデザインを見直す方法を考えていこう。

❶「所要時間」を増やす

悪習の実行により多くの時間がかかるように環境を変えれば、それを行う可能性は低くなる。

「能力の鎖」を切る

時間
資金
身体的能力
知的能力
日課

たとえば、やめたいと思っている漠然とした習慣が「甘いお菓子を食べること」だとしよう。

「能力」を調整する

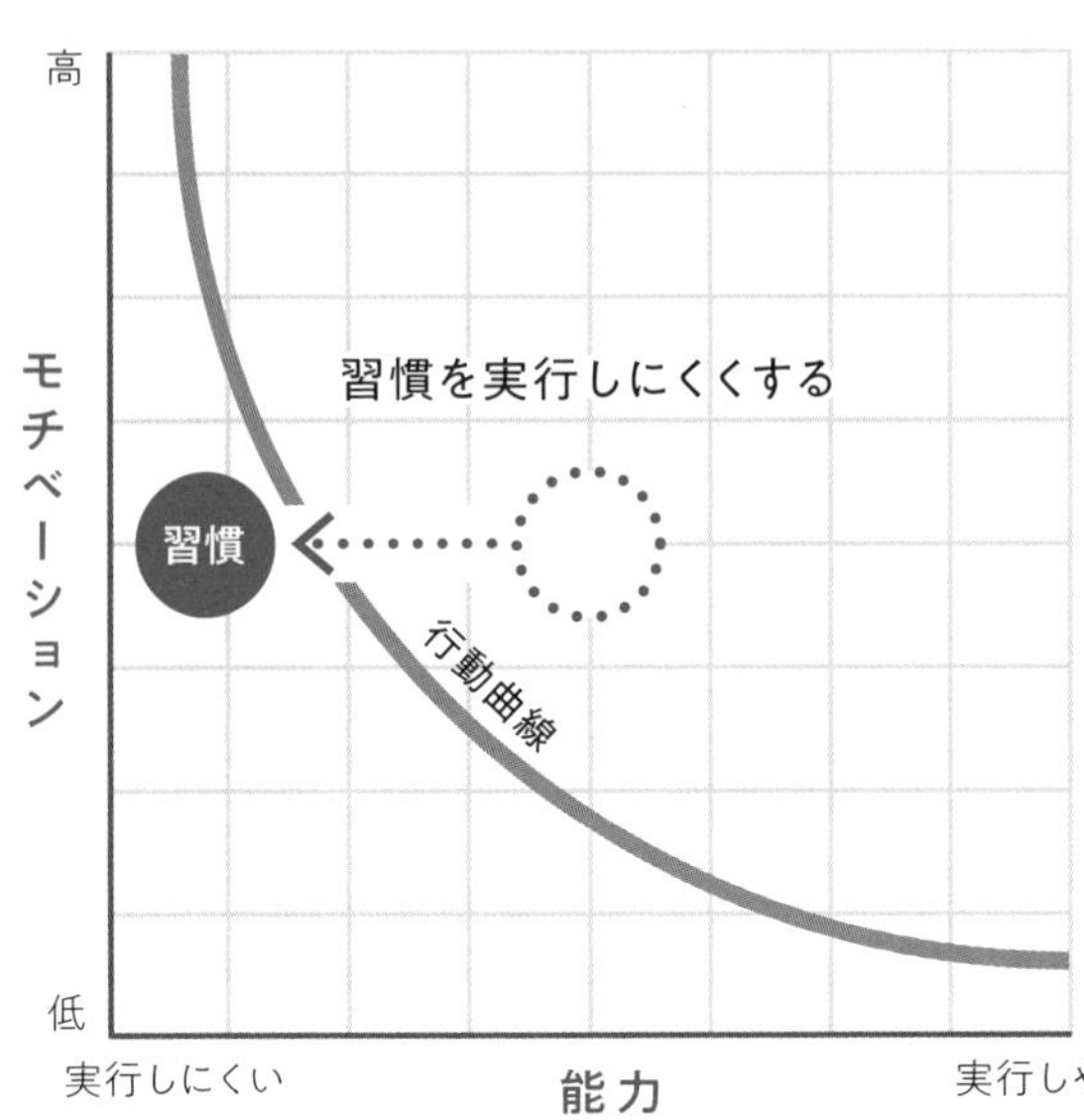

そこで「行動の群れ」を作成し（393ページ参照）、**「夜テレビを観ながらアイスクリームを食べる」という具体的習慣をやめる**ことにする。

このきっかけは内的なもので、取り除くことはできない。あなたの内なる何かが「さあ、いまアイスクリームを食べたらすごくおいしいよ」とささやくのだ。

さらにあなたはこの手のきっかけを無視できない。**甘いものへの欲求は、どんなときも意志の力に勝ってしまう**のだ。

では、どうすればいいだろう？

選択肢の1つは「自宅にアイスクリームを置かない」というように、環境のデザインを修正することだ。

15年前、デニーと私は**自宅の冷凍庫にアイスクリームを持ち込まない**決まりを導入した。

これはやろうと思えば誰にでもできる。

これで、特大サイズのアイスクリームの容器を抱えてスプーンですくいながらネットフリックスの新作ドラマを立て続けに観るのは、以前のように気軽なことではなくなる。アイスクリームが食べたければ靴を履き、車に乗り込んで店まで行き、好きなフレーバーを手に取って支払いをすませ、家に戻ってこなくてはならない。

これにはかなりの時間がかかる。

うまくいけば、余計な時間がかかるせいで、**「そんなの大変すぎる。ただドラマを観たいだけなのに」**と思えるようになるだろう。このようなデザイン変更によって、夜にアイスクリームを食べる習慣を減らすか、あるいはやめることができる。

❷かかる「資金」を上げる

能力の鎖の次の要素は資金だ。ここで問題となるのは、この習慣にかかるコストを上げるにはどうすべきかということだ。

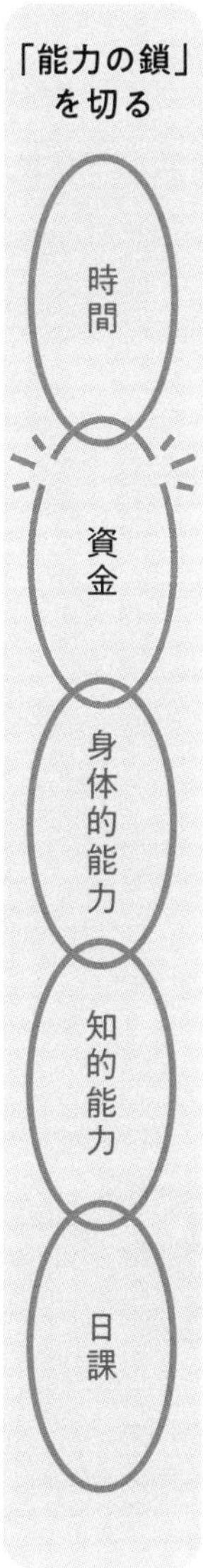

「能力の鎖」を切る

時間
資金
身体的能力
知的能力
日課

これは人生から習慣をなくすデザインとしてはやや無理がある。アイスクリームを食べるのに10ドルも払うようにすることは考えにくいからだ。

それでも、習慣のコストを上げる方法を考えてみて、うまくいかなかったら能力の鎖のほかの輪に移ることにしよう。

ただし、**他人の習慣を変えたい場合、資金という切り口は有効な選択肢になり得る。**

子どもたちにあまりゲームをさせたくなければ、1時間プレイするのに5ドル払わせる。あるいは、社員が飲む炭酸飲料の量を減らしたければ、自動販売機の価格を上げる。大学の職員に車で通勤するのをやめさせたければ、構内の駐車場の料金を上げるといいかもしれない。

タバコや酒に税金が課されていることを思えば、この手法がよく使われていることがわかる。**嗜好品は値上がりすると購入量が減り、社会全体としての消費量も減少する。**これは価格を上げると、一部の人々にとっては悪習を行う能力が低下するからである。

❸「身体的負担」を増やす

ある習慣を実行しにくくするには、必要な身体的負担の程度を変えるのも有効だ。

アイスクリームの例では、入手するための時間だけでなく、労力も増えていた。

「アイスクリームを冷凍庫に置かない」規則が私たちの家で大きな効果を発揮しているのは、このダブルパンチのおかげである。

「能力の鎖」を切る

私のカリフォルニアの自宅の仕事部屋には、デスク用の椅子を置いていない。一日中座ったままでいにくくするために、あえて取り除いたのだ。

もちろん、仕事中に座るのはかまわない。禁止したわけではない。だが、**座るには別の部屋に行って、椅子を運んでくる必要があり、負担が大きすぎる**。そんなわけで、ほとんどいつも立ったままでいるのだ。

私たちのマウイの家には、すぐに観られるテレビはない。テレビはあるが遠くに追いやってある。あえてそうしているのだ。テレビを観るには、倉庫から取り出し、リビングルームまで運び、プラグを差し込まなければならない。

これほど難しくしたら、目的もなくテレビをつけることはけっしてない。**私たちがテレビを観るのは、それだけの労力に値すると判断したときだけ**だ。

このアイデアをさらに徹底したければ、私が20代のときに実践した方法もお勧めだ。

私が修士号の取得に向けて勉強していたとき、妹のキムが越してきた。それまでテレビはなかったが、キムが持ってきた。

二人ともあまりテレビを観ないほうがいいと思っていたし、雑音の中で勉強することなど考えられなかったので、私はある計画を思いついた。

中古のエアロバイクを購入し、工学部の学生を雇い、**ペダルをこいでいるときしかテレビが映らないように工作してもらった**のだ。

この解決策にかかった費用は65ドル。その名も「自転車テレビ」だ。テレビを観たければ、誰かが自転車をこがなくてはならない。ペダルが止まればテレビが消える。

自転車テレビは期待をはるかに上回る効果をもたらした。私たちはテレビを観る時間を減らしただけでなく、シェイプアップもできたのだ。

能力の鎖の全要因の中で、**習慣をやめるのに利用する要因としては、身体的負担は私のお気に入りだ。**

やがて気分が変わり、アイスクリームやワイン、テレビが恋しくなっても、習慣はすでに実行しにくくなっていて、そこまでする価値はないと気づくはずだ。

④「精神的負担」を増やす

習慣によっては、必要な精神的負担を増やすことが最適な解決策になる。

これは私たちの怠けやすい性質を利用する作戦だ。怠けると言うと聞こえが悪いが、よく言えば人間はできるだけエネルギーを温存するように進化してきた生き物だ。

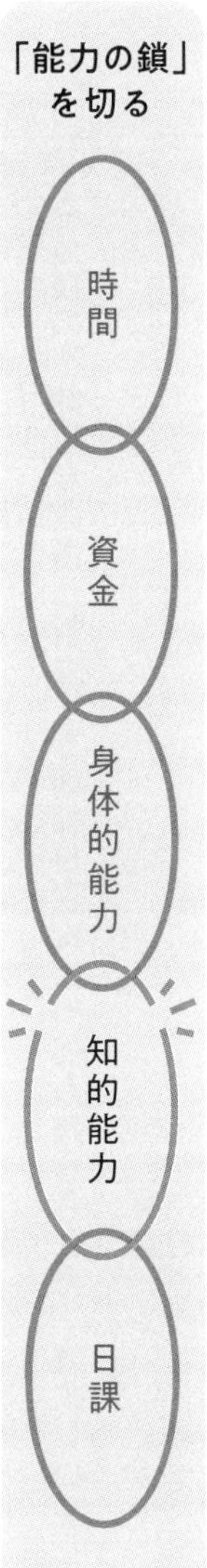

「能力の鎖」を切る

時間
資金
身体的能力
知的能力
日課

この性質をSNSにあてはめて考えてみよう。たとえば、パスワードを1Lik3be1ng0uT51deというような複雑なものに変え、しかも自動保存できないとしたら、フィードにアクセスしたり、何かを投稿したりしようとするたびに、**この途方もない文字の羅列を入力しなくてはならない。**

本来、習慣というのは考えずに行う行動であるため、ここまで神経を使う動作を強いれば、習慣をやめるか、習慣を行う回数を減らす効果が期待できる。

ダイエットプログラムなどで、カロリーを計算したり記録したりする必要があると食べる量が減るのは、**食べるたびに思考力を要するステップが増える**というのもひとつの理由になっている。

これはどんな場合も有効なのだろうか？　答えはノーだ。

それでも、ただ食べるのではなくカロリーを記録しなければならないとなると、精神的負担が高まるのは確かだ。だからこそ、この手法は状況次第で効果を発揮するのだ。

⑤「日課」と対立させる

習慣の鎖の最後の要素は日課だ。これは5つの輪の中でもっとも捉えにくく、もっとも利用しにくい要因の1つだ。

それでも、検討する価値はある。望ましくない習慣を、大切な日課と対立させる方法を探してみよう。あなたがやめたいと思っている習慣より重視している日課はあるだろうか。

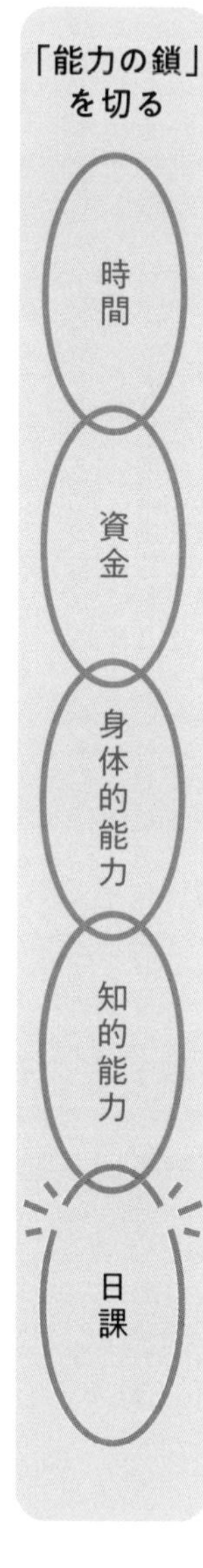

私にとって、夜明けにサーフィンをすることは大切な習慣であり、いまではアイデンティティの一部になっている。**サーフィンが日課になったことで、それまで夜間にしていた習慣のいくつかは続けるのが難しくなった。**早朝からすっきり目覚め、波と向き合うための準備をしなければならないからだ。

夕食は早めにすませるようになった。スクリーンのブルーライトを避け、寝る時間も早くなった。いずれも**夜の不健康な習慣と対立する朝の日課によってもたらされた、望ましい変化**である。

きっかけと能力を調整しても十分ではないときはどうすればいいか。まだ方法はある。マスタープランの次の選択肢は、モチベーションの調整だ。

悪習の「モチベーション」を下げる

多くの人はある習慣をやめようとするとき、まずはモチベーションをどうにかしようとする。これはたいてい最適解ではない。

なぜか？ **「下りの習慣」では、モチベーションの程度を調整するのは難しい**からだ。「急降下の習慣」ではほぼ不可能である（「下りの習慣」とは、二度寝など維持するのは簡単だが直すのは難しい習慣。「急降下の習慣」は、依存症などやめるのがきわめて難しい習慣）。

したがって、「きっかけ」または「能力」の切り口から問題を解決できるなら、モチベーションには触れないほうがいい。

モチベーションの調整を試みるのは、これまでのステップで悪習を解消できなかった場合に限る。

禁煙について考えてみよう。タバコを吸いたくてたまらない気持ちを抑えられるなら、完全に禁煙できる可能性がある。

「モチベーション」を調整する

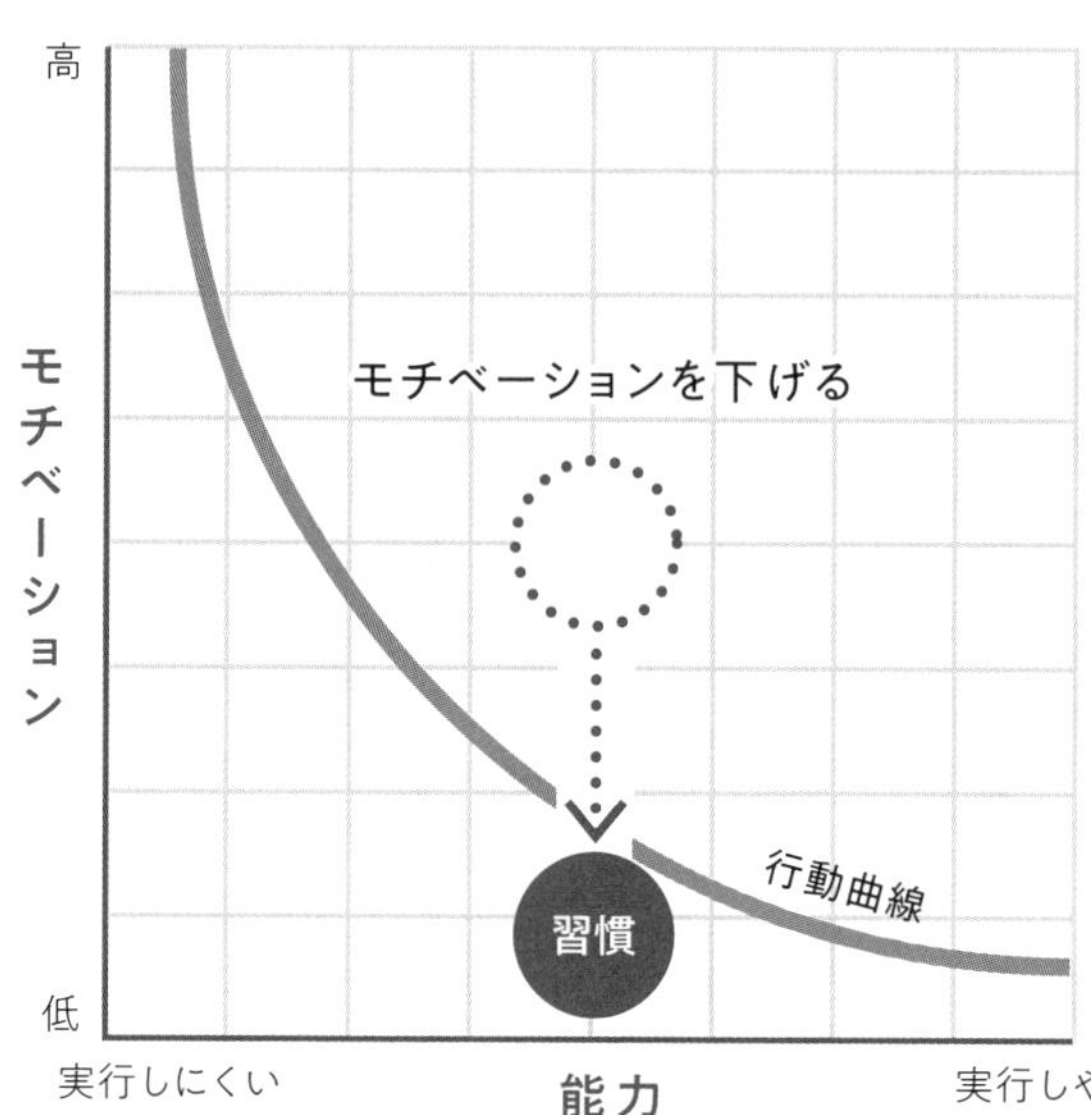

たとえば、ニコチンパッチを貼るとか、友だちみんなに同時に禁煙しようと呼びかけるとか、あるいは催眠術でうまくいくこともあるかもしれない。

こうしたことは最大限努力する価値があり、ときにはうまくいくだろう。

別の例を考えてみよう。仕事のストレスから、毎晩アルコールを飲みすぎているとする。この場合、飲酒への強いモチベーションを抑えるために、日中の出来事を調整する余地がある。

仕事のあと、**帰宅前に瞑想をすれば、感情のバランスを取り戻せるかもしれない。**

あるいは、家に着いてから心が落ち着く音楽を聴いてストレスを減らせば、ワインをたっぷり飲みたいと思わなくなるかもしれない。

ある行動によって、習慣に対するモチベー

ションを下げる例をいくつか紹介しよう。

- 朝、二度寝したくなる気持ちを抑えるために、**夜、早めにベッドに入る。**
- タバコを吸いたい気分を抑えるために、**ニコチンパッチを貼る。**
- パーティで不健康なものを食べたい衝動を抑えるために、**パーティに行く前に健康的なものを食べる。**
- 鎮痛剤を飲みたくなる気持ちを抑えるために、**週に一度、鍼(はり)治療を受ける。**

私のもとで学んだトリスタン・ハリスは、際限のないテクノロジーの利用に警鐘を鳴らし、スマホを見るモチベーションを下げるための興味深い方法をひとつ、提唱している。

それは、**スマホの画面を白黒にする**ことだ。

彼の仮説では、スクリーンから鮮やかな色を排除すると、ネットの情報やSNSの投稿は格段に退屈なものになり、脳にとってはモチベーションが下がるというのだ。

目標を「縮小」する

これまでの手法によって具体的習慣をやめられなくても、あきらめてはいけない。選択肢はまだある。マスタープランの次のステップでは目標を縮小する。方法は以下のとおりだ。

- 習慣をやめる**期間を短くする**（無期限ではなく、3日間禁煙する）。
- 望ましくない習慣を行う**時間を短くする**（テレビの時間を4時間から30分にする）。
- 望ましくない習慣を行う**回数を減らす**（SNSのチェックを1日10回から1回に減らす）。
- 望ましくない習慣の**勢いを抑える**（お酒を一気に飲み干さず、ペースを保つ）。

縮小が効果的なのはなぜか？

習慣をやめるには葛藤がつきまとうものだ。やめたい気持ちとやめたくない気持ちがせめぎ合う。しかし**縮小の戦略を使えば、習慣を維持したいという自分の内面にある願望を脅かさずにすむ**のだ。

たとえば、フェイスブックの利用をやめたいと思いつつも、友だちとつながる機会を逃したらと不安に思うこともあるだろう。

そんなときは、フェイスブックの利用を「3日間だけ」やめることにしてみよう。永遠にやめようとするより、期間限定で控えるほうが簡単に思えるし、それができれば、**成功した感覚が得られ、より大きな変化を受け入れやすくなる**。

フェイスブックをチェックしない3日間に、やめるのは思っていたほど難しくはなく、変化が心地よく感じられると気づくかもしれない。あるいは、フェイスブックをやめても人生にあまり大きな変化はないと気づくかもしれない。

これまでの方法で効果がなければ、マスタープランの次のフェーズに移ろう。従来の習慣を新たな習慣に置き換える方法だ。

習慣を「置き換える」ことに集中する
――行動変化マスタープラン：フェーズ3

悪習をいい習慣に置き換えるのはありふれた手法であり、多くの専門家たちはここから始めることを推奨する。

だが、**習慣をやめる唯一の方法は別の習慣に置き換えることだという見解はかならずしも正しくない**。

多くの習慣は、これまでに見てきたステップをうまく利用すればやめることができる。

もっとも、置き換えが最適な手法となる場合があるのも確かだ。

これまでのマスタープランのフェーズで効果を得られていないなら、次に置き換えを試してみよう。

あなたはここに至るまでに正しいプロセスを踏んでいる。その意味では、あなたが費やす時間と労力が報われる可能性は十分に高い。

置き換えるには「具体的」であること

フェーズ2と同じく、やめたい習慣とそれに代わる新しい習慣は具体化する必要があり、新しい習慣を賢く選ぶことが重要だ。そうでなければ置き換えはうまくいかない。**「自分にとっていいと思うから」というだけの理由で新しい習慣を選ぶと、おそらく失敗する**だろう。

仕事中にニュース記事を読む習慣をやめたいとしたら、その時間を書類の整理にあてるという案はあるが、おそらくうまくいかない。

なぜか？

書類の整理という新しい習慣は、記事を読むことに比べてモチベーションを喚起せず、身体的にも精神的にも実行しにくいからだ。

モチベーションも能力も低ければ、置き換えが失敗するのは最初から決まっている。

習慣を置き換えるなら、**従来の習慣より実行しやすく、より強いモチベーションを感じられる新しい習慣**を見つけることに照準を定めなければならない。

このパートでは、第2章で説明した手法を使って自分に合った習慣を探す。つまり、行動の群れを作成し、結果をフォーカス・マップにあてはめ、「黄金の行動」を特定するのだ。

仮に私がニュース記事を読む習慣を置き換えようとしてこれらのステップを踏み、成功するとしたらどんな流れになるだろう？

私なら、血圧が上がりそうな記事を読む代わりに、サーフィンのビデオを見る。サーフィンが大好きでもっとうまくなりたいから、ぜひ見たいと思うにちがいない。また、**ビデオを見るほうが記事を読むより簡単だ。**

というわけで、置き換える習慣はこれで決まりだ。大成功！

第2章で述べた、黄金の行動を特定する3つの基準を簡単に振り返ってみよう。

1. 願望の実現に**「効果的」**な行動である
2. **「自分が望む」**行動である
3. **「実行可能」**な行動である

黄金の行動を特定したら、次はきっかけだ。

「きっかけ」をつなぎかえる

「きっかけをつなぎかえる」というのは、あるきっかけが生じたとき、従来の習慣に代えて新しい習慣を行うということだ。

たとえば、「ティーンエイジャーの娘にがみがみ言う」のをやめたいと思っているとしよう。これは従来の習慣だ。

習慣のきっかけは、娘が不注意なことをするたびに感じる苛立ちだ。今度苛立ちを感じたら、がみがみ言うのをやめ、新しい習慣として、「心をこめて前向きな言葉をかける」ことにする。

次の日の夜、娘が冷蔵庫からヨーグルトを取り出して、ドアを閉め忘れる。いつものように苛立ちがこみあげるのを感じるが、**今日からこれは新しい習慣のきっかけだ。**

「ドアを閉めなさいって、100万回言ってるでしょ!」と言うところを、「健康的なおやつを食べるのはいいことね」と言う。

この新しい習慣を行ったら、かならず祝福してシャインを感じること。これはまだ身についていない習慣なので、定着させなくてはならないからだ。娘が健康的なおやつを選んだことをほめたら、自分は娘にとっていいことをしたのだと感じる必要がある。**娘の味方になり、自分**

が理想とするタイプの親になれたことを祝う。

そしてもし、娘がびっくりした顔でこちらを見てにっこりして、それから冷蔵庫のドアを閉めたなら――**これもひとつの勝利だ**（もはやそれは大きな問題ではないが！）。
※定着のコツ：「新しい習慣」を実行するのを忘れるようなら、きっかけと新しい習慣を結びつけるため、置き換えを何度もリハーサルして祝福すること。

従来からのきっかけと新しい習慣がうまくつながらない場合、その新しい行動は結局のところ、それほど「黄金」ではなかったのかもしれない。

それでも問題ない。最初からいつもうまくいくわけではない。もしかすると、**置き換えようとしているのは、まれに見る「急降下の習慣」なのかもしれない。**

そのため、実行しにくくすることも、モチベーションを下げることも難しいのかもしれない。

そんなときは引き返して、新しい習慣を選び直して置き換えること。

それでもうまくいかないときは、次のステップに移ろう。

「能力」と「モチベーション」を調整する

きっかけをつなぎかえても従来の習慣をやめられないときは、次の段階だ。

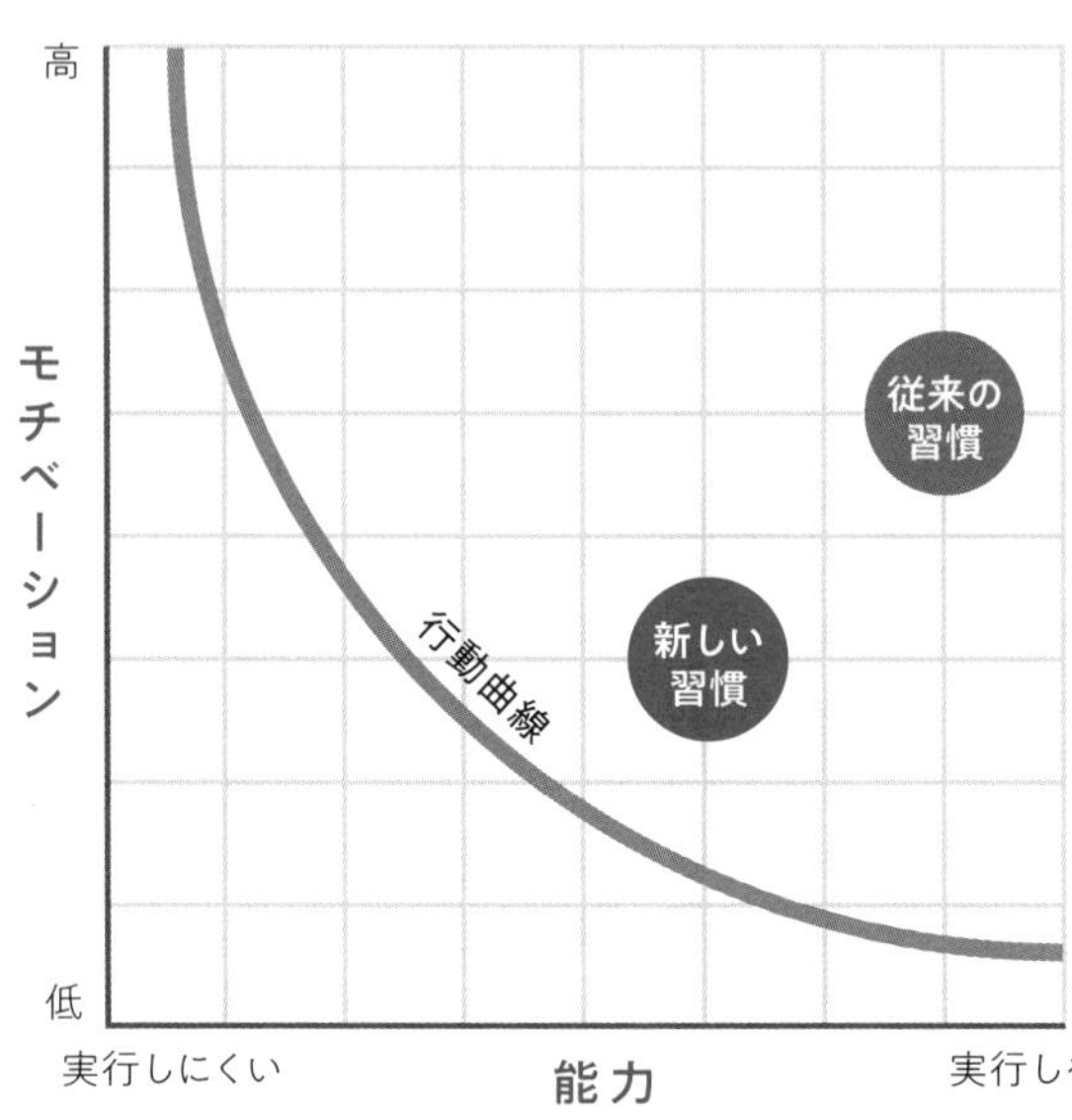

従来の習慣は、**新しい習慣より「モチベーションが高い」か「実行するのが簡単」か、あるいはその両方**だと推測できる。

実際の状況を知るには、従来の習慣と新しい習慣を行動モデルで確認するとよい。従来の習慣が行動曲線よりかなり上にあれば、それは相当に抵抗が難しいことを意味し、置き換えはできないだろう。

その状態を変えるには、次ページの図にあるように**「4つの選択肢」**がある。

従来の習慣を新しい習慣に置き換えるには、1から4のどれか1つに力を注いでもよいが、4つの調整をすべて行えば、さらにうまくいくだろう。

理想的なシナリオは420ページのグラフのようになる。

ただし、つねになんでも調整できるわけで

習慣を置き換えるための「4つの選択肢」

	新しい習慣	従来の習慣
能力	1 能力を高める 新しい習慣を実行しやすくする	2 能力を下げる 従来の習慣を実行しにくくする
モチベーション	3 モチベーションを高める 新しい習慣に対するモチベーションを高める	4 モチベーションを下げる 従来の習慣に対するモチベーションを下げる

はない。従来の習慣のモチベーションを低下させるのは難しいこともある。

それでも大丈夫だ。従来の習慣を実行しにくくして、新しい習慣を実行しやすくし、さらにモチベーションを高めれば、置き換えは可能になる。

ここまできて何の効果もなかったら……

あきらめてはいけない。選択肢はまだある。これまで行ってきたのは、自分に合った方法を探す作業だ。

これは新しい靴を買うのと似ている。最初に試した靴は、棚に飾ってあるときはよく見えたが、履いてみると自分の足には合わなかった。そんなときは無理に合わせる必要はないし、その靴をあきらめる自分を責め

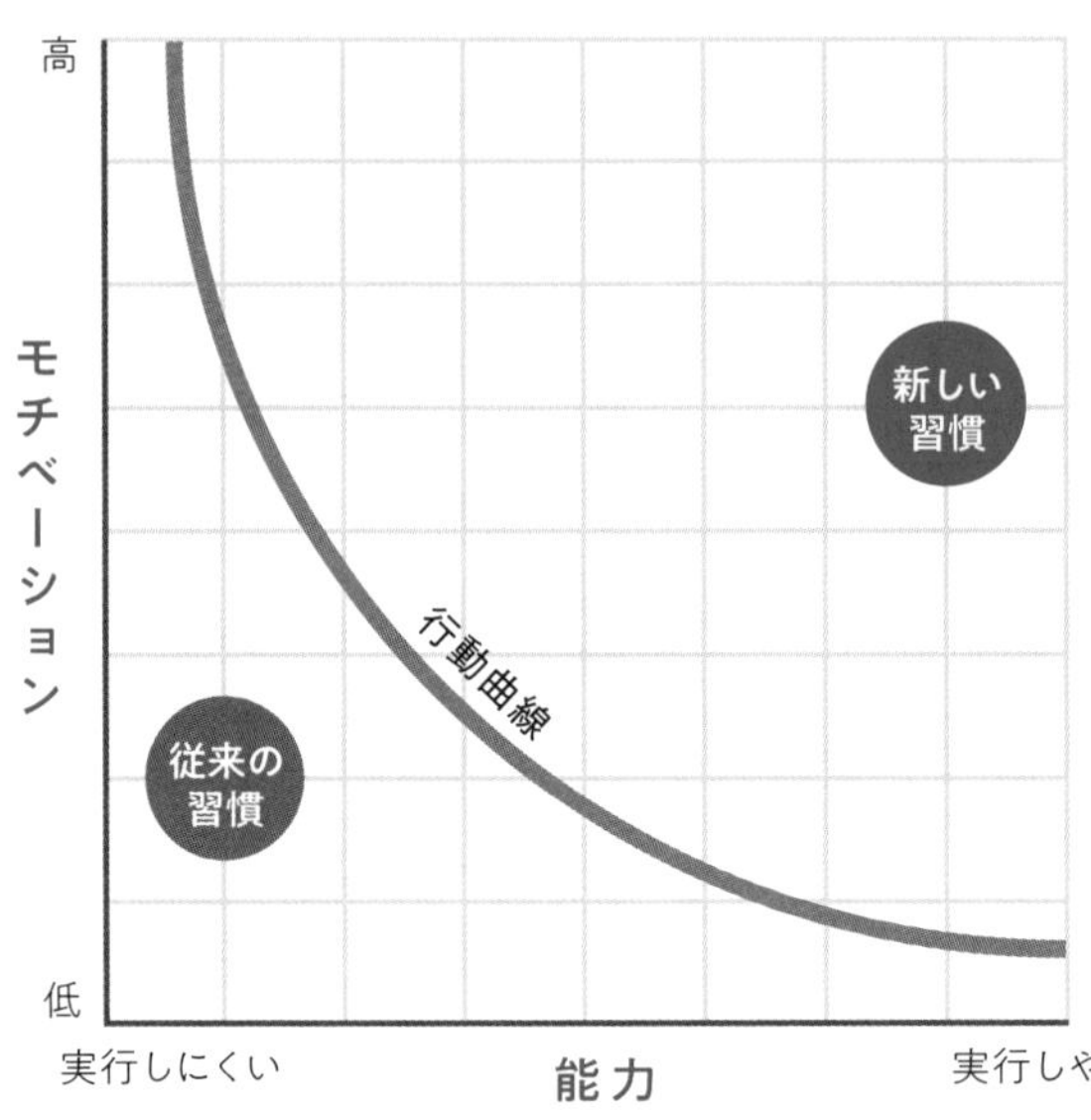

る必要もない。**ほかの靴を試せばいいだけのことだ。**

いくつか選択肢を紹介するので試してみよう。

- **選択肢1**：置き換えるのによりよい習慣を新たに見つけ、改めてステップを踏む。
- **選択肢2**：制限を設けて置き換えを試してみる。たとえば3日だけ様子を見て、それから次にどうすべきか決める。
- **選択肢3**：マスタープランの「フェーズ1」（386ページ）に戻り、ほかの新しい習慣に取り組んでスキルと自信を身につけ、アイデンティティを変化させる。その後また、懸案となっている根深い悪習に取り組む。

「後押し人」に気をつける
──見過ごしがちな「意外な落とし穴」

たった1つのテクニックで、あらゆる習慣と決別することはできない。だが、いまやあなたは正しい手順を知っているし、行動変化マスタープランも利用できる。

そして、**練習を重ねるほどに核心的な問題を的確に捉え、問題を解決するのがうまくなっていくはずだ。**

あなたにはいつも遅刻する悪習があるかもしれない。あるいは、物事を先延ばしにする悪習があるかもしれない。これらは行動を「行わないこと」で生じる悪習であるため、特殊なケースだ。

怠慢や回避といった習慣に対処するには、「行動をやめる」のではなく、「行動を起こす」方向に向かわなければならない。このタイプの悪習については、**習慣の獲得に長けた人ならフェーズ1を反復すれば解決できる。**

この手順はスキルである。いったん自分にとって効果的なやり方を見つけたなら、それ以降の課題は取り組みやすくなるだろう。だから自信を持って前進しよう。

1つ具体的な習慣をやめられたら、**そのつど「行動の群れ」の図（391ページ参照）に戻り、また新たにやめるべき具体的習慣を1つ選ぶ**。望ましくない漠然とした習慣は、そうすることで力強く確実に、予測可能なかたちで解消していける。

私の場合、**望ましくない習慣は物理的に実行しにくくするのが効果的なことが多い**。

あなたもやがて自分の特徴を見つけられるはずだ。また、悪習が実行しやすくなる状況を把握し、避けることも容易になっていく。

「邪魔をしてくる存在」を見つける

さらに、生活環境の中には**あなたの悪習を実行しやすくしてしまう人**がいることも見えてくる。行動変化の枠組みにおいては、そういう他人は「後押し人（イネイブラー）」と呼ばれる。**彼らを甘く見てはいけない！**　私はある女性のことをけっして忘れない。

仮にマーサと呼ぶその女性と出会ったのは、数年前にウェイト・ウォッチャーズに取り組んだときのことだった（私は製品開発チームのトレーニングを引き受けていて、少し減量したかったこともあってプログラムに参加した）。

マーサはウェイト・ウォッチャーズを何年も続けていたが、効果は安定しなかった。体重は減ったり増えたりしながら、差し引きして何の成果も得られていないようだった。

ある日のグループミーティングで、**他人がもたらす食べ物の誘惑**について話題が持ち上がった。参加者のほぼ全員が、休憩室でのバースデーケーキや、いつもクッキーを半分食べるように勧めてくる同僚に悩まされており、マーサもその週にあった出来事について語った。

フットボールのシーズン中は毎週日曜日に家族で集まり、試合をテレビで観戦する。義理の姉はチーズディップをつくり、マーサの夫はピザを頼むのが恒例だった。マーサにとっては大きなハードルだった。

ある日曜日には、**誘惑に負けないように事前に健康的な食事をたっぷり取っておいた**。息子と満ち足りた気分でソファに座り、お気に入りのチームを応援した。

ハーフタイムにピザが届くと、夫は大きなひと切れを手に取った。そして彼女の目の前を通りすぎながら、鼻先にピザを突きつけて**「ほうら、マーサ、いい匂いだろう?」**と言った。誰もが笑った——マーサ以外は。

いつもなら夫の冗談は楽しめたが、このときは頭にきた。彼が自分の食べているものを勧めてからかうのはいつものことだった。マーサは誘惑に負けることもあれば、耐えられることもあった。だが、ピザの一件は特別だ。家族みんなの前で恥をかかされたのだから。それから数日、夫はソファで眠るはめになったという。

だが肝心なのは、**夫に悪習をうながされ、ウェイト・ウォッチャーズでの成果が台無しにな**

っていると気づいたことだった。

自分のまわりの世界はかならずしもすべてデザイン変更できるとは限らない。映画館に炭酸飲料の販売をやめさせることも、バーにハッピーアワーをやめさせることもできない。おそらく、夫や同僚が甘いお菓子を勧めないようにデザイン変更することもできない（いや、できる可能性はある。だが、これは次の章の話だ）。

それでも行動デザインには、あらゆる結び目をゆるめる方法がいくつもある。**悪習にもいろいろあるが、解消する手法は同じだ。**あなたが置かれている状況に合わせてカスタマイズできる具体的なステップとテクニックの組み合わせである。

臆測は不要だ——ほんの少しの好奇心と、たくさんのシャインがあればいい。

習慣の変化は「他人のため」になる

——あなたの変化はまわりの人生も変える

前章では、自分が身につけた前向きな習慣が自然に成長して好影響を生んでいく喜びについて書いた。同じように、**自分の人生から追放した悪習が堆肥の山に積み上がっていく**のを見るのもうれしいものだ。

また、それだけでも素晴らしいが、**そうしてできたスペースには、さらに感嘆すべきものが現れる。**望ましくない習慣を取り除いたとき、そのスペースには、情熱を傾けるプロジェクトや、仕事の生産性の向上、かつてない深い絆、新たなアイデンティティといったものが生まれてくるかもしれない。

その中には、あなたが自ら選択するものもあれば、まわりからもたらされるものもあるだろう。

美しい例を紹介しよう。

ジュニが砂糖中毒の習慣を解消してから1か月ほど過ぎたある日の午後、窓の外から何やら聞こえてくるのに気づいた。近づいてみると、11歳の息子のエリヤが陽だまりに腰を下ろして、**自分でつくったイルカの歌を歌っていた。**

自閉症で物静かなエリヤは、それまで一度も歌を歌ったことがなかった。少なくとも、ジュニは聞いたことがなかった。エリヤはドアのところまで来た母を見上げて、ほほ笑んだ。

ジュニは涙を抑えなければならなかった。そして、これが**6か月前なら自分は砂糖をたっぷり取ってソファで眠り込んでいただろう**と思った。息子の美しい声を聞き逃していたにちがいない。

この日の彼女は息子の隣に座り、もっと歌うように励まし、いろいろと質問し、自分も昔はよく歌を歌っていたと話すことができた。

ジュニが息子の変化にどれほど驚いたかを夫に話すと、彼は**ここ数か月で家族みんなが変わったのだと**思い出させてくれた。

息子が歌いはじめたのも、夫が子どものころからの炭酸飲料を飲む習慣をやめたのも偶然ではなかった。**家族はジュニが大きく変わり、幸せになった様子を見て、自分たちも変わりたいと思うようになった**のだ。

息子は環境と配慮のおかげで、母親が大好きになった。砂糖なしの食事をするだけで祝福していたジュニは、テキサス州オースティンで人生で二度目のマラソンを完走した。職場の同僚から家族や友だちまで、**彼女の人生に関わる誰もが、彼女の起こした変化から、多かれ少なかれ影響を受けていた。**

これはジュニの大きな努力が生んだ副次的な成果だ。彼女が想像もしなかったことである。

行動デザインは孤独な探求ではない。私たちがデザインする一つひとつの行動、そしてそれぞれの変化は、池にさざ波を広げるしずくとなる。

私たちは自分の行動をとおして、家族やコミュニティ、社会をかたちづくっている。そしてそれらもまた私たちをかたちづくっている。

私たちが身につけ、持続させる習慣には大きな意味がある。

本書では主に、**個人にとっての習慣の重要性にスポットを当ててきたが、それは全体像の一部にすぎない**。体重を5キロ減らすとか、食事中はスマホを遠ざけるといったことにはもっと大きな意味があるのだ。

行動デザインが目指すのは、変化を起こし、望ましい自分の姿に向かって前進することだ。その意味では、行動デザインは個人のためのものである。だが同時に、それは**私たちが愛する人々と、私たちが創造したいと願う世界のためのもの**でもある。

そんな理由から、次の章は本書の中でもいちばん大切な章になる。

「一緒に変わる」とはどういうことなのか、考えていこう。

「悪習をやめる」ための小さなエクササイズ

どの順序でもよいので、次のエクササイズに取り組んでみよう。

エクササイズ① 「行動の群れ」をつくる練習

自分にはない悪習を1つ選択する。なぜか？　プレッシャーがないほうがより多くを学べる可能性があるからだ。

ステップ1：ある悪習に悩む誰かになったつもりになる。
ステップ2：「行動の群れ」の図を描く（393ページ参照）。
ステップ3：雲の中にその人物の漠然とした悪習を書く。
ステップ4：雲のまわりに具体的習慣を少なくとも10項目書く。

ステップ5：行動の群れを眺め、やめるのがいちばん簡単そうな具体的行動を2つか3つ選ぶ。

【ポイント】架空の行動の群れをつくることでスキルを磨く。これによって、この手法を自分の実際の課題に使うとき、自信が高まり、恐怖が薄れ、効率が上がるだろう。

エクササイズ ② 一日だけ「きっかけ」を取り除く

ステップ1：ふだんよく利用しているソーシャルメディアかスポーツアプリを1つ選ぶ。

ステップ2：設定画面で通知機能をオフにする。

ステップ3：24時間でどんなことが起きるか（起きないか）、観察する。

【ポイント】通知がなくて快適だと感じたら、オフのままにしておく。支障があるならもとに戻す。いずれにしても、学ぶことはある。

エクササイズ ③ 習慣を「置き換える」練習

ステップ1：仮のゴミ箱にできる容器を用意する。

ステップ2：いつも使うゴミ箱とはちがう場所に、その新しいゴミ箱を置く。

ステップ3：いつものゴミ箱ではなく、新しいゴミ箱を使うように自分に言い聞かせる。

ステップ4：ゴミを捨てるとき、いつものゴミ箱ではなく、新しいゴミ箱を使う。最初はたぶん、新しいゴミ箱には完全に切り替えられないだろう。変化をより早くするため、ステップ5に進もう。

ステップ5：新しいゴミ箱を使うリハーサルを7～10回繰り返し、そのたびに祝福する。シャインを感じること。

ステップ6：生活しながら、新しい習慣が軌道に乗っているか観察する。習慣がどう変化していくかに注目すること（習慣を置き換えるとはどういうものかを感じること）が、このエクササイズのポイントである。

【ポイント】新しいゴミ箱を使うのを忘れるようなら、またリハーサルを繰り返して祝福すること（習慣を置き換える練習を何日かしたら、あなたが望むなら従来のゴミ箱に戻してかまわない）。

CHAPTER

一緒に変わる

みんなで
人生を変える

マイクとカーラは追い詰められていた。

21歳になる息子のクリスは両親と同居し、大人に求められるほんの些細な責任さえ果たせずにいた。18歳で大学に行かなくなってしまった息子だが、そのうち学業に戻るか、仕事につくものと思っていた。**ところがそうはならなかった。**経済的にも精神的にも支援しているのに、前向きな一歩を踏み出す様子は見られなかった。

アルバイトはしていたが、身のまわりの片づけや、請求書の支払い、弟と仲よくするといった基本的なことさえできず、家の中には息の詰まるような緊張感が漂っていた。

クリスが家にいる期間が長引くにつれ、父親であるマイクとクリスの関係は悪化していった。クリスがよそよそしい態度でマイクと距離を保っているあいだはまだよかったが、**やがて怒りにまかせて暴言を吐くようになった。**

クリスに掃除や自分が使った食器の後片づけをさせようとすると、1週間は文句や不機嫌な態度が収まらない。部屋を片づけるようにさりげなく言っても、何日も無視される。仕方なく少しきつい口調で言うと、ふてくされたように「はい、はい、わかった」という返事をして、結局は片づけなかった。

マイクとクリスは数日間、ときには数週間もほとんど口を利かないことがあった。言葉を交わすにしても敵意と失望がうず巻いていた。マイクはだんだん、自宅で仕事をしたくないと思うようになった。また、次男に部屋を片づけなさいと言っても、「なんでさ？　クリスは片づけないだろ」と口答えする始末だった。

クリスは幼いころから勉強がよくできた。一方で、**他人と交流し、仕事に励み、約束を守り、責任を持つといったことが苦手**だった。

幼いころから、クリスの知的能力は感情的能力を上回っていた。家族セラピーを受けるようになって何年も経ってから、マイクは息子が物事を深く感じ、それに対応する適切な手段を持っていないことに気づいた。息子の冷たさとよそよそしさは防衛本能の表れだった。

マイクは息子ともっと打ち解けたかったし、父親として、**感情をうまく制御できるように導いてやれなかった**と感じていた。

マイクは知恵をふりしぼったが、解決策が見当たらずどうにかなりそうだった。

本来マイクはとても有能な人物だ。家庭では大きな悩みを抱えていても、仕事では成功していた。優れた戦略家として、自ら立ち上げた小さな栄養食品会社を、業界を代表する企業にまで成長させてきた。

革新的な方法で大きな課題を解決することを追求し、つねに向上しようと努力してきた彼は、最後の望みをかけて私の行動デザイン・ブートキャンプにたどりついた。

マイクは飲み込みがとても早いタイプだ。システム思考に基づいて、課題を解決するために新しい知識を取り入れるのが得意だった。行動デザインについても細部まで貪欲（どんよく）に理解しようとした。

マイクにとって、行動モデルは理にかなっていた。クリスの行動の多くが突如として説明できるようになり、それまでの自分の介入に効果がなかった理由も明らかになった。

マイクは、焦点を「モチベーション」から「能力」に移すべきだと気づいたのだ。**若者のモチベーションはとりわけ当てにならない**。

また息子には、それまでのように抽象的な表現で話をするより、絶対に忘れようがない、即効性のあるきっかけを与えるほうがはるかに有効だと理解した。

「簡単」で「具体的なこと」から始める
——小さな勝利を積み重ねる

マイクは学んだことを試そうと決意し、小さく始めることの重要性を意識して、まずはコーヒーメーカーの問題から着手することにした。

これは**些細なことのようでいて、日々の苛立ちの原因になっていた**。

マイクは自分のために高級なコーヒーメーカーを購入していた。徹底的に調べて厳選した自慢の品だったので、いつもきれいに保ち、すぐに使えるようにしておきたかった。使用後はかならず、金属フィルターが目詰まりしないように水洗いする必要がある。

ところがクリスはこれを絶対にしない。いまでは笑い話だが、当時のマイクにとっては腹が立って仕方のない問題だった。

午前中にマイクがコーヒーを飲もうとキッチンに下りてくると、クリスが放置したコーヒーかすを目にすることになる。そこで成人した息子に代わって片づけをし、仕事部屋に戻る途中でクリスの部屋の前で、「何度言ったらフィルターを洗うようになるんだ?」とか、「父さんのマシンをきちんと取り扱えないなら、使わないでくれ」というような文句を不機嫌にぶつけた。

クリスは軽蔑したような顔をするか、皮肉を言うかのどちらかで、このやりとりのせいで朝から憂鬱になり、二人とも不満と怒りの悪循環へと追い込まれるのだった。

小さくても、勝利は勝利

だが、マイクは行動デザインの重要なツールを身につけたおかげで、この状況を打ち破ることができた。**彼の願望ははっきりしていた**――彼の大切なマシンに対してクリスが敬意を払うこと。この場合、具体的な行動は「コーヒーメーカーの手入れをすること」だ。

そこでマイクは、「突破口をつくる質問」（166ページ参照）を自分に投げかけた。

「この習慣をもっと簡単にするにはどうすればいい？」

マイクがクリスにやってほしい行動は、3つのステップからなる動作だった。フィルターを取り出し、水洗いし、もとに戻す。

クリスにこのすべてを同時に伝えてもこれまで効果がなかったので、最初のステップだけを伝えることにした。

「なあ、クリス、今度からコーヒーメーカーを使ったら、フィルターを外してカウンターに置いておいてくれないか？」

クリスはけげんそうな顔をして「わかった」と答えた。

翌朝、コーヒーを飲みにやってきたマイクは、にやりと笑った。フィルターがカウンターの上にあるじゃないか。横に傾いてコーヒーのかすが少しこぼれているが、**それでもフィルターはカウンターにある。**

マイクは誇らしい気分になった。

コーヒーカップを手に2階に戻りながら、彼は**「相手に達成感を実感させる」**という私の格言（269ページ参照）を思い出した。

「クリス、フィルターをカウンターに置いてくれてありがとう。父さんにはすごく大切なことなんだ」

クリスはちょっと驚いたような表情で、「たいしたことじゃないよ」と言った。**フィルターは次の日もカウンターに置かれていた。**マイクはひどく驚いた。念を押す必要さえなかった。クリスがこのささやかな課題を欠かさずこなすのを見て、マイクは自分のやり方がうまくいっている、まぐれではなかった、と手ごたえを感じた。

愛する相手を幸せにする

2週間ほどして、マイクがクリスにフィルターをカウンターに置く前に水洗いしてくれないかと頼むと、クリスはそうすると応じた。フィルターを取り出すのはやってみるととても簡単だったし、どういうわけか父親の機嫌が妙によくなるからだ。

それから1週間後、カウンターにフィルターが見当たらなかった。マイクはがっかりした。クリスが最後までやらないのはいつものことだった。だが、息子はこの習慣を身につけている途中なのだと自分に言い聞かせ、クリスを責めないことにした。

ところがフィルターを取り出してみると、きれいになっていた。クリスはフィルターを取り外して、水洗いし、もとに戻していた。

マイクは小声で「やったぞ」と言った。

まるで予期せぬ昇進を告げられたような、素晴らしい誕生日プレゼントをもらったような気分だった。成人した息子が小さな課題を達成したくらいで大げさだと思うかもしれないが、マイクがのちに私に語ったように、それはたんなるコーヒーフィルターの問題ではなかった。**それは希望にほかならなかった**のだ。

マイクがクリスとの関係に希望を感じたのは、数年ぶりのことだった。二人の朝の雰囲気はすっかり変わった。マイクは仕事を始める前に息子ととげとげしい言葉を交わすのではなく、誇らしさを感じられるようになった。息子を責めたり口論をしたりせず、ほめ言葉をかけられるようになった。

彼はようやくいい父親になれた気がした。愛する相手が幸せになり、他人とうまく暮らす術を学べるように、力になれている気がしたのだ。

だらしないのではなく、多くのことに「圧倒」されていた

コーヒーフィルターから始まった変化は、争いの種になっていたあらゆる行動に波及した。マイクと妻のカーラは、クリスの怒りや不満は途方に暮れている状態の表れなのだと理解した。部屋の掃除や請求書の支払いといった大きなことをするように諭しても、クリスは**何から始めていいのかわからず、恥ずかしさと怒りと無力さを感じていた**のだ。

だが、具体的なことを小さい行動に分解し、「タオルは洗濯かごに入れてくれる？」とか

「使ったお皿はシンクに置いてくれない？」といった問いかけをすることで、**クリスはより大きな課題に向けて足場を築くことができた。**

マイクとカーラは息子にずっと寄り添い、勝利を優しく祝福した。これはクリスを心地よくしただけでなく、マイクたちも心地よくなった。

子どもを責めたり、失望したりすることを望む親はいない。誰だって本当は祝福したいのだ。習慣を小さくして、相手に達成感を持ってもらえれば、それは驚くほど簡単なことになる。

私は最近、マイクと彼の事業のことで話をしたが、彼は家庭内の変化について意気揚々と語った。

クリスはまだ一緒に暮らしているが、アルバイトを2つこなしてアパートを借りるための資金を貯めている。**親子関係はクリスの幼児期以来もっともよくなった。**張り詰めた風船は空気が抜けて、家族みんなが結びつきが強くなったと感じている。

クリスは自分から食事に加わり、以前より笑顔が多くなって打ち解けている。弟はもはやクリスを口実にして片づけをサボれなくなり、口うるさく言う必要がなくなった。

クリスは以前より理解されていると感じ、両親は人生を歩んでいく息子の力になれていると感じている。マイクはときどき家族の様子を見て、**団欒（だんらん）が実現したことが信じられないような思いでいる**という。

そしてさらに、マイクはここ何年ものあいだで初めて、クリスから誕生日プレゼントをもらった（2日ほど遅かったが、そんなことはどうでもいい）。包みを開けると3枚のレコードがあり、彼のソウルミュージックのコレクションにスティーヴィー・ワンダーとレイ・チャールズ、ジェームス・ブラウンが加わった。マイクは息子をしっかり抱きしめ、涙をこらえながら「ありがとう」と言った。

クリスはほほ笑んだ。「たいしたことじゃないよ、パパ」

「みんなの変化」をデザインする
——人はかならずまわりの影響を受ける

社会的な力学が人々の行動に強く作用するのは誰もが知るところだ。社会的な影響は至るところにある。フットボールの試合を観戦するときはどう振る舞うべきか。政治についてはどんなふうに語るか。オンライン上で、または直接会った相手とどう接するか。

人間はつねに共同体の中で生きてきたため、社会的影響は太古の昔からある。だがソーシャルメディアによってそうした影響は増幅し、私たちの日常はますます互いに関連し合っている。

だからこそ、社会的な力が個人や集団の行動をどう形成するのか、ひいては地球上のあらゆる生命にいかなる影響を与えるのかに思いを馳せることが、かつてないほど重要になっている。

あなたはこれまで本書で学んできたことにより、**危うい影響から自分を守り、新たな習慣をデザインする力を手に入れた。**その習慣は、まわりの人にも調和のとれた、健康的で有意義な人生をもたらすものである。

あなたはすでに、望ましくない習慣を形成する要素について理解している。そうした要素には、「まわりからの影響」も含まれている。

もしかすると、あなたの家族は一緒に食事をしていても、全員がスマホに視線を落としているかもしれない。職場では競争が激しいため、誰も休暇を取らないかもしれない。参加している読書会は、ワインクラブのようになっているかもしれない。

どんなグループでも、そこに根づいた習慣や規範は個人の習慣よりさらに根が深いことが多い。だが、**私たちはともに変わることもできる。**

グループを変える人が「一人」いればいい

あなたは行動の仕組みを知っているので、自分が望む習慣や、望まない習慣を支えているものに注意を払うことができるだろう。

あなたには、自分のいるグループの行動に対応する方法として、主に3つの選択肢がある。

1. グループの悪い影響から距離を置くため、**自分自身の行動を変える**デザインをする。
2. 他者と協力して**グループ全体の行動を変える**デザインをする。
3. **他者にとって利益になる変化**をデザインする——マイクがクリスのためにしたように。

本章ではあとの2つを取り上げ、それぞれの意味と、そのプロセスを状況に合わせて微調整する方法について詳しく述べる。

タイニー・ハビットと行動デザインを使えば、他者の人生にもポジティブな力を与えられる。グループを変えるには、思いやりとスキルのある人物がたった一人いるだけでいい（**あなただ！**）。

ただし、行動デザインによってグループのカルチャーを変えられるからといって、国家の変革から始めるのは無謀だ。自分自身の変化のスキルを磨いたら、職場のチームや家族など、できるだけ身近なところから始めよう。

私は以前から、**個人ではなく、家族を変化の構成単位として捉えるべき**だと提唱してきた。行動デザイナーである私たちは、家庭内のみんながともに変化することを支援する製品やサービスをデザインすべきだと考えている。

マイクは日々の習慣についてクリスを後押しする前に、自分の行動をうまく変化させていた。クリスに対する要望と伝え方を修正したのだ。ケンカ腰のイライラした口調や態度ではなく、自信を与え、励ますような態度で接するようにした。

マイクが手にした成功には、クリスだけでなく、マイク自身の行動にまで影響する大きな効果があった。私たちは他者と生活し、仕事をしているため、あらゆる変化がよくも悪くも身近な人すべてに波及する。意図的にデザインするかどうかにかかわらず、**私たちはつねに周囲の人たちとともに変化しているの**である。

だが、変化を成り行きまかせにしてはいけない。人生のあらゆる面において物事がいい方向に変わるように、将来を意識的かつ効果的にデザインするほうがいいに決まっている。

「相手が変えたいこと」から始める

家族や職場のチーム、地域のグループの変化をうながすには、言うまでもなく全面的な協力と支援を得るのが理想だ。だが、**そんなことはまずできない。**

私はスタンフォードの研究所で一年間のプロジェクトを立ち上げ、「一緒に変わる」ことをテーマに掲げた。

そのとき私は無邪気にも、誰もが自分と同じような家庭環境にあると思っていた。

私とパートナーは、食事やテクノロジーの利用の仕方など、あることを変えたいときは互いに支え合ってきた。また子どものころ、母は学習障害がある私の妹のために食習慣を大きく変えた。私たちは食物繊維なしの定番の食パンや、砂糖たっぷりの粉末ジュースと決別するのは嫌だったが、家族みんなで取り組んだ。

スタンフォードの研究所で私のこうした経験を話すと、他の研究者たちからはまったくちがう経験談が飛び出した。ある親は息子が瞑想への関心を示すと、「また新しいことに手を出すのか。今度のも終わったら教えてくれ」と応じたそうだ。

また別のメンバーは、夫からこう言われたという。「そんなことをするのは、子どもたちの新学期が始まってからにしてくれないか？」

こうした話を聞いて、**家族というのは願望を支えてくれるだけでなく、足を引っ張ることもあるのだと気づいた。**

家庭で変化を実現するのに苦労している場合は、行動デザインの原則が役に立つ。解決策のひとつは、**「相手がしたいと思っていることをできるよう助ける」**というフォッグの格言1を実践することだ。

あなたの配偶者が心から達成したいと思っていることは何だろう？

職場のチームの目下の願望は？（知らなかったらちゃんと聞くこと！）

彼らが願望をかなえる手助けをしよう。

あなたの配偶者は、いまのところは健康的な食事にさほど関心はないが、家の整理整頓は望んでいるとしよう。それならそこが出発点になる。

「変化は変化をもたらす」という事実を思い出してもらいたい。**人は自信をつけ、スキルを磨くうちに、別の変化に対しても心を開くようになる。**これはまちがいない。家族の食習慣を変えるのをあきらめるべきではないが、あなたの出発点は見当外れかもしれない。

まずは配偶者が望んでいる「整理整頓」など、夫婦で共有できる願望に焦点を絞ろう。おそらく、あなたの配偶者は前向きな変化によって活力を得て、やがてあなたの望むような習慣を自ら提案するようになるだろう。「なあ、炭酸飲料はもっと控えたほうがいいと思うんだ」というように。

変化をうまく牽引（けんいん）できないときも、あきらめてはいけない。**行動デザインとタイニー・ハビットは、どんなグループがどんな状況にあっても役に立つ。**たとえ必要とする権限や支援が得られなくても、効果的な枠組みを与えてくれる。

そもそもグループの置かれた状況はすべてちがう。そして個人の変化と同じく、グループの変化もひとつの処方箋ではなく、「正しいプロセス」に従って取り組むのがもっとも効果的である。

人を変化させる際の心得

——「フォッグの格言」に沿って影響を与える

人を「変化させる」という発想自体に、居心地の悪さを感じる読者もいるかもしれない。

だが、**私たちはつねに他者の行動に影響を与えている**という事実を認識しなくてはならない。これは共同体の中で暮らすうえでは当然のことだが、このことを誰もあまり気にかけていない。

他者の変化に関わる身近な例としては、家族のために新しい食事のプログラムを導入したり、同僚のために生産性向上の施策を提案したりといったことがある。

あまりに難しいことをさせようとすると失敗する可能性が高くなり、将来の変化をますます難しくしてしまうことになる。

それでも、**他者に与える影響を深く意識しながら、彼らを支援する最善の手法を用いる**ことができれば、それがもっとも倫理的なアプローチだと私は考えている。

行動デザインとタイニー・ハビットを応用すれば、他者を成功に向かわせていると自信を持って、人に影響を与えることができる。

ここでは私の2つの格言を指針としてもらいたい。

その1：相手がしたいと思っていることをできるよう助ける。
その2：相手に達成感を実感させる。

配偶者や同僚、上司、顧客、子どもを支援したいなら、**これらの格言は揺るぎない倫理基準となるだろう。**また、他者が成功を実感できるように支援するのは、よほどの例外を除いて倫理に反することではない。だから、他者が変化を望み、あなたがそれを支援することに心地よさを感じたなら、迷うことなくそうしよう。

一緒に変わる「2つの戦略」

――あなたは首謀者か、忍者か？

この章では、「一緒に変わる」ための2つの方法について述べる。

これらをわかりやすく、覚えやすくするために愛称をつけた。あなたには「首謀者」か「忍者」になって、グループの変化に取り組んでもらいたい。

「首謀者」の戦略

首謀者として関わる場合、あなたはタイニー・ハビットと行動デザインで学んだことを伝え、ともに行動することで、グループが変化するのを先頭に立って支援する。

これは家庭でも職場でも気軽に実践できる。

たとえば、休憩室である複雑な問題の解決方法について雑談しているとき、「行動の群れとフォーカス・マップを試してみよう！」と思い立つ。あなたは同僚に方法を説明し、翌日問題をまとめ、**変化を起こすアイデアを持ち寄って全員で話し合う**。

首謀者になるもうひとつの方法は、他者がタイニー・ハビットと行動デザインを学ぶのを後押しすることだ。それには**本書を読んでもらうのが手っ取り早くて効果的**だ。

だが、次のように、もっとひそかに行う方法もある。

「忍者」の戦略

あなたは忍者となり、こっそりと行動デザインを持ち込むこともできる。

これはマイクが息子とコーヒーメーカーの一件で実践した手法だ。

彼はクリスに、**行動をいくつかのステップに分解して実行しやすくすることや、小さな勝利を祝福することを説明していない**が、それでも目標は達成できた。

他者の変化をうながすために、行動の群れのようなテクニックを用いたり、行動を実行しやすくしたりすることは、いちいち相手に告げずにさりげなくもできるのだ。

「グループ」で変化する方法

――7ステップを応用する

グループで変化を起こすために用いる方法は、基本的に個人の場合と同じだが、実践の仕方で異なる点がいくつかある。

①一緒に「願望」を明確にする

行動デザインは**どんな場合も、願望を明確にすることから始まる。**

製品をデザインするときも、自分自身の習慣をデザインするときも、グループとしての変化をうながすときも、これが第一歩だ。

「首謀者」としてやる場合

家族の食生活を改善したいと願うなら、その思いを伝え、こう聞いて賛同が得られるか確認しよう。「わが家はみんな、もっと新鮮な果物と野菜を食べるべきだと思う。みんなでやってみようと思えるかな?」

仕事においては、来年の売上げを20パーセント増やすといった数値目標を挙げるかもしれない。あるいは、社員のストレス軽減といった、やや漠然とした願望を掲げることもあるだろう。こういった願望が出発点になる。

あなたは首謀者として、**チーム全体が目指すべきことが何かを明確にし、全員が理解を共有できるように指揮する。**

「忍者」としてやる場合

願望を明確にするために行動デザインを使うことを宣言しない方法もある。

忍者としては、**こんなふうに気さくに語りかけよう。**

「ちょっと確認だけど、僕らはXのデザインを検討してるんだよね?」

「そう、そのとおり」と誰かが答える。

「そうか、聞いてよかった！　理解を共有しておきたかったから。ありがとう！」

忍者の動きはさりげないが、チーム全体の目的を明確にするのにとても有効だ。

②一緒に「行動の選択肢」を挙げる

願望が明確になったら、次に「行動の選択肢」をともに探索する。

「首謀者」としてやる場合

行動デザインによってグループを率いるときは、第2章で説明した「魔法の杖」の手法を使うか、「行動の群れ」のフォーマットで、願望の実現に結びつきそうな多くの行動を書き出してもらう（114〜115ページ参照）。

魔法の杖でたくさんの行動を提案してもらうには、グループを少人数に分けるのが秘訣だ。

20人以上のグループになると進行はそれだけ難しくなる。

グループの規模が大きい場合は、行動の群れを書き込める紙を配る。きちんと指示をすれば、職場のグループや会社全体が動き出して、行動の群れの欄を埋めてくれるだろう（私は一度に1000人以上のグループと向き合うこともある）。

最適な方法は、グループの性質と、あなたがどのようにリーダーシップを発揮したいかによって決まる。

二「忍者」としてやる場合

グループに魔法の杖をひそかに使うには、こんな問いを発してみよう。

「我々は、どうなることを望んでいるだろう？　もし魔法の力があって何でもできるとしたら、誰が何をするだろう？」

「（願望を達成するために）誰にどんな行動でもさせられると想像してみよう。そうしたら、誰に何をしてもらいたい？」

忍者としてやる場合の具体的なシナリオを考えてみよう。

あなたはボランティアとして、地域の公園についての話し合いに参加している。責任者は**「もっと多くの地域住民に公園を利用してもらいたい」**と考えている。あなたはこれが責任者の願望だと理解した。

話し合いを成功させるには、責任者の願望を確認し、それから先ほど示した魔法の杖の質問をする。

チームがそんなふうに考えられるように導くと、話し合いは誰にとっても興味深いものになるだろう。というのも、あなたは「2つのこと」をしているからだ。

1つは、**話し合いの焦点を具体的な目的に絞る**ことで、これによって誰もが抽象的な事柄のさらに先まで踏み込めるようになる。もう1つは、**誰もが多くの解決策の可能性を想像できるようになる**のだ。

その結果、最初に挙がったアイデアにグループが安易に飛びつくことはなくなるだろう。忍者として魔法の杖を使えば、5分前には手に負えないと感じていた問題が解決できるように思えるはずだ。

③「グループに合った行動」を選ぶ

行動の候補がたくさん挙がったら、実行に移す候補の選定に移る。

第2章で説明したように、行動としては、**効果的で実行しやすく、モチベーションがともなうもの**を選ばなければならない。これら3つの特徴を満たす行動を選ぶのが理想だ。

それが「黄金の行動」である。

黄金の行動を見つける最良の方法は、「フォーカス・マッピング」だ（124ページ参照）。これもグループで行える。家族や職場のチームで協力すれば、より多くの知恵を出し合えるだろう。また、フォーカス・マッピングによって意見が一致すれば、**黄金の行動を実行に移すとき、グループは互いに協力する態勢になっている**。

行動デザインのあらゆる手法の中で、グループで行うフォーカス・マッピングは私のいちばんのお気に入りである。

「首謀者」としてやる場合

私はこれまで何百ものチームと一緒にフォーカス・マッピングを使い、プロジェクトやチームの成長に貢献する黄金の行動を的確に選ぶ方法を指南してきた。

グループでのフォーカス・マッピングは、第2章で述べた枠組みとそっくり同じものを用いるが、いくつか重要な補足がある。

個人のフォーカス・マッピングと同じように、まずはカードに行動を書く。カードに書くのは、魔法の杖か行動の群れを使って挙げた行動だ。

首謀者としては、「フォーカス・マッピングにはいくつかのラウンドがあり、第1ラウンドでは、縦軸に沿ってカードを置いていく」と説明する。**影響の大きな行動は上のほうに、影響の小さな行動は下のほうに。**

チームのメンバーにカードがなくなるまで、1人ずつ順番にフォーカス・マップの上に置いてもらう。次に、やはり順番に、置いてあるカードを上下に動かしてもらう。そのとき、動かす理由を説明する必要はない。動かせるカードは毎回1人1枚。カードを読んで、動かすだけだ。

フォーカス・マップ

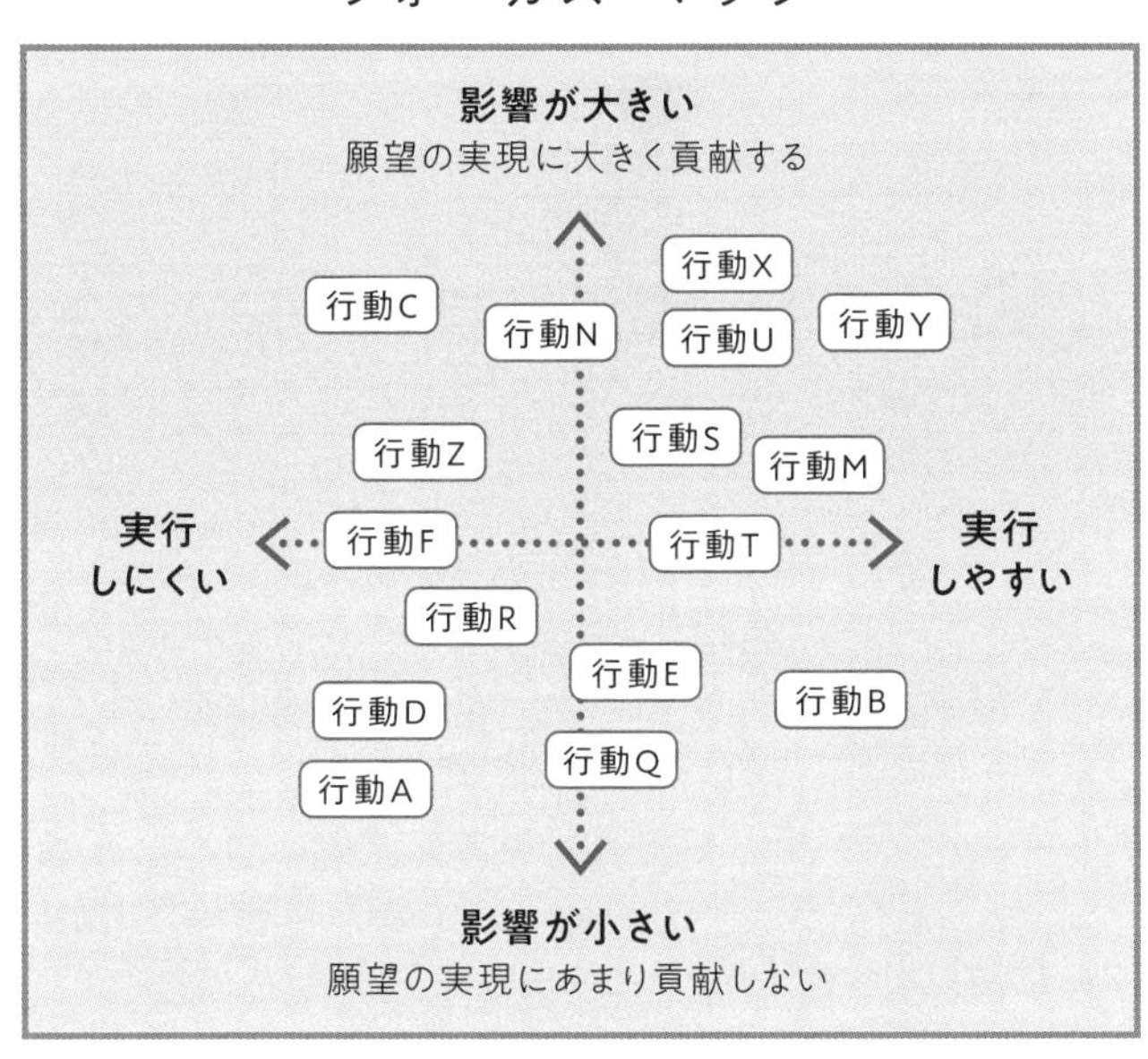

ときにはメンバーの意見が合わず、1枚のカードが何度も動くことがあるだろう。それは当然のことだ。

全員が配置に納得するまでカードを移動する。意見が一致したら第1ラウンドの終了だ。

第2ラウンドでは、実行可能性を表す横軸に沿って、順番にカードを動かす。

自分たちが**実行できそうだと思う行動は右に、実行しにくいと思う行動は左に置く**ことを説明する。

カードの配置に全員が納得するまで、1人ずつ順番にカードを左右に動かす。

まとめの話し合いをして誰もが納得したら、**図の右上に置かれているのが黄金の行動になる**。

黄金の行動がたくさんあれば、そのうちいくつを実行に移すのかチームで話し合うよう

「黄金の行動」を特定する

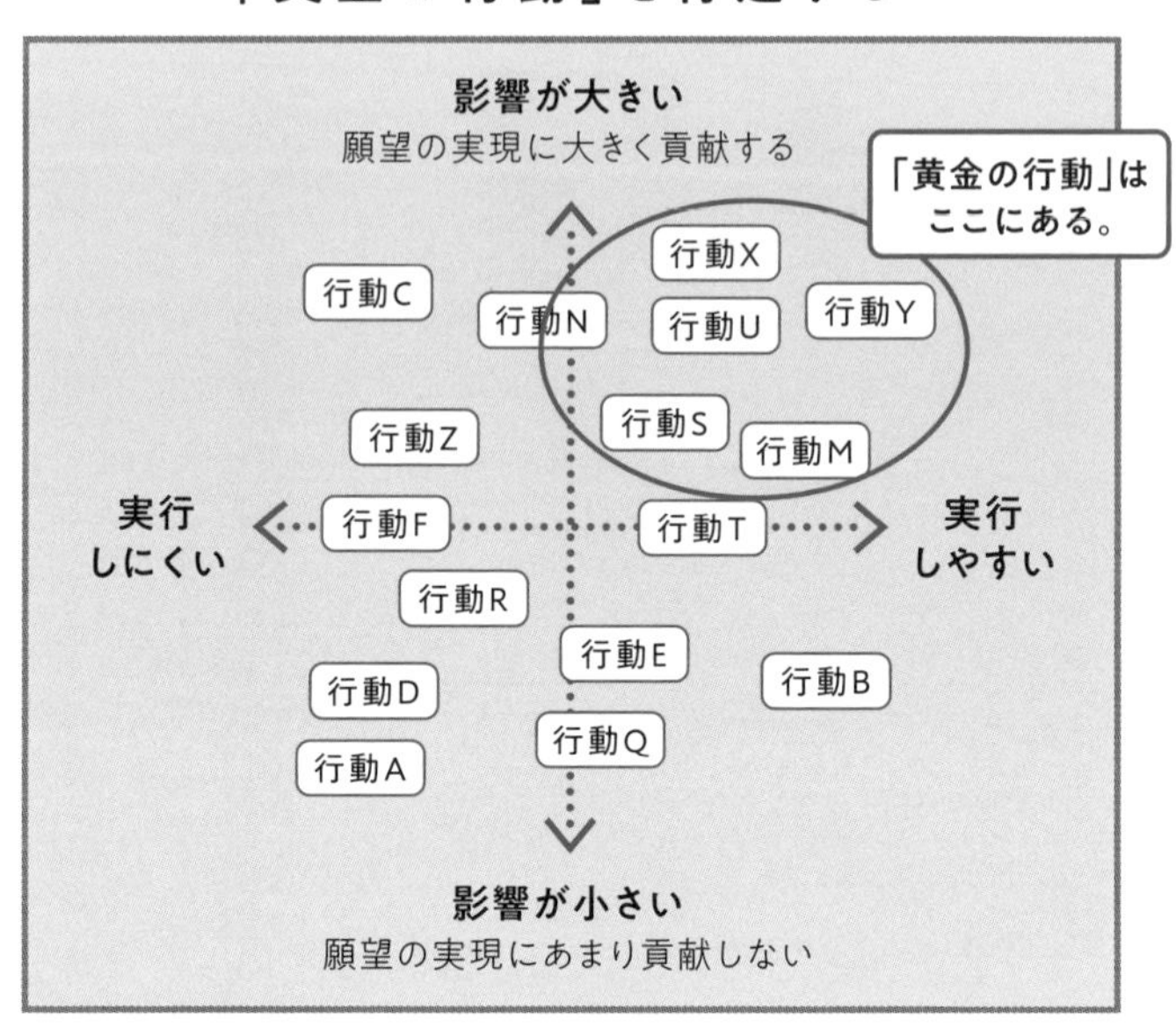

うながす。適当なのは1つか2つくらいだろう（5つ以上はやや無謀だ）。

ほとんどのチームは、どの行動に的を絞り、どの行動をとりあえず脇に置いておくかについて、あまりにもすんなりと意見が一致することに驚く。

ともすると張り詰めた雰囲気になりやすい話し合いが、**首謀者のもとで30分くらいで結論に至る効率的なミーティングになる**。

しかもほとんどの場合、誰もが結果に満足して終わる。

注：グループがたどり着いた黄金の行動が反復を前提とする行動（習慣）である場合は、**次のステップとして、④の小さな習慣の実践に進む**。黄金の行動はすべてが習慣であるとは限らず、一度限りの行動もある。

■「忍者」としてやる場合

あなたはいま、家族か会社の話し合いの場にいて、チームの意識と足並みをそろえなければいけないが、本格的なフォーカス・マッピングはできない状況にあるとしよう。

そんなときは、忍者の解決方法が効果的だ。あなたはさりげなく「魔法の杖」の質問できっかけをつくり、グループがさまざまなアイデアを提案したら、「我々が現実的に実行できる選択肢はどれだろう?」と問いかける。**この2つの問いは、モチベーションと能力の要素を組み合わせたもの**であり、黄金の行動になり得る選択肢を見つける最速の方法である。

④黄金の行動を簡単にして「小さく始める」

グループにとっての黄金の行動が継続的な取り組みを想定するものなら、その行動をできるだけ簡単に実行できる方法を検討する。

ただし、「全員でセミナーに参加する」などの一度限りの行動も、できるだけ簡単にすべきであることを忘れてはならない。

■「首謀者」としてやる場合

グループに対して、何が目標とする行動(または習慣)の実行を難しくしていて、どうすればその行動（または習慣）を実行しやすくできるのか、問いかける。

たとえば、あなたは2週間前からプロジェクトチームを率いて新たな取り組みを始めたとしよう。あなたは責任者として、メンバーの一人ひとりから**「1日1回、その時点で直面している最大の障害をメールで報告してもらおう」**と考えた。

「新規の契約が法務部の審査待ちで止まっている」とか、「質の高いユーザー調査を行う予算が足りない」「インターネットがつながらない」といったさまざまな障害があるだろう。

あなたは障害を把握し、解決して、各自が効率よく前進できるように支援したい。このやり方はなかなかいいものに思えたし、チームメンバーもやる気にあふれていた。

だが、2週間経っても、うまくいっていない。

そんなときは「発見のための質問」（161ページ参照）が効果的だ。

次のプロジェクト会議で、障害を報告するメールについて、**「この行動の実行を難しくしている原因は何か？」**と問いかけてみよう。

さらに具体的に考えるには、「能力の鎖」のそれぞれの輪について質問するといいだろう。

時間は十分にあるか？　資金は？　身体的能力は？　知的能力は？　それはメンバーの日課と対立していないか？

こんなふうに全員で考えると、グループの弱い輪が見えてくるだろう。

たとえば、問題は時間ではなく、ほとんどのメンバーが障害についてどう考えるべきかわかっていなかったのかもしれない。あなたはその事実から知的能力に問題があると気づく（もっとも、そのまま声に出して指摘する必要はない！）。

問題のありかがわかれば、対策も取れる。

この日課を実行しやすくするため、障害をあぶりだすチームのスキルを高める。あるいは、チームが理由を検討できるように、**いろいろな障害を挙げたチェックリストを提示してもいい。**「プロジェクトの透明性」「法的な問題」「予算上の制約」「協力の問題」「技術的な問題」等、選択肢を示すのだ。

こうして対処すると、能力の鎖の弱い輪が強い輪になり、誰もが障害を日々報告することで、より多くの成功を収められるように環境を整備できるだろう。

「忍者」としてやる場合

あなたは夫と一緒に毎日運動をしたいと思っているのに、夫はあまり乗り気ではない。そんなときは「発見のための質問」として、「毎日運動するのを難しくしているのは何？」と問いかける。

たいていは「時間がないんだ」という答えが返ってくるだろう。

そう聞いてもあなたは熟達した忍者として、**「本当にそれが問題なのか」**と疑問を持つだろう。それでも、ひとまずは夫の言うとおりだと仮定して、こう聞いてみる。

「もし私と毎日10分だけ運動する方法が見つかったら、できると思う?」

彼がイエスと答えれば、10分間でできる運動を探せばいい。そうすると今度は彼は「疲れていて運動なんてできないよ」と**別の障害を持ち出してくるかもしれない**。

これでわかった。障害は時間ではなく、身体的能力なのだ。

そこであなたは、毎朝ディスコソングに合わせて踊るとか、簡単なヨガの動きをするとか、身体的に負担の少ない運動を提案する。

そして忘れてはならないのは、寝る前にヨガマットを広げるなど、**相手にとって運動が簡単になるように環境のデザインを修正すること**だ。

太陽礼拝のポーズを1回するだけで健康上のメリットがあるのかどうかについては、あまり気にしないこと。**どんなに小さくても、健康的な習慣を始めることに意義がある**のだから。夫が太陽礼拝のポーズを1回することに達成感を覚えたら、彼は運動の習慣を自然と拡大させていくはずだ。

忍者になるときは、相手にとって行動を難しくしている障害が何かを、ひそかに手際よく突き止め、特定した弱い輪の強化に進むこと。

忍者よ、よくやった。

⑤「効果的なきっかけ」を見つける

第4章で説明したように、きっかけには3つのタイプがある。**「人によるきっかけ」「状況によるきっかけ」「行為によるきっかけ」**だ。

このステップでは、あなたのグループにとって確実に機能するものを探す必要がある。

「首謀者」としてやる場合

グループが習慣を身につけられるよう支援するにあたって、まずは「私たちの日課の中で、この習慣をいちばん自然に組み込めるのはどこだと思いますか？」と問いかけてみよう（218ページ参照）。

チームが毎日もっとも深刻な障害を報告できるようにしたいなら、**「すでに行っている日課で、この新しい習慣を思い出させてくれることは何か？」**と問いかける。

グループ全体で選択肢を検討してもいいが、各自でそれぞれアンカーを選んでもかまわない。たとえば、こんな選択肢が考えられるかもしれない。「昼休みから戻ったら、障害のリストを取り出して、手早くメールを書く」

言うまでもなく、行動をうながす方法はほかにもある。

私のレシピ

これをしたら……	これをする	習慣を脳に定着させるため実行後すぐにこれをする
昼休みから戻ったら、	障害のリストを取り出して、手早くメールを書く。	☺
アンカーの瞬間	**小さい行動**	**祝福**
小さい行動を行うように思い出させてくれる既存の習慣。	身につけたい習慣をとびきり小さく、とびきり簡単にしたもの。	自分の中にポジティブな感情（シャイン）を生む動作。

新入りのインターンに頼んで、メンバーにメールをするよう念を押してもらうのも一案だ。だが、長い目で見ればあまり賢明な解決策ではない。

毎日、リマインダーメールを送るのはどうか？　それも効果的かもしれないが、すでにある日課をきっかけとして利用するのに比べてスムーズとはいえない。

二「忍者」としてやる場合

このステップでは、忍者は首謀者と同じことを行う。

それでもうまくいかないときは、あまりエレガントではないが、**「何をきっかけにするのがいいと思う？」**と聞いてしまおう。

私は何が効果的なのかを突き止め、その取り組みの規模を拡大するのが好きだ。

ふたたび、障害についてメールで報告する習慣を例に考えてみよう。

課題を実行しやすくしてみたら、その効果を観察する。

課題をうまくこなせるようになったメンバーがいたら、何をきっかけにしているのかを聞く。**彼らにはかならずきっかけがある（たとえ自覚していなくても）**。効果的なパターンが見つかれば、全員に同じきっかけを使ってみるように推奨すればいい。

あなたは障害をメールで報告することになっている10人のメンバーのところへ行って、様子を確認する。5人はうまくやっている。そのうち4人は昼食前に障害リストのカードをキーボードの上に置いていた。昼食から戻ると、リストがメールを書くように思い出させてくれる。

そこでこのレシピはこんなふうになる。

「ランチに行くのに財布を手に取ったら、チェックリストをキーボードの上に置く」

メンバー全員にこのテクニックを伝える。

これで、効果的なきっかけを設定し、チーム全体に広める作業は完了だ。

⑥成功を「祝福」する

このステップは、グループ内で習慣を確立したい場合にのみあてはまる。グループでやるべき黄金の行動が一度限りの行動のときは必要ない。

「首謀者」としてやる場合

私が本書に込めた希望のひとつは、**リーダーのチームへの接し方、親の子どもへの接し方、医師の患者への接し方などを変える**ことだ。

人は無理にやらされるのではなく、心地よさを感じたときにもっともうまく変わることができる。このことを理解すれば、相手との付き合い方が変わってくる。

そしてこれは、従業員、子ども、配偶者、患者など、あなたのまわりのさまざまな相手の変化をうながすのに利用できる秘訣でもある。

権威ある人物からのフィードバックは強力であり、そんな人物から承認されれば、変化への扉を開くことができる。あなたも適切なタイミングで、他者が成功を実感できるようにフィードバックを提供できれば、習慣となる望ましい行動をうながすことができるだろう。

だがそれだけではない。第5章で述べたように達成感を覚えることの効果は波及する。**尊敬し、信頼する相手からの評価は、何よりも力強い励みになる。**

あなたが首謀者となるとき、「シャイン」の力でグループに習慣を身につけさせ、カルチャーを変えていくには、3つの経路がある。

1つ目は、「感情こそが習慣を生む」という事実をグループに伝えることだ。「祝福によってシャインを感じ、ポジティブな感情の火花を放つことで、習慣を定着させられる」と説明しよう。第5章の最後に掲載したエクササイズ（307ページ）を利用し、グループのメンバーがそれぞれもっとも効果的だと思う祝福を見つけ、このスキルを磨いて取り入れられるように支援すること。

2つ目は、あなたがグループのシャインの源になる方法だ。

親は赤ちゃんが歩くのを励ますときに自然にそうなっているし、優れた教師にとっても当たり前のことだ。また日常生活でも、思いがけない場面で、この例に出合うことがある。たとえばマウイ島では、サーフィンの初心者が集まるある場所では、初心者が初めて波をとらえると、見物人（ほとんどは友だちか親）が歓声を上げる。

多くの人はこのときに向上できる。

前向きなフィードバックはたくさん出していいし、すぐに与えるべきだ。相手がとてつもなく大きな節目に到達するのを待っていたら、その人がシャインを感じられるはずの多くの機会を逃してしまう。

3つ目は、グループのメンバーからの祝福で、望ましい習慣が育まれていくというものだ。

私はタイニー・ハビットを学んだ家族にこうした作用が自然に起きるのを何度となく見てきた。幼い子どもはすぐに祝福を実践する。母親がキッチンカウンターを使った腕立て伏せを2回すると、幼い娘は手をたたき、「すごいね、ママ！」と言ってくれるのだ。

げなくこれをやる。

二「忍者」としてやる場合

忍者も首謀者と同じように、他者のシャインの源になることができる。ただし、忍者はさりげなくこれをやる。

誰かが望ましい行動を実践したときは、**「いいね。机を整頓するってどんな気分？」と声をかければ、習慣の定着を後押しできる。**そんなふうに問いかければ、あなたの同僚は次に机を整理するとき、より確実にシャインを得られるだろう。

また、たとえ結果は出ていなくても、**その過程は上出来だと他者に気づかせて、成功の意味を再定義してあげる**こともできる。

ダイエット中に炭酸飲料ではなく水を選んだら、たとえ体重に変化はなくても、水を飲むたびに成功していることになる。あるいは瞑想をしたいなら、心を落ち着けることは不可欠ではない。ただ静かに座っていることを成功と捉えれば、それで心地よさを感じられる。

私は研究の一環として、「ポジティブなフィードバックのできる32のメッセージ」を作成した。たとえばそのうちの1つは、「自己最高の成果を収めたこと」を認めるメッセージだ。「これまででいちばんの仕事をしたね！」と言う。あるいは、相手が「ほかの誰かより優れたことをした」と気づかせるメッセージもある。

前者のほうがシャインを感じられる人もいれば、他人より優れていると言われたほうが効果的な人もいる。

グループのメンバーにとって、どんなタイプのメッセージがもっとも効果的か把握すれば、**メンバーに習慣を定着させ、ますます成果を出せるようにその力を利用することができるだろう。**

学生にフィードバックを行う状況を想定したメッセージをいくつか紹介しよう。

- きみの課題には見事な「**一貫性**」があるね。
- 試験で「**パーフェクト**」な点を取ったね。
- 最初の試験はひどかったけど、今度は見事に「**挽回**」したね。
- きみはこの資料の内容をクラスの「**誰よりも早く**」習得したよ。
- きみはクラスで「**誰よりも大きく**」点数を伸ばした。

ポジティブなフィードバックのできるメッセージは、巻末にすべて掲載したので参照してもらいたい（541ページ）。だが、さらに学習するには日常生活にも注意を払うことが必要となる。どんな言葉が効果的か、さまざまな方法を試し、相手の反応を観察しよう。

メッセージの発し方によって相手の反応はちがってくるが、**誰にでも効果的な方法が1つある。**

次に紹介する方法は、よくも悪くもきわめて強い影響力がある。この方法を文章で伝えるのはこれが初めてだ。**利用するときは、崇高な目的に限定してほしい。**

感情に強く訴えかけるフィードバックには、2つの特徴がある。

相手が「深く気にかけている分野」に関連していること。そして、その人物が「力量に不安を感じている分野」であることだ。

私はこの2つが重なる領域を**「フィードバック・パワーゾーン」**と名づけ、次ページの図を作成した。

パワーゾーンにいる相手に行うフィードバックは、どんな内容であれ増幅される。なぜなら、それは気にかけていると同時に不安なことに関わるからだ。

したがってあなたは、**とてつもなく大きなシャインをもたらすか、深刻な影を落とす可能性がある。**

たとえば、赤ちゃんを泣き止ませようとしている新米の母親が目の前にいるとしよう。**彼女は「いい母親」になりたいと思っているが、慣れない経験なので自信がない。**

そんな相手に、「うまいなだめ方ね！　私の姉も子どもたちにそんなふうにしていたけど、姉は私が知ってる中で最高の母親だったわ」と声をかければ、彼女はシャインを感じてとびきりの笑顔になるだろう。

反対に、こんなふうに言ったらどうだろう。「私がやってみましょうか？　この赤ちゃんたらすごく興奮しているみたい」。これは失言だ。新米の母親にとって、このやりとりに含まれ

フィードバック・パワーゾーン

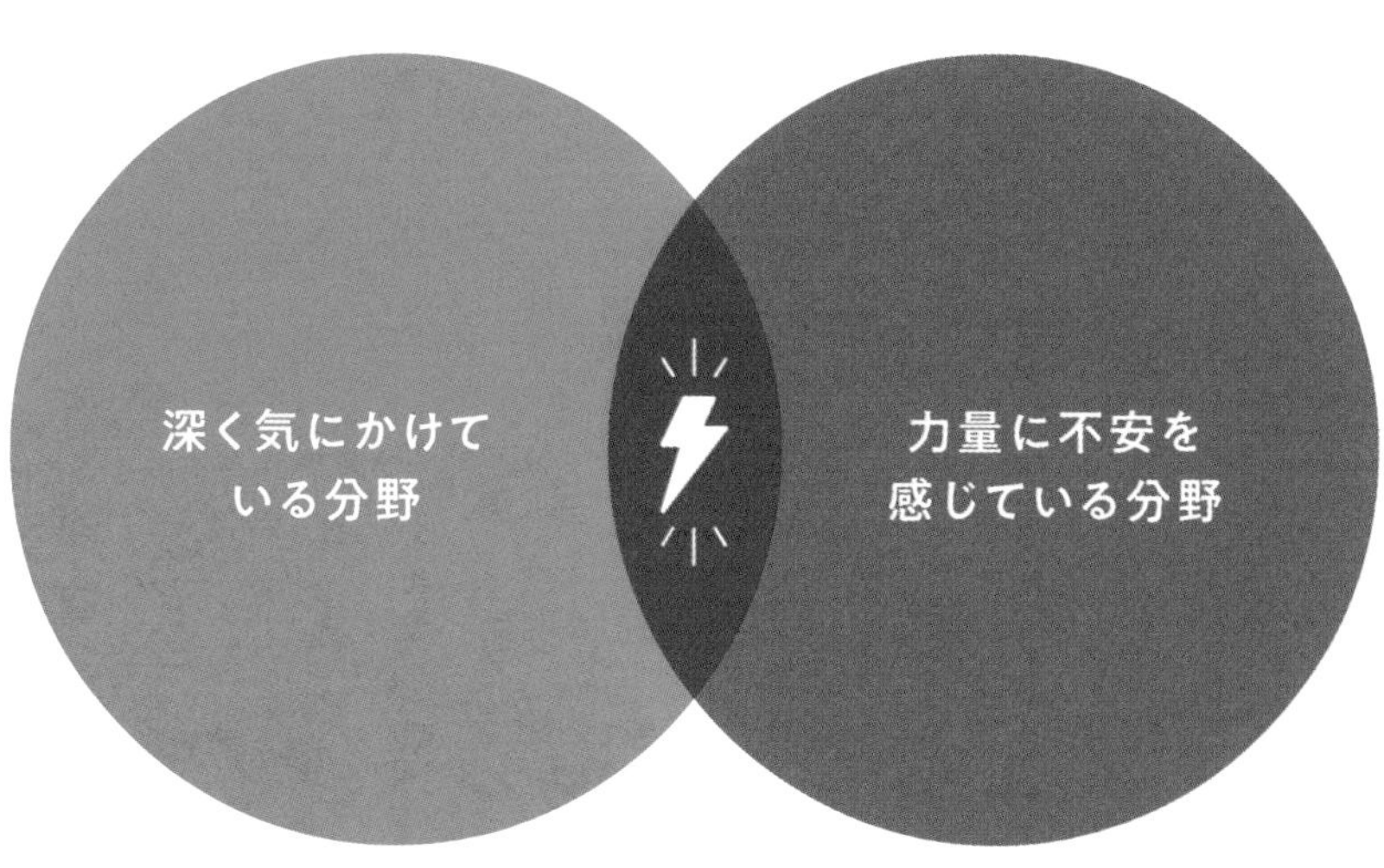

ている言外の意味は明らかだ――「あなたのやり方はまちがっている」。

この発言は「パワーゾーン」に位置するが、ネガティブな内容なので、ことさらに相手を傷つける。そして、この母親はあなたのことをけっして忘れないだろう、悪い意味で。

私の過去一年の個人的テーマは**「交流する相手をいつでも元気づけること」**だった。自宅の仕事部屋には、この言葉を書き込んだ美しい絵を飾っているほどだ。

私は研究で得た知見を生かしてこの願望を追求し、タイミングよくフィードバックを行うことで周囲の人々を元気づけようと努力している。

学生が授業で初めてプレゼンをしたとき、パートナーが新しい料理をつくってくれたとき、誰かが電話で私の研究について質問したとき。こうした状況はすべて、私にとっては相手を励ます絶好の機会だ。**彼らはそれぞれ問題を気にかけていて、そこには不安がともなっている**からだ。私が口にすべきは、正真正銘の前向きな言葉だ。

人は傷つきやすい状況にある相手に対し、否定的なフィードバックを与えることがあまりに多い。「プレゼンの導入部が間延びしていたね」「この魚ちょっとパサついてるな。どのくらい焼いたの？」「あなたの質問からして、本当は私の論文を読んでいないでしょう」

そんなことを言ったら台無しだ。くれぐれも控えること。

よき忍者であろう。

⑦一緒にトラブルシューティングし、反復する

いよいよ行動デザインの最後のステップだ。

一度限りの行動でも、習慣でも、「反復」が必要である。そして、思ったほどうまくいかないときは、トラブルシューティングで解決しよう。

■「首謀者」としてやる場合

首謀者としてグループに変化を起こすときは、「習慣を身につける最初の試みはうまくいか

ない可能性がある」ということを、みんなに事前に伝えておく必要がある。

継続的な変化を生むのは靴を買うようなものだと説明しよう。**最初に試したものが一発で合うとは限らない。**

この比喩はメンバーに適切な心構えを植えつけると同時に、首謀者として提示した最初のデザインがうまくいかなくても信頼を失わずにすむ。**途中で軌道修正することを前提にしよう。**

行動モデルに基づいたトラブルシューティングの順序については、次のように説明する。

「習慣を身につける試みがうまくいかないときは、まず、きっかけから着手しましょう。モチベーションや意志の力が足りないと自分たちを責めてはいけません。**すべてはデザインと、デザイン改善の問題**なのです。意志の力が求められるとしたら、アプローチがまちがっていると思ったほうがいいでしょう。

きっかけを修正し、行動をできるだけ簡単にしてもまだうまくいかないなら、中断して別の行動を選ぶのが賢明です。ただし、心から実践したいと思う習慣を選びましょう」

「忍者」としてやる場合

忍者としてグループの行動のトラブルシューティングをする場合、行動モデルを新たな方法で導入するといい。

いつものように、まずはきっかけから考える。続いて能力を検討する。それでもうまくいかないなら最後の手段としてモチベーションに働きかける。理想的には、**モチベーションは飛ばし、グループがもともとやる気がある別の行動をマッチングさせたい。**

たとえばあなたが、社内のウォーキングプログラムの参加者を募る担当者になったとしよう。30日間の挑戦への参加者を募ったところ、反応はひどいもので、申し込みは2パーセント以下だった。

トラブルシューティングの最初のステップはきっかけを検証することだ。社員はあなたからのメールの案内を受け取ったのか？　迷惑メールに振り分けられていないか？　受信トレイがいっぱいなのかもしれない。そうであれば、登録の行動のきっかけとなるほかの方法を検討する。たとえば電話で直接声をかける、手書きのメモをじかに渡す、など。

きっかけを確実に設定しても、相変わらずひどい結果なら、トラブルシューティングの次のステップに進む。この場合は、**行動モデルの区分を用いて状況を明らかにしてみよう。**

次ページのグラフで右上にいるのは、きっかけに反応して参加申し込みをした人たちだ。モチベーションと能力があり、実際に行動している彼らを**「イルカ」**と呼ぼう。彼らはきっかけに応じて、申し込みという行動を起こした。

左上の領域はきっかけに対して申し込みをしなかった人たちだ。モチベーションはあるのだが、何らかの理由でウォーキングを実行するのが難しいようだ。彼らのことは**「カメ」**と呼ぶ。

相手を「4タイプ」に分類する

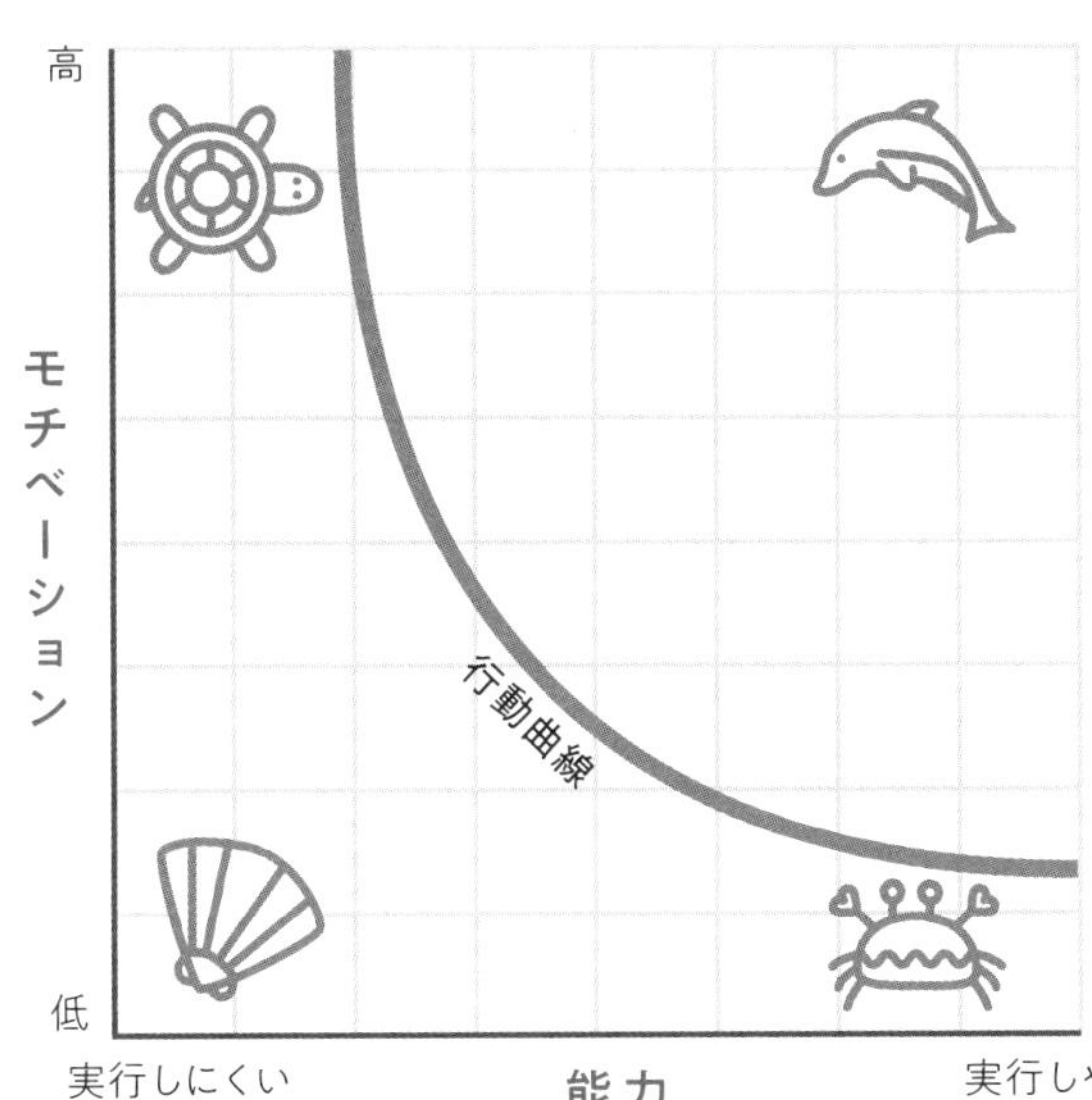

右下と左下は、ウォーキングの企画に参加するモチベーションがない人たちで、**「カニ」**と**「貝」**と呼ぶ。カニは能力はあるがウォーキングを望んでいない。貝は能力もモチベーションもない。

より多くの人たちをイルカにしたいなら、まずはカメに的を絞り、能力の鎖（162ページ参照）を使って、彼らにとって行動を実行しやすくする方法を探す。

差し当たり、カニと貝については考えない。**彼らは参加する可能性が低いので、あまり関わって時間を無駄にすべきではない。**

私はブートキャンプでこの区分について教えて気づいたのだが、行動デザインの学習者にとって、**これがもっとも有益で、意外な気づきの1つになることが多い。**

革新を目指すリーダーは、4つのタイプに同時に働きかけようとしがちだ。あるいは、いちばん手ごわいタイプ、つまり貝に的を絞るべきだと思っている。どちらも誤ったアプローチだ。行動デザインでは、**相手がしたいと思っていることをできるよう助ける**。カニと貝はウォーキングの企画に参加したがっていない。イルカとカメは参加したがっている。つまり、まず手を差し伸べるべきはイルカとカメなのだ。

それができたら、その次にカニと貝のために、卓球やサイクリング、料理教室など、**彼らが楽しめそうなほかの活動を検討する**。あるいは彼らのことは放っておいて、イルカとカメと一緒にウォーキングを満喫しよう。

ただし例外的に、カニにも手を差し伸べるべき状況がある（場合によっては貝にも）。**どうしても実行すべき行動がある場合**だ。インフルエンザの予防接種など、本当に重要な行動である。この場合に限っては、方針転換してカニにも働きかけよう。

たとえば、何らかの理由でカニをウォーキングに参加させなければならないとしたら、参加に結びつくような願望を探すこと。最初の募集の呼びかけが、ウォーキングを楽しみながら健康になろうという内容で、**それがカニの心に響いていないなら、別の有意義なことを考える**。

そのためには調査が必要かもしれないし、すべてのカニが同じ提案に共感するとも限らない。だが可能性として、キャンペーンにこんな変化をつけたらどうか想像してみよう。

- ウォーキングの企画に参加したら、金曜ごとにあるコンサートの無料パスがもらえる。
- ウォーキングの企画に参加したら、経営幹部と直接対話する会に参加できる。
- ウォーキングの企画に参加したら、ウォーキングシューズがもらえる。

このような、どうしても「この行動を実行させたい」というときは、行動の群れは使えないので（行動を変更できないので）、代わりの解決策として、**その行動をほかの願望によって誘導する方法を用いる**（具体例は次のトピックで紹介する）。

このように対象者をセグメントに分けて行動モデルを適用すると、チームは驚くほどの明確さを得られる。

チームメンバーとこの考え方を共有すると、彼らを忍者の地位へと昇格させることができる。彼らは、**結果を得られる領域にエネルギーを注ぎ、カニと貝を追い求めて時間を無駄にせずにすむ**だろう。

「一緒に変わる」プロセスは、ここまで見てきたようなパターン通りに展開することもあるが、行動デザインとタイニー・ハビットの手法の素晴らしさは、その柔軟性にある。

一緒に変わるプロセスの概要を理解したところで、**それが現実の世界においてどう機能するか**を見ていこう。

これから紹介する実話は「2つの変化の物語」と呼ぶことにする。
最初の話では、以前紹介した行動変化のオールスターの一人が登場する。
その次は、ストレスが避けられない職場の代表である病院において、レジリエンスを高めたエピソードを紹介する。

「家庭」でやってみる

——子どもに「いい習慣」をつける

「願望」を明確にする

エイミーの娘のレイチェルは、幼稚園のときにADHDと診断された。神経心理学者は、レイチェルはとても賢いが、これほど注意散漫な子は見たことがないと言った。

それでも、必要な課題をこなし、質問されたらきちんと答えられるようになれば、レイチェルはうまくやっていけるはずだというのがほとんどの教師の一致した意見だった。

4年生の時点では、レイチェルは特別支援教育を受け、エイミーは毎日宿題をさせようと悪戦苦闘していたが、レイチェルはゲームをするか、外で遊ぶことしか頭になかった。

タイニー・ハビットと行動デザインを駆使してビジネスを成長させ、元夫とのこじれた関係を改善したエイミーは、**自分が学んだことを活用してレイチェルを支援しよう**と思い至った。

最初にしたのは、レイチェルの大きな願望を知ることだった。これには少し時間がかかったが、エイミーは想像力を存分に発揮して質問した。

そしてレイチェルにとって、いい成績を取ることや先生からほめられること、九九を暗記することは、目の前の欲求を満たすことほど重要ではないのだとわかった。

そこでエイミーは、**宿題（義務）をレイチェルがもともと抱いているほかの願望で誘導しようと考えた**。

エイミーによると、目からウロコが落ちたのは、レイチェルにこう聞いたときだった。

「宿題をするのは大変だと思うけど、ちゃんとやらないとどうなると思う？」

「そうだな、自由な時間が増えると思う」とレイチェルは言った。

「そうね。でも、4年生の終わりになって、みんなは5年生になるのに、あなたはなれなかったら、どう感じるかしら？」

レイチェルは目をまるくした。エイミーは重ねて聞いた。

「それから、あなたはまだ4年生なのに、みんなは6年生になったら？」

レイチェルの頭の中で歯車が動いた。思いもよらない問いかけだった。「そんなのいや」

「そうなのね。あなたは4年生を終わらせてクラスのみんなについていきたいのね。いいことだわ。これであなたが何をしたくて、どこに行きたいのかわかったから、それを実現するいい方法を見つけられるわね」

この会話はレイチェルだけでなく、エイミーにとっても大事なものとなった。レイチェルは宿題を終わらせることに興味がなかった。宿題を気にしていたのはエイミーだけだった。**だがレイチェルは、学校の友だちに後れを取ることは気にしていた。**

そこでエイミーは行動の群れの真ん中の雲にその願望を書き入れ、それを実現するのに役立つ具体的行動について、レイチェルと話し合うことができた。

「自分に合った行動」を選ぶ

学校からの帰宅後に宿題をするのは、「一緒に変わる」旅の出発点となる具体的行動だったので、エイミーとレイチェルはそこから出発した。

「小さく始める方法」を見つける

次のステップは、レイチェルが宿題を実行しやすくすることだった。

最大の障害は集中力が持続しないことだ。とくに学校で一日過ごしたあとは集中できなかった。

そこでエイミーは**宿題を10分単位でできることに分割した**。

それ以上やるときは、5分の休憩をはさみ、トランポリンを楽しんだ。フラッシュカードやビデオを取り入れ、パソコンでやったり紙でやったりと飽きないように工夫をした。

そうしながらも、**能力の鎖の弱いところを発見するたびに補強した**。

また、この取り組みの中で、エイミーはなぜこういうふうにしているかということをレイチェルにも伝えた。

レイチェルがやり方に反発するときは、競争した。レイチェルとエイミーが**それぞれいいと思うやり方を5日ずつ試し、どちらが効果的か様子を見た**のだ。

エイミーは自分が宿題の手助けをしているだけでなく、レイチェルに自分の行動を試行錯誤して管理する方法も教えているのだと理解していた。彼女は変化のスキルを教えていたのだ。

「効果的なきっかけ」を見つける

レイチェルが帰宅後に宿題をする時間を日々のスケジュールのどこに組み込むのか。それが重要だった。

夕食のあとの時間を試したところ、まるでだめだった。行動を「簡単」にするテクニックを駆使しても、レイチェルは疲れ果てていて集中できなかった。

そこで二人は、学校から帰ったらすぐに宿題をするべきだと判断した。そしてさらに突き詰めて考えた。

エイミーは、宿題に取りかかるのに「○○をしたら、××をする」というタイニー・ハビットのフォーマットを利用した。

ちょっとした気晴らしのあとに宿題をするようにしたのだ――**トランポリンで5分飛び跳ねたら、リュックからプリントを取り出す。**

母と娘で試行錯誤するうちに、学校から配られたものを整理したり、やることリストをつくったり、こうした作業の合間に思いきり楽しめる活動を取り入れたりと、**宿題をさらに小さい習慣に分解する**ことが大事なのだと学習した。

成功を「祝福」する

エイミーは宿題の習慣のレシピに、祝福をたっぷり加えるのも忘れなかった。

いちばん効果的な祝福を見つけるために、**勝利のたびに二人でハイタッチをしてはしゃいだり、おどけたダンスをしたり、シールを貼ったりした。**

レイチェルはもともとおどけるのが好きなほがらかな性格なので、祝福は思いきり楽しめた。エイミーはまた、娘がやり遂げた行動と祝福をはっきりと結びつけ、娘にシャインを強く感じさせ、新たな習慣を効率よく定着させられるように心がけた。

トラブルシューティング、反復、拡大

レイチェルとエイミーは行動の群れに何度も立ち戻り、宿題をこなすのに役立ち、授業にもうまく対応できるような新しい習慣を取り入れていった。

こうした習慣のいくつかは、レイチェルの学習意識にもしっかりと根づいた。4年生のときに身につけたある習慣は、レイチェルが時間を管理し、課題をすませるのに役立った。

そのレシピは**「学校から帰ったら（最後尾はリュックを下ろす）、宿題のリストを確認して、終わらせるまでの予想時間を書く」**というものだった。

そこには祝福の要素もあった。レイチェルは宿題にどのくらいの時間がかかるか予想すると、その日の残り時間でできることをあれこれ考えてうれしくなったのだ。

動作としてはリストの各項目に数字を書き込むだけだったが、時間管理を学ぶのに役立った。それぞれの宿題にどれくらいの時間がかかるのか見通しが立てられると、やるべきことに優先順位をつけられるようにもなった。

エイミーは、学校の準備や部屋の片づけなどを含めて娘の時間管理の能力が全般的に向上していく様子を目の当たりにした。学習の分野で身につけた習慣は、生活のほかの領域にまで波及していった。

レイチェルは6年生になるころには、特別支援学級ではなくなっていた。普通学級にうまく溶け込んだばかりか、その後、高校では優秀な生徒向けの授業を履修し、優等で卒業した。

エイミーがレイチェルを助けるためにタイニー・ハビットを使い始めたとき、これほど大きな変化は期待もしていなければ、夢にも思っていなかった。

彼女はただ、**娘が生まれながらの才能を生かせる方法を模索していただけ**だった。仮に4年生のときに進級できなかったとしても、それは仕方のないことだっただろう。

だがエイミーにとっては、娘が潜在能力を十分に発揮できるように支援していなかったら、いつまでも消えない痛みが残っていたにちがいない。

また、エイミーは支援の仕方にも気を配っていた。レイチェルに対してもっと厳しくしていたら、その努力は絶えず不安と緊張をもたらし、結局はうまくいかなかっただろう。

エイミーは**一緒に変わる過程の中で多くの喜びを得ることができた**し、レイチェルは多くの成功を手にした。エイミーに後悔があるとすれば、もっと早くタイニー・ハビットを知って、上の二人の子たちにも同じことをしてあげたかった、ということだけだ。

「仕事」でやってみる
——多忙な仕事のストレスを軽減する

数年前、私はある大きな研究病院に雇われ、看護師の燃え尽き症候群に関するコンサルティングをすることになった。サポート役として、タイニー・ハビットのコーチでトレーナーになっていたリンダに協力を依頼した。

病院の経営陣が作成したプロジェクトの概要によると、病院側の願望は**「看護師がレジリエンスを高める新たな習慣を形成する」**ことだった。

「レジリエンスを高める」といえばポジティブに響くが、要はスタッフが「燃え尽き（バーンアウト）」になっているのだ。これは看護師や医師をはじめとする医療従事者のあいだで深刻になりつつある大きな課題だ。

病院の勤務にストレスが多いのは、もちろん理解しているつもりだった。看護師が世話をするのは病人だ。どんなに素晴らしい看護をしても一部の患者は亡くなるし、医師や患者やその家族から理不尽な要求をされることもある。

だが、看護師とその仕事の実情を詳しく知って、私は愕然とした。過酷なシフトが深刻なストレスの原因となり、**そのストレスが個人に大きな影響を与え、仕事のあとの生活にも尾を引いている**実態を目の当たりにしたのだ。

私とリンダがライブビデオで講座を進めているあいだ、私はスクリーンで看護師一人ひとりの顔を見ることができた。何人かはパジャマ姿で自宅のソファに座り、うつろな目でテイクアウトの食事をとっていた。新しい患者のための準備のできた看護師にはとても見えない。すでに人助けを終えて精魂の尽きたスーパーヒーローのようだ。看護師たちは職場や自宅で、ひどく疲れきった顔でパソコンのカメラを見つめていた。

私とリンダは心から力になりたいと思った。リンダはタイニー・ハビットを用いてストレスを軽減することに熟達しているので、ともに教えるパートナーとして理想的だ。看護師たちは**自分を（そして互いを）労ることで、患者にもさらに親身になれる**と考えていたが、その願望をどう実現していいのかはわかっていなかった。

私たちはタイニー・ハビットを1か月にわたって週1時間教え、受講者たちは行動を小さくすることやレシピの作成、アンカーから習慣を行う流れのリハーサル、祝福、問題解決について学んだ。

やがて、看護師が日頃どのように過ごしているかわかってきた。勤務中の習慣についても知識を得た。

休憩はほとんど取らない。使っているパソコンのソフトは古くて使い勝手が悪い。そしてとくに驚いたのは、12時間のシフトのあいだに水をまったく飲まないのが当たり前になっていることだった。彼らもこれが健康的ではないと自覚していたが、病院の何らかのカルチャーのせいでそのような無理を強いられていた。

水を飲まないのだから休憩室に行く必要もない。そのほうがより多くの患者を支援することができ、同僚からも自分の献身を称賛されると信じているようだった。

だが、**これほどまでの献身には高い代償がともなう**。多くの看護師は長いシフトを終えて帰宅しても、家族とゆっくり過ごすことさえできなかった。頭痛に悩まされ、よく眠れないこともあった。

「レシピメーカー」でレシピをつくる

そこでタイニー・ハビットのトレーニングの負担を減らそうと、私は「レシピメーカー」というツールを作成した。左にアンカーを書き、右に小さい行動を書いていくワークシートだ。

まずは看護師たちにアンカー（職場で毎日行っていること）を書き出してもらった。

・車を停めたら……
・パソコンにログインしたら……
・患者と向き合ったら……
・心電図検査をしたら……
・ナースコールに応じたら……
・手を洗ったら……

次に取り組んだのは、**ストレスを減らす小さな行動**を見つけることだ。長いリストができあがり、そのいくつかをワークシートの右側に記入した。

・深呼吸をする。
・いちばん近くにいる相手ににっこりする。
・水をひと口飲む。
・助けを求める。
・「ありがとう」と言う。

これら2つのパーツがそろったら、うまくいきそうな組み合わせを探す。

私のレシピ

これをしたら……	これをする	習慣を脳に定着させるため実行後すぐにこれをする
出勤して車を停めたら、	目を閉じて3回深呼吸をする。	（スマイルマーク）

アンカーの瞬間
小さい行動を行うように思い出させてくれる既存の習慣。

小さい行動
身につけたい習慣をとびきり小さく、とびきり簡単にしたもの。

祝福
自分の中にポジティブな感情（シャイン）を生む動作。

看護師たちは、アンカーを小さな行動と組み合わせ、シフトのあいだに試せそうなレシピをすぐに作成した。そして互いに協力し、**どんなレシピが効果的か**意見を交わした。

看護師が作成したレシピをいくつか紹介しよう。

- 出勤して車を停めたら、目を閉じて3回深呼吸をする。
- 朝、タイムカードを押したら、「今日は本当に私を必要とする人たちを助けるのだ」と思う。
- 患者を前にしたら、目を見てにっこりほほ笑みかける。
- パソコンにログインしたら、水をひと口飲む。
- チームが集まったら、夜勤のスタッフにお礼を言う。

大変なときにできる「唯一の現実的な選択肢」

ストレスが多く、あわただしい仕事の合間でのトレーニングではあったが、看護師たちはタイニー・ハビットへの理解を深め、チームとして変化しはじめた。

彼らは祝福にも積極的に取り組んだ。私たちはある日のトレーニングの時間をすべて使って、小さな成功を祝福する方法と、なぜそうすべきなのかを伝えた。

すると意外な効果があった。

看護師が自分の成功を祝福したのは期待したとおりだ。ところが、**彼らは自然と互いを祝福するようになっていった。**同僚が水をひと口飲んだら手をたたき、休憩室で腰を下ろしたらハイタッチをし、リラックスのために深呼吸したら「いいことだね！」と声をかけ合うようになった。

私たちはさらに、救急治療室のスタッフや管理部門の職員を含め、この病院のさまざまなグループに対してトレーニングを行った。そして、タイニー・ハビットが看護師に与えた影響をデータで検証した。

看護師にはトレーニングに先立ち、ストレスとレジリエンスについて無記名でアンケートを行っていた。トレーニング終了から3か月後、ふたたび同じアンケートを行ったところ、次の項目において統計的に有意な改善が認められた。

- 自宅で前向きな習慣をデザインできる。
- 仕事で何かがうまくいったとき、それを認識できている。
- 一日を通してレジリエンスを高める技術を磨く訓練をしている。
- 職場のストレスにうまく対処している。
- ストレスを軽減する習慣を毎日行っている。

リンダと私は、タイニー・ハビットが職場でのこのような難題に対処するのに役立ったことをうれしく思った。だがさらに嬉しかったのは、人を癒やす看護師たちがストレスを和らげ、健康的になり、助けを必要とする人々のためにますます貢献できるようになったことだ。

また、データには表れない全体的な印象においても大きな気づきがあった。

人はストレスを感じているときや、時間に追われているとき、心に余裕がないときは、大きな変化は起こせない。チャレンジしてみようという気すら起こらない。

私は**そのような状況にある人々にとって、タイニー・ハビットこそがうまく機能する唯一の現実的な道**だと確信したのだ。もしかすると、あなたやあなたの周囲の人たちにとっても、タイニー・ハビットは「唯一の現実的な選択肢」かもしれない。

どんな変化も実現できる
——一つひとつの変化が世界をつくる

世界を行動デザインの視点から俯瞰(ふかん)し、「行動とは『解決可能な課題』なのだ」と捉えると、可能性の領域は家庭や職場よりはるか遠くまで広がる。

私たちは大小さまざまな課題を抱えた世界に生きている。

行動デザインの原則を理解し、タイニー・ハビットの手法と変化のスキルを研ぎ澄ましておけば、**どれほど難しい課題に直面しても、解決に必要な道具はすべてそろっている**といえる。

私はこれまで、トレーニングしてきた学生や専門家たちが、タイニー・ハビットを使って難題に立ち向かうのを観察してきた。

社会の中で「一緒に変わる」べき状況は無数にある——他者と絆を深める、子どもの能力を大きく開花させる、ストレスに満ちた職場環境を改善する。

みなさんには、**正しいアプローチで立ち向かえば、どんな変化でも実現できる**ということを胸に刻んでもらいたい。

行動デザインは孤独な探求ではない。私たちがデザインする習慣、祝福する小さな成功、引き起こす変化、その一つひとつによって、私たちは自分の個人的な生活の領域を超える。私たちは自分の行動を通して、家族やコミュニティ、社会をかたちづくっている。そしてそれらもまた私たちをかたちづくっている。

私たちが身につけ、持続させる習慣には大きな意味がある。行動デザインが目指すのは、体重を5キロ減らすとか、食事中はスマートフォンを置くといった話にとどまらない。

行動デザインは自分が理想像に近づくためにあり、同時に、**私たちが暮らしていきたいと思うような家庭やチーム、コミュニティ、さらには世界を築くためにある**のだ。

「グループの変化」のための小さなエクササイズ

エクササイズ① 「行動デザインの基本」を確認する

ステップ1：職場のチームや家族に、スタンフォードの科学者が開発した新しいメソッドを30分間で一緒に学ぼうと提案する。

ステップ2：参加者それぞれに「行動の群れ」の図を描いてもらう（114ページ参照）。

ステップ3：雲の中に「願望」を書いてもらう。

ステップ4：願望の実現に結びつきそうな「行動」を10以上考える。

ステップ5：願望の実現にとくに効果がありそうな行動5つに星マークをつけてもらう。

ステップ6：自分が実行できると思う行動すべてを丸で囲んでもらう。星と丸の両方がついた行動がその人の「黄金の行動」になる。その意味を説明する。

ステップ7：グループで黄金の行動を共有し、どうすれば実践できるか話し合う。続いて新たな習慣をデザインできそうなら、あなたが先頭に立って、チームとしてタイニー・ハビットに取り組む支援をする。

エクササイズ 2 問題を「一緒に解決」する

ステップ1：職場のチームや家族に、スタンフォードの科学者が開発した新しいメソッドを30分間で一緒に学ぼうと提案する。

ステップ2：グループ全体で共有できる「願望」を考える。たとえば、職場のチームなら「会議の質の向上」、家族なら「みんなで過ごす夕方の時間の充実」などが考えられるだろう。

ステップ3：ステップ2で考えた願望を1つ選び、誰もがその意味を明確に理解できるようにする。

ステップ4：グループの願望を実現する「黄金の行動」を探すプロセスを全員で行う（エクササイズ1のステップ2から6を参照）。

ステップ5：グループで黄金の行動を1つか2つ共有する（全員が見られるようにボードなどに書き出す）。

ステップ6：書き出した黄金の行動を読む。どうしたらそれを実現できるかチームや家族に問いかける。話し合って計画を立てる。

エクササイズ ③ 「取るべき行動」をチーム全員で同意する

ステップ1：メンバーを集める前に、チームとしての「願望」を決める。職場のチームでは、「もっと前向きなコミュニケーションを図る」「重要なプロジェクトを進展させる」といったことが考えられる。

ステップ2：「魔法の杖」で願望の実現に役立ちそうな「行動」を挙げていく（誰かにアイデアを出すのを手伝ってもらってもいい）。

ステップ3：考えた行動が具体的であることを入念に確認し、10×15センチ程度のカード（あるいはA4用紙の半分の紙）に行動を1つずつ書き込む。

ステップ4：メンバーを集め、願望を説明する。

ステップ5：各自にカードをだいたい均等に配る。

ステップ6：この章で説明した方法に沿って、グループで「フォーカス・マッピング」を行えるようにリードする（453ページ参照）。

ステップ7：チームのみんなが右上に位置するいくつかの行動（黄金の行動）を把握したら、どうすれば各行動を実現できるか、みんなに問いかける。

ステップ8：話し合って計画を立てる。

CONCLUSION

小さな変化がすべてを変える

2008年、私はあるカンファレンスで講演を行うためにアムステルダムを訪れていた。

午前中に基調講演を行ったあとは、イベントを楽しんでいた。携帯が鳴ったのは、夜のパーティを終え、デニーとホテルの部屋に戻った直後だった。見ると、弟からのテキストメッセージだった。

「ギャレットが過剰摂取(オーバードーズ)で亡くなった」

私はまばたきをしてからもう一度読んだ。

メッセージは痛ましいほど簡潔で、これは現実なのだと悟った。

だが、「ウソだ」という言葉が口をついて出た。それを何度も繰り返し、しだいに声が大きくなっていった。のどが締めつけられるようだったが、声を振りしぼり、デニーに向かってメッセージを読み上げた。いまでもこの一文を思い出すのはとてもつらい。

ギャレットは私の姉リンダの息子だ。

みなさんはすでに本書で紹介したエピソードを覚えていると思うが、リンダは相手を心から思いやることができる。彼女は8人の子どもの母親である一方、私の知る人の中で誰よりもつらい思いをしてきた。

私はギャレットの知らせを受けたあと、デニーとともにラスベガス行きの飛行機に乗り、リンダの家に直行した。そしてリンダと家族が想像もできないほどの喪失感に耐えているあいだ、一緒に過ごした。葬儀では追悼の言葉を述べ、棺を運んだ。

葬儀が終わると、親しい友人と大勢の身内がチキンの煮込み料理などを持ってリンダの家に集まり、心から哀悼の意を表した。

そんななかリンダがキッチンを離れ、ポーチのほうへ向かうのを目にした。1分ほどして、私もあとを追った。外は暗くなり始めていた。姉は石畳のパティオに座っていた。壁にもたれ、胎児のように膝を抱えている。顔を手で覆い、肩を震わせて泣いている。私は隣に座り、肩を抱いた。何と声をかけていいのかわからないまま、二人でそこに座っていた。

彼女はのちにこのときのことを振り返って、人や葬儀やとてつもない喪失感から逃げたかったのだと話してくれた。ところが外に出ると、逃れる方法はないと気づいた。そしてついに堪(こら)

えきれなくなったのだ。

人にものを教えると、自分も幸せになる

ギャレットの死後、リンダには何度も荒波が押し寄せた。数年間はまさに苦難の連続だった。夫がアルツハイマー病と診断されて急速に病状が悪化し、家族経営のビジネスは損失がふくれあがって倒産した。

その後、姉は懸命に努力して大学院で修士号を取得し、コンサルタントとして各地を飛びまわるようになった。だが何年経っても生活はぎりぎりなうえ、出張が多くて子どもたちと離ればなれの日々に疲れ、リンダは新たなキャリアを望むようになった。もちろん、家族を支える収入も必要だった。

そのころ、私はタイニー・ハビットの個人指導をしていた。受講者の数は年に何千人にもなった。それによる収入は一切なかったが、楽しくもあり、日々の実体験から人間の行動についてひじょうに多くのことを学んでいた。

リンダに助けが必要になったのは、そんなときだった。

彼女はタイニー・ハビットにうってつけだった。行動デザインについての知識はすでに十分あり（スタンフォードでワークショップの運営を手伝ってもらっていた）、彼女はとても優秀な教

師であると同時に、保健と健康増進の分野でも精力的に活動していた。

タイニー・ハビットのコーチを養成するうえで、リンダのスキルと情熱が大いに役立つはずだ。また、それが彼女の収入源になることも期待した。同時に、優れた専門家グループを養成し、私の5日間の無料プログラムの参加者を指導する力になってもらいたいという願いもあった。これはリンダを助け、私の日々の負担を減らすいい方法なのではないか？

実際そのとおりだった。だが、それがさらに大きく開花することになるとは、その時点では思っていなかった。

リンダがタイニー・ハビットで驚くべき成功を収めたことは本書で紹介したが、彼女と一緒にタイニー・ハビットの指導をしながら、私は彼女の人生が着実に変わっていくのを目の当たりにした。

その様子は目を見張るほどだった。**彼女は変化のスキルを習得し、そのおかげで自信がつき、それが彼女の考え方を根底から変えた。**

半年ほどのあいだに、彼女はほかの人々の人生を変える手助けをしながら、自らの人生も大きく変えた。前進して力強さを増し、そして何よりも素晴らしいことに、希望を取り戻した。

私が多くの人にタイニー・ハビットを教えて気づいたのは、「教えると幸せになる」ということだ。理屈はとても簡単だ。**他者の人生を変える手助けをしていると、毎日それが前向きな**

影響を生んでいると実感できる。すると自分が心地よくなる。それがシャインになるのだ。

リンダはこの本で伝えたことの輝かしい、励みになる例だ。人は心地よく感じるとき、もっともいい方向に変化する。彼女は人生を変えたまたとない例である。

「死ぬ夢」を見て気づいたこと

2016年のある日、私は乗っている飛行機が墜落する夢を見た。

機内では何もかもが揺れていただろうか。隣の乗客は私の腕をつかんでいただろうか。叫び声が響いていたか。そうかもしれない。だが私の記憶にあるのは「自分はもうすぐ死ぬ」という感覚だけだ。

しかしどういうわけか、恐怖に囚われることも、パニックに襲われることもなかった。そして残念ながら、人生の最高の瞬間の記憶がよみがえることもなかった。

代わりに私を満たしたのは深い後悔だった。これまでに得たたくさんの知識が失われてしまう。恐るべき死が目の前に迫っている状態で脳裏をよぎったのは、行動変化に関する真実を説明する義務を果たせなかったという思いだけだった。

夢だったと気づいて、こう思った。

「ああ、なんてことだ。飛行機事故で死ぬというときの私の反応はこれなのか？」

私は夢の意味を理解した。**私は自らの知識を広く伝えなければならない――それもいますぐに。**世界に広める手段が必要だ。

私はすでに何年も前から本を書くつもりだったが、ほかのプロジェクトに追われて時間がないと思っていた。

スタンフォードでは行動デザイン研究所を運営し、毎年新しい講座を担当し、ビジネス界のイノベーターたちを教え、つねに6件ほどのプロジェクトを抱えていた。

あの夢は「警鐘」だった。私の研究の中で世に知られているものはほんの一部にすぎなかった。また、すでに公表していた行動デザインの研究成果も、アクセスしやすいとはいいがたかった。

私は毎日、研究の成果を教え、応用していたが、相手はスタンフォードの学生と、ビジネス界のブートキャンプの参加者に限られていた。それ以外では、カンファレンスやツイートで発信するくらいだ。そればかりか、私の構想やフローチャート、人間の行動に関する革新的アイデアが詰まったファイルやノートは、誰も見ることのない自宅の仕事部屋のクローゼットに保管されていた。

メールや電話で助けを求められると心が痛んだ。「あなたの研究についてどうしたらもっと学べるでしょうか」と聞かれても、私は力なく「私のツイートをよく読むか、ネットにいくつか動画をアップしているからそれを見てください」などと答えていた。

加えて、私には世の中に提供できるような、**行動デザインのモデルと手法をひとつにまとめたツール**がなかった。

たとえば、ペルーの学生がよりよいリサイクルのサービスをデザインするのに利用できるようなものが。医療従事者が効果的な予防接種のプログラムをデザインし、家族が暮らしをよりよくするのに利用できるようなものが。たとえば書籍のようなものが。

「一人が始める」ことで世界に影響を与えられる

タイニー・ハビットは姉を助けたように、あらゆる人々の姉妹や兄弟、父母、子どもたちを助けられるはずだと、私は改めて気づいた。タイニー・ハビットの知識は、**人生が投げかける苦難によって打ちひしがれたあらゆる人々の力になる**はずだ。

羞恥心（しゅうちしん）や自己批判に囚われた人たち。自分が望む人物や人生がどんなものかはわかっているのに、どうすれば近づけるかわからずにいる人たち。そもそも有意義な変化など無理だと思っている人たち。

私があのとき、タイニー・ハビットを使って姉を助けようと決意していなかったら、重要な気づきを得られなかったかもしれない。私は、スタンフォードやビジネス界の指導者たちとの仕事も大切だが、それだけでは世界を変えることはできないと気づいた。

世界を変えるのはあなたなのだ。

私は何も感傷的なことを語っているわけではない。文字通りの現実的な意味で言っている。あなたももうおわかりだと思うが、タイニー・ハビットを用いて身につけた習慣はけっして小さくない――それどころか強大だ。

習慣は変化のもっとも小さい単位かもしれないが、もっとも本源的なものでもある。**同心円状に広がる変化の核**なのだ。

こう考えてみよう。

一人が始めた1つの習慣が2つの習慣となり、3つの習慣となってアイデンティティを変え、大切な人に影響を与え、さらには周囲に波及してその人たちの考え方まで変える。それがまるで山火事のように広がって、無力感に囚われたカルチャーを駆逐し、**あらゆる人に力を与え、徐々に世界を変えていく**。自分や家族が小さな一歩を踏み出すことで、変化の大きなうねりを生む流れをつくることになるのだ。

私は本当に大きなことを夢見るとき（かなりよくある）、行動デザインがどんな役割を果たせるだろうかと考える。

現在、あまりに広く蔓延している悪循環を覆すことにより、世界が必要とする大規模な変革を起こせないだろうか。

行動に関する正しいモデルと変化のための効果的な手法が常識となり、一般的に実践されるようになったら何が起きるだろう。

変化の可能性はとてつもなく大きくなるはずだ。**幼い子どもたちはシャインについて学び、生涯にわたって応用できる。**世界中の医療従事者は、患者が健康的な習慣を身につけるための支援をし、同じ方法で自分自身のストレスに対処できるようになる。

企業では、経営課題を行動変化の視点から捉えることで、月曜の朝の会議がより生産的になる。イノベーターたちは行動デザインを用い、誰もが自己変革することを後押しする新製品を創造する——やがてはコミュニティに解決策を提供し、実行する力をもたらすような製品を。

「変化のカルチャー」を生む方法

こうしたことが実現するには何年もかかるかもしれないが、幸いにも、変化のカルチャーはいまからすぐに育てられる。

ポジティブな連鎖反応を引き起こすいちばんの近道のひとつは、**あなたが行動デザインの考え方と行動様式を周囲の人たちに紹介すること**だ。これは今日、食事をしながらでもできる。

友だちや家族に本書で学んだことを話してみよう。

変化について「共通の認識」を持つことは、集団で変化するための基礎となる。**課題を的確な共通の視点から捉えれば、より早く、より効果的に解決策を導ける。**

行動デザインが優れているのはこの点だ。職場のチームが私のモデルを学べば、メンバーは行動に関する考え方と、変化へのアプローチを共有できる。

あなたの手助けによって、あなたが属するグループの誰もが、人間の行動の仕組みと変化をデザインする方法について共通認識を持ち、そこから恩恵を得られるのだ。

いますぐ変化のカルチャーを生むのに役立つ方法を紹介しよう。

二 伝える

身近な人たちと変化について話し合おう。

まずは、**本書で「いちばん印象的だった言葉」をシェアしてほしい。**たとえば、フォッグの格言など。

- **相手がしたいと思っていることをできるよう助ける。**
- **相手に達成感を実感させる。**

もっと自分自身のことに焦点を絞るなら、格言をこうアレンジしよう。

- **自分がしたいと思っていることをできるよう助ける。**
- **自分が達成感を実感できるようにする。**

さらに、あなたが**本書で「いちばん役に立つと思った考え方」をシェアする。**

習慣のあり方について庭の比喩を用いて、こんなふうに説明するといいかもしれない。

「私たちの多くの習慣は絶えず変化する風景のようなものであり、デザインによって育むこともできれば、放置して雑草だらけにすることもできる。だからこそ、適切な場所に小さな種をまいて習慣をスタートさせ、育んでいかなければならない。習慣を育てる庭師として、私たちは完璧ではないだろう。試行錯誤が必要だが、それでかまわない」

あるいは、「悪習との決別」を絡み合ったロープに見立てる比喩で説明するのも一案だ（381ページ参照）。

シンプルなイメージを持つことによって、習慣の障害になるプロセスを予測できるようになる。またこれは、羞恥心や自己批判を手放すうえでもひじょうに役立つ。

こうした考えは伝えやすく、相手は、かつてないほど的確かつ有益な視点で変化と習慣について考えられるようになるはずだ。

二 実践する

まわりの人に「シャイン」について教え、導く。強い感情を表す新しい言葉があると紹介する。シャインとはどんな感覚で、どんな役割を果たすのか（つまり「新しい習慣の定着をうながす」こと）を伝える。

また、**祝福の方法を説明する。**さらに、誰かが何かいいことをしたら、積極的に祝福する。シャインはどんなときでも、どんな小さな成功にも（小さな成功にこそ！）感じることができる。あなたの娘が（散らかり放題の）おもちゃを1つ拾って片づけたら——拍手をして抱きしめよう。

この本を読んでもらうか、本書の「エクササイズ」を一緒に行う。友人や家族と「行動の群れ」（114ページ参照）を書いてみる。本書の「小さなエクササイズ」が、職場や教会、学校などで効果的な学習ツールになることがわかるだろう。

ポジティブな変化を起こすカルチャーを家族の中につくる。どんなに困難に思えてもすぐに始める。小さな習慣とシャインの考え方を共有すれば、変化に向けて今日から互いに助け合える。変化のスキルをともに学び、実践するうち、能力を開花させる永遠の財産を築くことができるはずだ。

伝説の「フェイスブック・クラス」の成果

2007年、私はスタンフォード大学で、「ニューヨーク・タイムズ」紙がのちに「フェイスブック・クラス」と呼んだ講義を行っていた。私の講義の中ではおそらくもっとも注目を集めた講義だ。

フェイスブックがサービスを一般公開してからまだ間もないころだった。**ソーシャルメディアを日々利用することが、人にどのような影響を及ぼすのか**について理解を深めるのが講義の狙いだった。

学生は私が構築した初期の原則とプロセスを使い、アプリを制作して、ソーシャルメディア上に無償で公開した。彼らは想像を超える成功を収めた。半年のあいだに、1セントも使わずに2400万人以上のユーザーを獲得したのだ。私は行動デザインが世界を変えるとてつもない可能性と、それにともなうとてつもない責任を実感した。

本書では、**行動デザインの思考法とデザインの手法について重要な知識**を伝えてきた。私はこれを多くのイノベーティブな新技術と同じようなものと捉えている。

汎用的（はんようてき）な技術が確立されると、それはいいことにも悪いことにも利用され得る。基礎化学の知見は肥料や命を救う薬に応用されることもあれば、化学兵器に流用されることもある。

私はフェイスブック・クラスを終了すると、すぐに新たなテーマに集中した。テクノロジーが媒介する社会的影響を、あらゆる善の中でももっとも野心的で、絵空事のようにも思えること、つまり**世界平和のために利用するにはどうすればいいか**。

それから3か月もしないうちに、私はスタンフォードで「ピース・テクノロジー」という講座を開設し、学生を募った。講座の終了後、この取り組みは拡大し、現在は「ピース・イノベーション」の名で、ハーグを拠点として世界各地の研究所で研究されている。

これに比べるとささやかだが、同じく気高い理想に基づき、私がスタンフォード以外の場で力を入れているのは、健康や金融セキュリティ、持続可能な環境づくりに役立つ製品を創造する方法をイノベーターたちに教えることだ。

私にとって、いいことの実践に力を入れるのは自然な感覚だ。私は信仰の篤い環境で育ち、**「多くを与えられたものは、多くを期待される」**という聖書の言葉に親しみ、ずっとそれを信じてきた。

あなたは「人生の夢をつかむ」ためのすべてを手に入れた

私は研究において恵まれた道を歩んできたと自覚している。長年にわたり、大勢の人が私のために扉を開け、意欲を刺激し、着想を与えてくれた。そのおかげで研究やイノベーションへの取り組み、本書で紹介したタイニー・ハビットを含むモデルや手法を確立し、普及させる仕事に集中できた。

私は謎を解く答えを一つひとつ与えられてきたように感じている。そしてそれらがぴたりと合わさったときに見えたのは、斬新でありながらどこかなじみ深い発見だった。

やがて私は飛行機の夢を見て、自分は研究成果のほとんどをシェアできていないと気づいた。そしてその事実を気に病んだ。**いいことをする力を得たのに、それを人類のために使わないのは倫理に反する**と思った。それはまるで、ガンの治療法を発見したのに自分だけの秘密にしておくようなものだ。

だが、いまではこの本の出版が実現し、あなたの手に届くことに感謝し、感激している（そしてもちろん、よく眠れるようになった）。仮に今日、また飛行機の夢を見たとしても後悔はしないだろう。

あなたがこのモデルや手法を使って、人生をより幸福なものにし、周囲の人々に力を貸し、世界をよりよい場所にする様子を見るのが待ちきれない。

本書には、あなたが今後出合うあらゆる困難に対処し、**まだ実現できずにいるあらゆる夢をかなえるのに必要なことがすべて詰まっている**、と自負している。変化のシステムを手に入れたということは、もう手探りする必要はないということだ。自分が望むどんな願望でも成果でも、あなたはデザインできる。

それだけではない。あなたはこれから、**習慣と人間の行動に関するさまざまな雑音や戸惑いを払いのける**ことができる。行動の仕組みを理解しているのだから、何に注意して受け入れ、何を無視して捨て去るべきか判断できる。

知り合いから新しいエクササイズやダイエットのプログラムに関するメールが届いたら、さっと目を通すだけで必要な情報を得られるだろう。

「それは、自分がしたいと思っていることの実現に役立つか？」

「達成感を実感できるか？」

これらの問いに対する答えは、あなたを複雑さから解放する。変化に向かう行動がこの2つの条件を満たしていなければ、時間を費やす価値はないからだ。

私たちの「生活の質」は、すべて毎日の選択にかかっている。時間をどう使い、人生をどう生き、そしてこれがいちばん重要だが、自分や他者とどう向き合うか。

近年、社会では人間関係がとげとげしく、分断され、なす術がないように見受けられ、私は悲しく思っている。国際社会の一員としての私たちは、自分自身からも、他者からもますます切り離されている。私たちを悩ます状況を改善するための第一歩は、心地よい感覚を受け入れることだ。

習慣とは、これを実現する手段である。

習慣は、私たちに変化のスキルを教え、理想に向かって進む私たちの背中を押し、より多くのシャインを世界に与えてくれる。習慣によって私たちは達成感を喜び、日々の生活にさらに多くのいいものを加え、自分のためだけでなく、他者のためにも世界をさらに明るいものにしていける。

あなたは羞恥心や罪悪感を克服し、これまでずっと自分を卑下してきたあなた自身と他者を解放することになる。

本書を通してあなたが得た最大の成果は、具体的な習慣の形成ではない。**あなたの経験が本質的に変化することこそが真の成果なのだ。**

苦しみが軽減し、恐怖が希望へと変わり、途方に暮れていた状態から抜け出し、力を手にした感覚。エイミーやジュニ、リンダ、サリカ、スクマール、ケイティ、マイクをはじめとする多くの人々は、心地よい感覚を味方につけ、それをさらに大きな変化のために生かそうと決意することによって、変わることができた。

そうすることで、破滅的な状況や繰り返される挫折、長年の自己批判を克服した。

自分の人生の主導権を取り戻し、誰もが実現できること、すなわち、すべてを変える「小さな変化」の大いなる価値を発見したのである。

謝辞

本書の出版が実現したのは、私が飛行機の夢を見てから間もなく、ダグ・エイブラムスが連絡してきてくれたことが何よりも大きい。彼はランチを一緒にしようとスタンフォードにやってきて、私の研究成果を書籍として世に送り出してはどうかと提案してくれた（ついにである）。ダグは執筆中から出版に至るまでひじょうに有益な助言をしてくれ、世界的な著作権エージェント以上の存在でいてくれた。彼は真の友人となり、インスピレーションを与え続けてくれた。ダグ、本当にありがとう。

ダグが紹介してくれたローレン・ハムリンは、私の研究成果や実体験を洗練された文章に具現化してくれる、もっとも身近な協力者となった。彼女は私の西海岸的な楽観的視点に東海岸的な堅実さを加え、私の期待を超えるものを一緒につくりあげてくれた。ローレンと仕事をするのはとても楽しかった。本書を読者の手元に、そしてできれば心にまで届けるため、彼女は献身的に活動してくれた。ローレン、「ありがとう」という言葉だけでは、私の感謝の気持ちはとても表現できない。

私が本書に取り組めるよう支援し、重要な局面において助言を与えてくれたララ・ラヴに心より感謝する。また本書のあらゆる言葉や概念、つながりを精査してくれたキャサリン・ヴァスの丁寧な仕事にも大変感謝している。悪い知らせを私に伝えるときの気づかいや、私の考えがよりよく伝わるよう尽力してくれたことに敬意を表したい。

ホートン・ミフリン・ハーコート社の担当チーム、とくにブルース・ニコルスには永遠に感謝する。私の研究成果を信じ、人間の行動に関する考察を幅広い読者に広めることに情熱を傾けてくれたことにお礼を言いたい。あなたとチームのみなさんと仕事をするのは楽しく、励みになった。

また本書を世界市場に紹介してくれる編集者と出版社にも感謝したい。編集上の見識を与えてくれたエブリー社のジョエル・リケット、アブナー・スタイン社の担当チームとカスピアン・デニス、サンディー・ヴァイオレット、マーシュ・エージェンシー社の担当チームとカミラ・フェリエ、ジェマ・マクドナー。

本書に取りかかるはるか以前から、研究を進めるにあたり多くの人々が支援してくれた。長年の共同研究者で友人のタンナ・ドラプキンに感謝する。タンナはスタンフォードやその他さまざまな場で何年もともに仕事をする中で、私が弱い分野で力を発揮し、私があきらめそうになったときはエネルギーを補給してくれた。私の研究をこれほど長いあいだ、じっくりと支えてくれたのはタンナ以外にいない。

スタンフォード大学にはほかにも長年私の研究や指導、イノベーションを支持してくれた人たちがいる。バイロン・リーブス、テリー・ウィノグラード、ロイ・ピー、キース・デヴリン、マーサ・ラッセル、フィル・ジムバルド、故クリフ・ナスなど、多くが私にインスピレーションとさまざまな機会を与えてくれた。またジェニファー・アーカー、ジョン・ペリー、トム・ロビンソン、ビル・ヴァープランク、ティナ・シーリグ、デイビッド・ケリーなど、もしかすると本人さえ気づいていない方法で私を手助けしてくれたスタンフォードの人々にも感謝する。

2011年にソーシャルメディア上での招待というささやかな方法で初めて世の中にタイニー・ハビットを紹介したとき、それが私の人生の公私においてこれほど大きな存在になるとは思いもしなかった。タイニー・ハビットを早い時期から支持して手助けしてくれた人々、とりわけリズ・ガスリッジとリンダ・フォッグ＝フィリップスに感謝する。私のプログラムに参加し、フィードバックや見識を与えてくれた人はさらに多く、実際には何千人にもなる。本書の内容には世界中の人々が貢献してくれた。

執筆中、経験を語ってくれた人々にとりわけ感謝する。本書で紹介した逸話もあれば、していないものもある。いずれにしても、みなさんの経験や意見は本書をよりよいものにし、執筆作業を楽しいものにしてくれた。マイク・コルター、エミリー・E、マロリー・エリクソン、ジュニ・フェリックス、TJ・ジョーンズ、デイビッド・キルヒホフ、シリーシャ・N、マルガリータ・キゥイース、スクマール・ラジャゴパル、エイミー・ヴェストに感謝する。

また、私に実体験や具体例を示してくれた人々にも感謝する。TJ・アグルト、ケビン・アッシャー、ジンジャー・コリンズ、ローラ・ダービーのルネ・シェイファースタイン、ジョー・ディミリア、マーク・ガリバルディ、ジョニー・ゴールドスタイン、ケイト・ハンド、ブリタニー・ハーリーン、マンジュラ・ヒギンボッサム、マヤ・ホープ、ロジャー・ハーニ、ジュハジット・デ、ブレンダン・ケイン、エリン・ケリー、エレン・カリファ、グレン・リュバート、ケビン・マカリアー、ジャスミン・モラレス、ジェマ・モローニー、スティーブ・ピーターシュミット、メアリー・パイオンコウスキー、シャーリー・リヴェラ、ラミット・セティ、ウィンギー・シン、マイケル・スタウィッキー、カディージャ・タヘラ、ルネ・タウンリー、マイケル・ウォルター、バート・ホワイトエーカー。

執筆中に緊急事態が起きるたびに、また平時においても手助けしてくれた同僚のステファニー・ウェルディにも深く感謝したい。彼女はほとんど毎日私のために道を切り拓いてくれた。インタビュー（実在する人々の実際の経験談）を担当し、本書の雰囲気や語調を決める手助けをしてくれた。

タイニー・ハビットで指導した専門家たちは、ここでは書ききれないほど多くの点で本書を前進させてくれた。タイニー・ハビットの認定コーチのみなさん、私のメソッドに時間を費やし、本書が万人に有益となるよう努力してくれてありがとう。

大きな影響を与えてくれたコーチを何人か失念しているかもしれないが（たいへん申し訳ない）、ここに本当に熱心に協力してくれた（そして頭に浮かんでくる）方々の名を挙げておく。エイミー・ヴェスト、ジュニ・フェリックス、エディット・アサイベイ、ジョシュア・ボーンスタイン、クリスティアナ・バーク、チャーリー・ガーランド、キャサリン・ヒックマン、マンジュラ・ヒギンボッサム、ジョシュア・ホーリングスワース、ジェイソン・コプロウスキー、シェリー・ロイド＝ハンキンソン、マーティン・マーク、ルビー・メノン、シャーリー・リヴエラ、クリスティーン・シルヴェストリ、デーブ・スペンサー、デブ・テプロウ、アーウィン・ヴァレンシア、ミッシェル・ウィンダース、ミサコ・ヨク。

本書のきわめて重要な部分にインスピレーションを与えてくれた、人間の感情の専門家にもお礼を言いたい。ジェームズ・グロス、リサ・バレット・フェルドマン、アーロン・ワイドマン、ミッシェル・トゥガデ。忙しい中、わざわざ時間をつくって支援してくれてありがとう。

広義の意味でのリサーチャーとして、私が事実関係をきちんと把握できているか確認してくれた、エレナ・マルケス・セグラ、ブラッド・ライト、デイビッド・ソベルをはじめとする大勢の方々に感謝する（デイビッドは、何年も前に開催したブートキャンプで「モチベーションの波」という表現を提案してくれた）。

私はスタンフォードにやってくる以前に、私の思考を形成し、重要なスキルを習得する意欲を刺激してくれた恩師のもとで学ぶことができた。本書へと続く扉をいち早く開けてくれた方々である。ドナ・マクレランド、クレイン・ロビソン、クリスティーン・ハンセン、ドン・ノートン、ビル・エギングトン、チョーンシー・リドル、ジョン・スターリング・ハリス。

また、あらゆる場所で私を支えてくれたさまざまな人たちにも感謝したい。デイビッド・ノー、デレック・ベアード、マイケル・フィッシュマン、ラミット・セティ、ローリー・サザーランド、ジム・クウィック、ジョー・ポーリッシュ、ティム・フェリス、アミール・ダン・ルーベン、マーク・ベルトリーニ、パーサ・ナンディ、ヴィク・ストレチャー、キーラ・ボビネット、ジェフリー・ブランド、マーク・トンプソン、ラジブ・クマル、ソハイル・アグハ、テッド・エイタン、トム・ブルー、ベンジャミン・ハーディー、ジュリアン・ギモン、ジェイソン・フリア、ハイテン・シャア、ディーン・エックルス、マニーシュ・セティ、トニー・スタブルバイン、ヴィシェン・ラキアニ、バリー・オライリー、アンドリュー・ジマーマン、エスター・ウォジスキ。

執筆中、私が地に足をつけ、活動的で明るく過ごせるようにしてくれたマウイの友人たちにも感謝したい（本書の大部分はマウイ滞在時に執筆した。言うまでもなく、素晴らしい経験だった）。ドロシー、ジェン、ミッチ、ボブ、ワンダとそのほかの友人たち、いつも気にかけ、励ましてくれてありがとう。キヘイの入り江で「夜明けのパトロール」を欠かさず行っていたサーファーやパドルサーファーにも感謝したい。トミー、グレン、ブランディス、ダナ、ジェフ、ロージー、ミッチ、ジョン、そのほかのみなさん。毎朝一緒にサーフィンをするとき、本書についてはほとんど話さなかったが、みなさんのアロハと励ましにエネルギーをもらってその日の仕事に打ち込むことができた。ありがとう（マハロ）。

姉のリンダにも特別にお礼を言いたい。世の中に広く伝えるために、驚くべき寛容さで自分の体験や苦悩を語ってくれた。改めて尊敬している。両親のゲイリーとシェリル・フォッグにも同じくらい心から感謝する。二人は10年ものあいだ、本書を執筆するよう励ましてくれた。行動モデルとタイニー・ハビットのほんの初期段階から、有益なフィードバックや助言を与えてくれた。私の人生と私が世界に与える影響において、昔から家族が最大の支援者であることは言うまでもない。

最後に、人生のパートナー、デニス・ビルズに大きなハグを。彼は20年以上にわたり、人間行動学に取りつかれてきた私の情熱にひたすら耐えてくれた。私の食事を気にかけ、心地よく過ごせるようにしてくれただけでなく、タイニー・ハビットや行動デザイン、行動モデルなどについて数えきれないほど多くの実験を快く引き受け、おそろしく長いあいだ私の話を聞いてくれた……大変なことだ。彼の揺るぎないサポートのおかげでとてつもなく大きな力を手にし、私は研究と学習、応用を重ね、研究の成果を何千人もの人々と、そして本書の読者であるみなさんと分かち合うことができたのである。

訳者あとがき

本書は行動科学の知見に基づき、前向きな習慣を確実に手に入れる方法をまとめた本です。「習慣を身につける」方法だけでなく、「望ましくない習慣をやめる」方法から「周囲の人をよりよく変える」方法まで、習慣にまつわるあらゆることが網羅されています。

魔法の杖、黄金の行動、真珠の習慣、モチベーション・モンキー、セレブレーション猛アタック、スーパー冷蔵庫、忍者……本書にはこうした楽しげなキーワードが次々と登場し、各章には簡単なエクササイズもついています。そのため親しみやすく、楽しく読めますが、内容はかなり充実していて、効果も絶大です。

著者のＢＪ・フォッグ博士は、行動科学者として90年代の初頭から人間とテクノロジーの関係をめぐる研究を始め、２００７年にはスタンフォード大学で行った「フェイスブック・クラス」と呼ばれる授業で一躍有名になりました。

課題として、学生にフェイスブック上で利用するアプリを開発させたところ、そのうちいくつかが大ヒットし、シリコンバレーの新たな潮流、リーンスタートアップの先駆けとなったのです。インスタグラムの共同創業者の1人も、フォッグ博士の講義からインスピレーションを受けました（145ページ参照）。

やがて博士の関心は人間の行動全般へと広がり、小さなことから始めて習慣を定着させる「タイニー・ハビット」の手法を開発し、本書の出版により各方面からさらに注目を集めています。たとえば、ナイキはホームページで「習慣化のコツ」としてタイニー・ハビットを大きく紹介しています。また、意外なところでは、日本の農林水産省がセミナーで博士の行動モデルを取り入れています。

本書は、そんな著者の20年以上にわたる研究と、指導者としての経験を凝縮した一冊です。

第1章では、行動が「モチベーション、能力、きっかけ」という、たった3つの要素によって生まれるメカニズムが解き明かされます。

第2章から第4章では、習慣を身につけるにあたって、3つの要素を調整する方法が紹介されています。第2章では「モチベーション」に関する私たちの誤解に触れ、願望を明確にし、その実現に向けて適切な行動を選ぶ方法が述べられています。第3章では「能力」に着目し、小さく始めることの大切さについて、第4章では、すでにある日課に小さな習慣と「きっかけ」を組み込むことで、行動を定着させる手法が説明されます。

第5章は「自分をほめる」効果について書かれた章で、読んでいてとても元気づけられます。

著者は「あなたが本書からひとつだけ学ぶとすれば、『成功を祝福すること』であってほしい」と述べていて、それくらい大事な章です。

第6章では、小さな習慣を「大きく育てる」ことについて考えます。じつは私は、著者が例にあげる「歯を1本だけフロスする」というような小さな習慣が、本当に有意義な習慣へと成長するのだろうかと半信半疑でした。ところが、ここまでの内容を実践してみると、サボりがちだったウォーキングの習慣がしっかりと定着し、まさにこの章に書いてあるように、健康全般への意識が高まるという波及効果まで得られることを身をもって経験しました。

第7章は「悪習をやめる」方法について。あらゆる誘惑に囲まれている今日の社会を考えれば、かなり実用的な章だといえるでしょう。

最後の第8章は、周囲の人々と「一緒に変わる」ことがテーマです。家庭や職場などで本書の手法を応用する秘訣や具体例が紹介されています。

人々が前向きな変化を起こせるように手助けしたいというフォッグ博士の情熱が詰まった本書を、日本でも大勢の方々が手に取ってくださることを願ってやみません。

最後になりますが、拙訳をフォローし、本書が日本の皆さまに最良のかたちで届くようにご尽力くださった、ダイヤモンド社の三浦岳氏に心よりお礼申し上げます。

2021年5月

須川綾子

行動デザインの格言

私は行動変化をデザインするうえでもっとも重要な原則を突き止めるのに、10年以上もかかった。そうしてようやく見つけた答えを、「格言」と呼んでいる。その重要性は明らかだ。この2つの格言を守らなければ、どんな製品もサービスも長期的に消費者の心をつかむことはないだろう。

この2つの格言は、私たちの人生における変化をデザインするうえでも有効だ。

本書で説明したように、重要なのは、❶その人がしたいと思っていることをできるよう支援すること、❷達成感を実感できるよう支援することに尽きる。

フォッグの格言 1

自分または相手がしたいと
思っていることを
できるよう助ける。

フォッグの格言 2

自分または相手に
達成感を実感させる。

▶「出張」のためのタイニー・ハビット

1. 自宅で搭乗券をプリントアウトしたら、iPad に新しいオーディオブックや映画をダウンロードする。
2. スーツケースの荷造りがすんだら、出発当日の朝にすべきことのリストをつくる。
3. 空港でセキュリティチェックを終えたら、機内に持ち込むコブサラダを買う。
4. 搭乗ゲートに着いたら、脚と肩をストレッチする。
5. 座席に座ったら、ヘッドホンを着けて TED を視聴する。
6. キャビンアテンダントに不健康な軽食を勧められたら、「結構です」と断る。
7. 目的地に着陸したら、パートナーに「無事着いた」と絵文字付きでメールする。
8. ホテルの部屋に入ったら、仕事に必要なものと服をスーツケースから出す。
9. ホテルの部屋に置いてあるお菓子を見つけたら、クローゼットか引き出しの中に隠す。
10. ホテルの部屋で荷物を整理したら、ジムの場所を確認する。
11. ドアに「起こさないでください」の札をかけたら、スマホのホワイトノイズのアプリを起動する。
12. ベッドに入ったら、パートナーに電話する。
13. 朝、目覚ましが鳴ったら、体を起こしてカーテンを開ける。
14. フロスをしたら、にっこりして「今日は素晴らしい日になる」と言う。
15. コーヒーを飲むために座ったら、メモを取り出してミーティングに備える。
16. ミーティング中に人の名前が出てきたら、メモを取る。
17. 帰りの便のセキュリティチェックを終えたら、子どもたちにちょっとしたお土産を買うために店に寄る。
18. 搭乗ゲートに着いて座ったら、パートナーにフライトの状況についてメールする。
19. 帰りの飛行機で席に着いたら、出張のお礼をするべき人のリストをつくる。
20. 帰宅したら、荷ほどきしやすいように、スーツケースのファスナーをすぐに開ける。

う。

17. 午後の軽食をすませたら、タイマーを10分後にセットして昼寝する。
18. プロジェクトルームに入ったら、ドアを閉めて「使用中」の札を掲げる。
19. プロジェクトの会議が始まったら、メモを取る（よく集中できるように）。
20. 職場から帰宅するとき、「私はなんでこんなに集中力があるんだろう？」と言う。

▶「悪習をやめる」ためのタイニー・ハビット

1. ヒゲを剃ったら、「噛むと苦いマニキュア」を1本の指の爪に塗る。
2. 車に手荷物を積んだら、スマホをトランクに入れる。
3. 寝る支度ができたら、ベッドでフェイスブックを見ないようにスマホは朝まで別の部屋で充電する。
4. 夜、パソコンの電源を切ったら、デスクがこれ以上散らからないように書類を箱に入れる。
5. 家を出たら、ファストフード店を避けるルートで職場まで運転する。
6. 夕食がすんだら、夜に間食しないようにすぐに歯を磨く。
7. 夕食の調理を始めたら、自分用にアルコール以外の飲み物を注ぐ。
8. 食べる分だけおやつを取り出したら、容器を閉めて見えないところに片づける。
9. ワインを1杯飲み終わったら、グラスに洗剤を入れる。
10. パーティ会場に着いたら、タバコは車内に置いたままにする。
11. オフィスで自分の席に着いたら、スマホを機内モードにする。
12. 車の運転席に座ったら、スマホをおやすみモードにする。
13. 夕食がすんだら、おかわりをしないように皿の中に食べこぼしたものを入れる。
14. メインディッシュを食べ終えたら、残したフライドポテトをすぐにフリーザーバッグに入れて冷蔵庫にしまう。
15. パーティ会場に着いたら、主催者に「今日は飲まない」と言う。
16. スロットマシンから離れたら、残ったお金を友人に渡して「もうギャンブルさせないでくれ」と言う。
17. レストランに到着したら、スマホの電源を完全に切る。
18. レストランで席に着いたら、「パンもフライドポテトも結構です」と言う。
19. 用を足したら、便座を下げる。
20. 夜、テレビの電源を切ったら、Wi-Fiのルーターも切る。

16. 親しい友人とイベントに参加したら、短いお礼のメールをする。
17. 焼き菓子をつくったら、隣人や友人におすそわけする。
18. 子どもたちからプレゼントが届いたら、「○○が届きました。とても心のこもった贈り物をありがとう！」とひと言メールする。
19. パートナーとの日帰り旅行を計画したら、何かぜひ見たいものや、やりたいことがあるか聞く。
20. 週末の旅行の準備をしたら、訪問先の人たちが喜びそうなものを荷物に加える。

▶「集中力を持続する」ためのタイニー・ハビット

1. 職場の入り口に足を踏み入れたら、スマホを機内モードにしてリュックにしまう。
2. オフィスに着いてリュックを置いたら、すぐに取りかかるべき重要な仕事を選ぶ。
3. 重要な仕事を選んだら、机の上から気が散りそうなものをすべて片づける。
4. 机の上を片づけたら、タイマーを45分後にセットする。
5. タイマーをセットしたら、ヘッドホンを着け、邪魔しないでほしいという合図を周囲に送る。
6. ヘッドホンを着けたら、パソコンの不要なウィンドウをすべて閉じる。
7. タイマーが鳴ったら、次にすべき作業をリストアップして少し休憩する。
8. 休憩で外のベンチに座ったら、3回か、それ以上深呼吸するあいだ瞑想する。
9. オフィスに戻ったら、コーヒーを入れ直す。
10. 急いで返信すべきメールがないことを確認したら、すぐに返信できないことを伝える自動返信機能をオンにする。
11. 昼食に出かけることにしたら、プロジェクトの次のステップ（オフィスに戻ってきたら、すぐにすべきこと）を書き出しておく。
12. カフェテリアで昼食の席に着いたら、急ぎの用件が来ていないかスマホを確認する。
13. 昼食の食器を片づけたら、外を散歩してリフレッシュする。
14. 昼食後に急いで返信すべきメールがないことを確認したら、すぐに返信できないことを伝える自動返信機能をオンにする。
15. 次に取りかかるべきプロジェクトを選んだら、必要なステップをすぐにリストアップする。
16. 誰かに用事を頼まれたら、「すみません、ちょっと手が離せないんです」と言をつくる日を選ぶ。

12. 買い物リストをつくったら、リストにない果物か野菜を１つ加える。
13. 食料品店に着いたら、最初に野菜・果物のコーナーに行く。
14. 午後の軽食を用意したら、緑茶を１杯入れる。
15. 用事がすんで帰宅したら、Duolingo（外国語学習アプリ）を開く。
16. 午後にお腹がすいたら、ブルーベリーを少し食べる。
17. オーブンに火を入れたら、クラシック音楽をかける。
18. 夜、ビタミン剤を飲んだら、ウクレレを弾く。
19. 夕食後ソファに座ったら、感謝ノート（今日あった感謝したいことを書くノート）を開く。
20. 就寝前、目覚ましをセットしたら、聖書を一節読む。

▶「絆を深める」ためのタイニー・ハビット

1. ベッドを整えたら、配偶者を抱きしめる。
2. フロスをしたら、消せるマーカーで鏡に短い愛のメッセージを書く。
3. 午後にコーヒーブレイクをしたら、パートナーに感謝のメールを送る。
4. 素晴らしいポッドキャストを聞いたら、親友にそのリンクを送る。
5. 隣人に会ったら、手を振って「何か最近いいことありましたか？」と尋ねる。
6. 友人とコーヒーを飲んだら、彼女の人生について具体的な質問をする。
7. スーパーでグリーティングカードのコーナーを見かけたら、愛する人に送るために「あなたのことを思っています」というカードを１枚選ぶ。
8. SNS で親しい友人の誕生日に気づいたら、音声メッセージでちょっとしたお祝いの言葉を送る。
9. 毎月の家計収支表の帳尻が合ったら、やり繰りがうまくいった要因を具体的に１つ挙げて、パートナーをほめる。
10. 仕事や用事が終わって帰宅したら、配偶者や子どもたちを抱きしめる。
11. パートナーが体の痛みを訴えたら、しばらく背中をさする。
12. パートナーがストレスの多い１日だったと言ったら、「私がいるから」と応じる。
13. 夕食前に神様に感謝したら、お祈りの中でパートナーと家族への感謝の言葉も口にする。
14. 教会を出たら、帰り道に両親に電話する。
15. 親戚を訪ねたら、メールに写真を何枚か添付して感謝の気持ちを伝える。

6. 意味もなくSNSを見ていることに気づいたら、ログアウトする。
7. ミーティングの席に着いたら、ノートのいちばん上に表題、日付、参加者をメモする。
8. 電話が予定外に長引いたら、「お話しできてよかったですが、そろそろ失礼しないといけません。ほかに確認することはありますか？」と言う。
9. 重要なメールを読んだら、該当プロジェクトのフォルダーに入れる。
10. すぐに対応できないメールを読んだら、未読にしておく。
11. すぐに対応すべきメールを読んだら、「承知しました。詳細につき検討し、またすぐにお返事します」と返信する。
12. パソコンの電源を切ったら、次の日に必要なファイルを1つ用意する。
13. 帰り支度をしたら、ホワイトボードとカレンダーを確認する。
14. 職場を出たら、今日成功したことを1つ思い浮かべる。
15. 帰宅したら、カギを保管場所のフックにかける。
16. キッチンに着いたら、キッチンの充電器にスマホをさす。
17. 部屋着に着替えたら、脱いだものを1つハンガーに掛けるか畳むかする。
18. 請求書を確認したら、支払いが必要なものをまとめた封筒に入れる。
19. 請求書の束を取り出したら、銀行の通帳とカードを用意する。
20. 夜、シャワーを出したら、「自分はどうしてこんなに素晴らしく生産的なんだろう」と思う。

▶「脳の健康」のためのタイニー・ハビット

1. 朝起きて床に足をつけたら、短くお祈りをする。
2. シャワーを出したら、全身のストレッチをする。
3. コーヒーメーカーのスイッチを入れたら、1人で卓球のラリーの動作を1往復行う。
4. 朝のコーヒーを飲んだら、ヨガマットを広げる。
5. 朝刊を開いたら、クロスワードパズルのカギを1つ解く。
6. 朝食をつくったら、アボカドを3切れ追加する。
7. バスか電車に乗ったら、ハワイ語の暗記カードを1枚眺める。
8. 散歩のために外に出たら、ポッドキャストを再生する。
9. ポッドキャストを1話聞き終えたら、学べたことを1つ考える。
10. ネガティブな考えばかり浮かんできたら、本当にそうなのか自問する。
11. 1週間の予定を組むためにカレンダーを開いたら、ターメリックを使った料理

4. クォータリー（四半期）レポートを提出したら、貢献したメンバーとハイタッチする（オンラインでも、会ってでも）。
5. 顧客からネガティブな意見が届いたら、「貴重なご意見ありがとうございます。課内にて周知徹底いたします」というセリフで応じる。
6. 顧客からポジティブな意見が届いたら、そのメールをプリントアウトして休憩室の掲示板に貼り出す。
7. ミーティングの予定を入れたら、議案を提示するようメールで依頼する。
8. トイレから席に戻ったら、机の上のものを１つ片づける。
9. ミーティングの部屋に着いたら、スマホをおやすみモードにする。
10. ミーティングが終了したら、会議室の椅子をもとに戻す。
11. ホワイトボードを消したら、テーブルの上にゴミや紙切れがないか確認する。
12. スタッフが問題を報告してきたら、「前に進むにはどうしたらいちばんいいと思う？」と尋ねる。
13. ミーティングがほぼ終了したら、「今日のミーティングで驚いたことは何か？」と尋ね、メンバー全員の意見を聞く。
14. 事務用品のストックが最後の１つになったら、必要なものを総務部にメールする。
15. 毎月の社内の持ち寄りパーティの日程が決まったら、紙を回して誰が何を持ってくるか書き込んでもらう。
16. 休憩室で何か食べたら、カウンターをひとふきする。
17. 新規採用者が出社したら、オフィスを案内し、各社員に簡単に紹介する。
18. パソコンを閉じたら、書類をひと揃いファイルにしまう。
19. パソコンの電源を切ったら、書類保管棚にカギをかける。
20. 終業時にオフィスの戸締まりをしたら、照明、換気扇、暖房器具の電源をすべて切ったことを確認する。

▶「生産性を高める」ためのタイニー・ハビット

1. 今日の予定表を開いたら、仕事に必要なファイルを１つ取り出す。
2. 机に座ったら、スマホをおやすみモードにする。
3. オフィスのドアを閉めたら、散らかっているものを１つ片づける。
4. メールを読み終えたら、メールソフトを閉じる。
5. Word で新規文書を立ち上げたら、パソコンで起動中のほかのプログラムをすべて隠す。

19. テレビを消したら、次の晩まで電源を抜いておく。
20. シャワーを出したら、今日うまくいったことを１つ思い浮かべる。

▶「ストレス軽減」のためのタイニー・ハビット

1. 朝起きたら、窓を開けて何回か深呼吸する。
2. シャワーを出したら、静かに感謝のお祈りをする。
3. コーヒーか紅茶を入れたら、瞑想用のクッションに座る。
4. 子どもたちをスクールバスに乗せたら、隣人に感謝の気持ちを伝える。
5. コーヒーを飲むために座ったら、日記帳を開く。
6. 体操を始めたら、「平和は一歩一歩の中に」（禅僧ティク・ナット・ハンの言葉）と言う。
7. 出かけるまであと○○分だと気づいたら、スマホのタイマーをセットする。
8. 職場で昼食がすんだら、外を散歩する。
9. 約束の場所に到着したら、スマホをしまい、楽しいことだけ考える。
10. 帰り支度をしたら、職場の作業スペースを５分間片づける。
11. 電車で座ったら、瞑想のアプリを開く。
12. PTA に参加してほしいとメールが来たら、「今回はお役に立てず申し訳ありませんが、またお声がけください」と返信する。
13. 家族に腹を立てたら、黙って郵便受けのところまで歩いていく。
14. 犬の散歩に出かけたら、見つけた鳥や植物の名前を声に出す。
15. 夕食の後片づけをしたら、ハーブティーを入れる。
16. 子どもたちを寝かしつけたら、ろうそくを灯して天井の照明を消す。
17. バスタブにお湯をためたら、エッセンシャルオイルを数滴たらす。
18. パジャマに着替えたら、次の日仕事に使うものを１つ用意しておく。
19. 寝床についたら、目を閉じて「オーム」とマントラを唱える。
20. 枕に頭を乗せたら、今日感謝すべきことを１つ思い浮かべる。

▶「職場のチーム」のためのタイニー・ハビット

1. 職場に着いたら、いちばん遠い場所に駐車する。
2. パソコンのスイッチを入れたら、携帯の留守電を確認する。
3. 機密情報を含むメールを作成したら、必要な受信者のみに送付されるよう二重に確認する。

18. レポートやテストでいい成績が取れたら、その写真を撮って母親と祖母に送る。
19. 日曜に教会から帰ってきたら、夏休みに参加できる理系インターンシップのプログラムを1つ、じっくり調査する。
20. 自信をなくしてしまったら（どんな理由でも）、自己アピールや志望動機を読み直す。

▶「在宅ワーカー」のためのタイニー・ハビット

1. 朝起きて床に足をつけたら、「今日は最高の日になるぞ」と言う。
2. キッチンに立ったら、搾りたてのレモン果汁を水で割って飲む。
3. その日最初のコーヒーを入れたら、ストレッチをする。
4. シャワーを浴びて体をふいたら、少しだけでもローションを塗る。
5. 子どもたちが朝食の席に着いたら、「今日はどんないいことがあると思う？」と尋ねる。
6. パートナーがキッチンを片づけているのに気づいたら、抱きしめてありがとうと言う。
7. ビタミン剤を飲んだら、犬にエサをやる。
8. パートナーと子どもたちが出かけたら、腰を下ろし、少なくとも3回深呼吸するあいだ瞑想する。
9. パソコンを立ち上げたら、Notion（プロジェクト管理ツール）でチームの最新情報を確認する。
10. プロジェクトを完了したメンバーがいたら、短いメッセージか絵文字を送る。
11. その日の最優先事項を決めたら、ポモドーロ・タイマー（25分集中して5分休憩するサイクルを繰り返す「ポモドーロ・テクニック」のためのタイマー）をかける。
12. 携帯が鳴ったら、応答と同時に外に出て、ウォーキングしながら話す。
13. 電話を切ったら、腕立て伏せかスクワットを1セットやる。
14. 昼食の片づけをしたら、家のまわりをウォーキングする（歩きながら両親に電話してもいい）。
15. チームミーティングが終わったら、するべきことのリマインダーを全員に送る。
16. 子どもたちが帰宅したら、今日驚いたことを1つ教えてもらう。
17. 暗くなってきたら、ブルーライトをカットする眼鏡をかける。
18. 夜、最初のテレビコマーシャルを観たら、マッサージ用フォームローラーを取り出す。

思う？」と尋ねる。

16. 新しいスタッフを採用する書類を作成したら、その人の誕生日をカレンダーに追加する。
17. 自分について好意的な評価を書面でもらったら、そのメールもしくは書類を勤務評価用のフォルダーに入れる。
18. 終業時にパソコンの電源を切ったら、机の上の書類をひと組整理して保管する。
19. 帰りの荷物をまとめたら、書類整理棚の引き出しにカギをかける。
20. オフィスのドアを閉めたら、駅に向かいながらその日自分が成し遂げたことを1つ考える。

▶「大学で成功する」ためのタイニー・ハビット

1. 目覚ましが鳴ったら、体を起こすために片足を床につける。
2. シャワールームに入ったら、「今日は素晴らしい日になる」と言う。
3. コーヒーメーカーのスイッチを入れたら、部屋にあるものを1つ片づける。
4. リュックに本を入れたら、冷蔵庫から取り出した健康的な軽食も入れる。
5. 自転車を出したら、ヘルメットをかぶる（たとえ髪が乱れても）。
6. 図書館に着いたら、ほかの利用者から離れたいちばん奥の席に座る。
7. 宿題を取り出したら、スマホを機内モードにする。
8. 月・水・金曜の午前の講義が終わったら、母親か祖母に電話する。
9. 昼食のために座ったら、リンクトインを開き、看護についての最新ニュースを読み、つながりを広げる。
10. 勉強会を終えたら、メンバーに心からお礼を言う。
11. 授業のために席に着き、パソコンを開いたら、Wi-Fiを切る。
12. 大学の購買部に行ったら、お菓子の棚は見ない（誘惑が多すぎる！）。
13. フリークライミング用の壁を登る装備を着けたら、十字を切って人生における困難を与えられたことに感謝する。
14. 食堂で皿を手に取ったら、野菜とタンパク質をメインによそう。
15. 夕食のトレイをベルトコンベアに置いて片づけたら、静かなラウンジに移動し、資産管理の本を読む。
16. 友だちからクラブに行こうと誘われたら、にっこりして「ありがとう、でも今日はやめておく」と断る。
17. どんな教授からでもメールが届いたら、「承知しました。ありがとうございます」だけでもすぐに返信する。

浮かべる。

18. 私が休憩できるように隣人が来てくれたら、ハグをして何時に戻れるか伝える。
19. 子どもたちが「おばあちゃんの具合は？」と尋ねたら、どんな状況なのか本当のことを１つ伝える。
20. 夜、母親を寝かしつけたら、キッチンか自分のスペースにあるものを１つ片づける――そして「これで十分」と言う。

▶「管理職になりたての人」のためのタイニー・ハビット

1. 朝食のためテーブルに着いたら、カレンダーアプリを開いて１日の予定を確認する。
2. 出勤のために着替えをしたら、前向きになれる格言を１つ読む。
3. オフィスに着いたら、誰に会っても笑顔であいさつする。
4. 1on1のミーティングのために部屋のドアを閉めたら、相手がどんな調子かわかるような具体的な質問をする。
5. 同僚がストレスを感じていることに気づいたら、長所を指摘する。
6. 1on1のミーティングが終わったら、相手が貢献してくれたことを１つ強調する。
7. 上司から新プロジェクトについて聞いたら、スラック（チャットアプリ）に専用の新しいチャンネルを作成する。
8. 週に一度のスタッフミーティングを始めたら、あいさつ代わりに気軽な質問をし、全員にひと言答えてもらう（例：「最近旅行した都市は？」「好きな調味料は？」「繰り返し聴くアルバムは？」）。
9. 論点が曖昧になりつつあったら、「確認するけど、私たちは○○をしようとしてるんだよね？」と声をかける。
10. すべての議題を検討し終えたら、ほかに話し合うべきことがあるか、メンバーに確認する。
11. 会議が終わったら、メンバーの誰かに各自のやるべきことを全員にメールするよう依頼する。
12. ランチボックスを片づけたら、ウォーキングシューズを履く。
13. 昼食後オフィスに戻ったら、チームの誰かのところへ寄り、「今日、私にサポートできることはあるかな？」と尋ねる。
14. 外での打ち合わせに出かけたら、受付のスタッフに前向きな言葉をかける。
15. 部下が問題を相談してきたら、「前に進むには、どうするのがいちばんいいと

14. 加工したい写真を選んだら、1か所だけ加工する。
15. シャワーを出したら、自分の体について前向きなことを1つだけ考える。
16. シャワーを止めたら、手すりにしっかりつかまってシャワーから出る。
17. タオルをかけたら、肌の乾燥しているところにクリームを塗る。
18. 下着を着けたら、ストレッチをして爪先を触る。
19. 家に友だちが来たら、心からのほめ言葉をかける。
20. ダンスの音楽をかけたら、「2人だけの世界にひたって踊ろう」とささやく。

▶「介護者」のためのタイニー・ハビット

1. 母親の様子を見るため夜中に起きたら、母親に聞こえなくても励ましの言葉をささやく。
2. 目覚ましが鳴ったら、床に足を置いて「今日は素晴らしい日になる――少しくらいは」と言う。
3. 犬にエサをやったら、聖書の少なくとも一節を読む。
4. 母親に朝のお茶を運んだら、「お気に入りのものについて何か1つ話して」と言う。
5. パートナーが朝食をつくってくれたら、座って食べはじめる前にぎゅっと抱きしめる。
6. パートナーが職場に行くのを見送ったら、座って3回深呼吸する。
7. 母親の今日の予定を確認したら、驚かせないようにあらかじめ伝えておく。
8. スポンジで体をふく用意をしたら、母親の手を握ってほほ笑みかけてから開始する。
9. 医師にメールで質問したら、内容を介護ノートに書き込む。
10. 母親のリハビリを手伝ったら、よくできたことを何か1つほめる。
11. 母親に薬を飲ませたら、介護ノートに記録する。
12. 母親が昼寝したら、好きな本を広げてその世界に没頭してみる。
13. 母親の包帯を交換しはじめたら、家族の楽しい思い出を話す。
14. フェイスブックにログインしたら、介護者として直面している困難について1つだけ投稿する。
15. 母親が私の介護のやり方や料理について文句を言ったら、「お母さんには意見を言う権利があるわ」とだけ言い、それ以上は何も言わない。
16. 思いきり泣いたら、顔を洗い、鏡を見て「あなたならできる」と言う。
17. 医療制度に不満を抱いたら、電話で愚痴を聞いてくれそうな友人を1人思い

5. 3時を過ぎたら、コーヒーはやめて水を飲む。
6. 職場から帰宅したら、寝室ではなくキッチンで携帯を充電する。
7. 夕食をオーブンに入れたら、マグネシウムのサプリを飲む。
8. 夜、食洗機のスイッチを入れたら、家中の照明を暗くする。
9. 夕方になって照明をつけたら、すぐにブルーライトをカットする眼鏡をかける。
10. 夜、テレビをつけたら、メラトニンのサプリを飲む。
11. テレビのクイズ番組を観終わったら、就寝に向けた日課を始める。
12. 夜8時を過ぎたら、電子機器の使用と、スクリーンを見るのをやめる。
13. 夜、戸締まりをしたら、暖房器具の設定温度を21℃に下げる。
14. 夜、フロスをしたら、ホワイトノイズマシンをつける。
15. ホワイトノイズマシンをつけたら、カーテンを閉めて部屋を真っ暗にする。
16. カーテンを閉めたら、寝室にラベンダーの香りのスプレーをする。
17. ベッドに入っても眠くならなかったら、かすかな明かりのもとでリラックスできる本を読む。
18. 夜中に起きたくなったら、15秒ほど横になったまま我慢する。
19. 夜中に何度も時計を見てしまったら、もう見ないように時計を反対向きにする。
20. 夜中に何か問題について悩み始めたら、「明日考えればいい」と自分に言い聞かせる。

▶「活発なシニア」のためのタイニー・ハビット

1. お茶を入れたら、薬を用意する。
2. 朝刊を取ってきたら、3回深呼吸する。
3. 朝刊を読み終えたら、お気に入りの曲をかけて、少し踊る。
4. 朝食の席に着いたら、薬を1種類飲む。
5. 朝食の食器を洗い終えたら、ウォーキングシューズを履く。
6. 散歩に出かけたら、きょうだいに電話する。
7. 遊歩道に到着したら、カメラアプリを起動して写真を1枚撮る。
8. 自宅前の道まで戻ってきたら、郵便受けを確認する。
9. 庭の門を開けたら、立ち止まって「毎日が贈り物だ」と言う。
10. 庭仕事用の手袋をはめたら、雑草を3本抜く。
11. 美しく咲いた花に気づいたら、花瓶に飾るために何輪か切る。
12. ウォーキングシューズを脱いだら、コップに水を注ぐ。
13. ソファに座ったら、写真加工用アプリを起動する。

タイニー・ハビットの「300のレシピ」

さらに多くのレシピについては https://tinyhabits.com/1000recipes/（英語）を参照のこと。

▶「働く親」のためのタイニー・ハビット

1. 目覚ましが鳴ったら、すぐに止める（スヌーズ機能を使わない）。
2. 朝起きて床に足をつけたら、「今日は素晴らしい日になる！」と言う。
3. キッチンに足を踏み入れたら、大きなコップ1杯分の水を飲む。
4. コーヒーメーカーのスイッチを入れたら、ランチボックスを取り出す。
5. 卵を調理し始めたら、ビタミン剤を用意する。
6. シャワーを出したら、スクワットを3回（もしくはそれ以上）する。
7. ベッドメーキングをしたら、服を洗濯機に入れてタイマーをセットする。
8. 子どもたちが登校したら、仕事のやることリストを取り出す。
9. シートベルトを締めたら、オーディオブックを再生する。
10. 職場の駐車場に到着したら、いちばん遠い場所に駐車する。
11. デスクに着いたら、スマホを機内モードにする。
12. 迷惑メールのフォルダーを整理したら、チームのメンバーにひと言声をかけてまわる。
13. 朝の会議が終わってデスクに戻ったら、今日の最優先事項をリストアップする。
14. 昼食がすんだら、職場のビルのまわりを少なくとも一周する。
15. 終業時にパソコンの電源を切ったら、デスクを素早く片づける。
16. 職場の駐車場を出たら、スポーツジムに向かう。
17. 職場から帰宅したら、子どもたちを抱きしめる。
18. 食洗機をスタートさせたら、カウンターにあるものを少なくとも1つ片づける。
19. 子どもたちにおやすみと言ったら、電話できそうな大好きな相手を1人思い浮かべる。
20. ベッドに入ったら、聖書を開いて少なくとも一節読む。

▶「よりよい睡眠」のためのタイニー・ハビット

1. 朝、目覚ましが鳴ったら、スヌーズ機能を使わずに起きる。
2. 朝、靴を履いたら、自然の光を浴びるために外に出る。
3. 昼食がすんだら、外に出て太陽の自然な光を浴びる。
4. 昼寝をすることにしたら、30分以上寝ないようにアラームをセットする。

92. 素早くダンスのターンをする。
93. 「その調子！」と言う。
94. 犬のようにしっぽがあるつもりになって、うれしくて振っているところを想像する。
95. Vサインをして「勝ったぞ！」と言う（もしくは、思う）。
96. 一人でグータッチをしてからお辞儀をする。
97. 浴室の鏡に映った自分とハイタッチする。
98. きらめくオーラが自分を取り巻くのを想像する。
99. 声をあげて笑う。
100. 『原始家族フリントストーン』のフレッドになりきって「ヤバダバドゥー！」と言う。

60. 誇らしげに肩を払う仕草をする。
61. 自分のために短く拍手をする。
62. 愛する人にぎゅっと抱きしめられるところを想像する。
63.「よーーーし！」と言う。
64.「よくできました！」と思う。
65. 元気の出るポーズをする。
66. 愛する人を出迎えるとき、自分がどんな表情をするか思い浮かべる。
67. 両手を上げて飛び跳ねる。
68. ボディビルダーのようなポーズをする。
69. 息を吸い込み、エネルギーが入ってくるのを想像する。
70. 両手を広げて指をひらひらと動かす。
71.「タッチダウン！」と言ってアメフトの審判のように両手を上げる。
72. 花の香りをかぐ。
73. お気に入りの浜辺にいるのを想像する。
74. 優雅にお辞儀する。
75. わが子とハイタッチする。
76. スロットマシンで大当たりしたときの音を想像する。
77. 鏡を見つめて、「すごく誇りに思うよ！」と言う。
78. 胸をたたく。
79. 最高の気分になるまで、「S・U・C・C・E・S・S！　これがサクセスというものだ！」と繰り返し唱える。
80.「♪ヘイ・ナウ・ユー・アー・ロックスター！」とスマッシュ・マウスの「オールスター」を歌う。
81. 愛犬と一緒にいるときの心地よい気分を思い浮かべる。
82. ウサイン・ボルトの勝利のポーズをする。
83. 一人でハイタッチをする。
84. 心の中がにっこりしている気分を思い浮かべる。
85.『ベスト・キッド』の鶴の構えをする。
86. 満面の笑みで「やった、やった！」と言う。
87. 自分の背中を軽くたたく。
88. 何度も指を鳴らす。
89. 変化を受け止めるイメージで、両腕を大きく広げる。
90.「主よ、感謝します」とささやく。
91. 映画スターのように投げキッスする。

27. 「いただき！」と言って指を鳴らす。
28. 両手を腰に当て、胸を張る。
29. 「そう、私は習慣を身につけるのが得意」と自分に言う。
30. 胸を張って堂々と部屋を歩き回る。
31. 「よくやった！」と言うか、心の中で思う。
32. こぶしで3回左胸をたたく。
33. 先生からトロフィーをもらうところを想像する。
34. わが子が笑いかけてくれる姿を思い浮かべる。
35. 右手と左手で交互にガッツポーズをする。
36. 祝福のダンスをする。
37. 「よし、いただき！」と思う。
38. チョコレートの味を思い浮かべる。
39. 何か明るい黄色のものを見つめる。
40. うきうきと手をこすり合わせる。
41. 父親に「おお、すごいな！」と言われるところを思い浮かべる。
42. 自分のこぶしを突き合わせてグータッチし、パッと手を開く。
43. 自分の両手をパチンと合わせる。
44. トランペットが鳴っているのを思い浮かべる。
45. マーサ・スチュワートになりきって「それっていいことよ」と言う。
46. 指をパチンと鳴らす。
47. 新しい仕事の採用通知を受け取ったところを想像する。
48. 「もらったぞ！」と言う。
49. あごを上げ、遠くを見てほほ笑む。
50. 聴衆の喝采を思い浮かべる。
51. 「いいね！」と言ってうなずく。
52. 手を休め、深呼吸して成功に感謝する。
53. 両手を上げて「イェイ！　イェイ！　イェイ！」と言う。
54. 親指を何度も立てる。
55. 「大好き！」と言う。
56. 「♪セーレブレイト・グッド・タイムス・カモン！」とクール＆ザ・ギャングの「セレブレーション」を歌う。
57. 「私って本当に○○がうまい」と自分をほめる。
58. 陽気な歌を口笛で吹く。
59. 息を吐き出して「よし！」と言う。

祝福で「シャイン」を感じる100の方法

シャインを感じ、新しい習慣を脳に定着させる祝福の方法はたくさんある。

以下、私が養成してきたタイニー・ハビットのコーチが勧める方法の一部を紹介する。リストの中には、あなたには合わない方法もたくさんあるだろう。ひどくばかげていると思えるものもあるかもしれないが、問題ない。祝福の方法は100通りもいらない。1つで十分だが、さらに見つけられたらなおよい。

このリストを使ってどんな選択肢があるか検討し、自分にふさわしい祝福を見つけよう。

1. ガッツポーズをしながら「やった！」と言う。
2. 楽しいリズムで壁や机をたたく。
3. 母親にぎゅっと抱きしめられるのを想像する。
4. 小さくうなずく。
5. バスケットボールで超ロングシュートを決めたつもりになる。
6. 自分のために花火が打ち上げられたところを想像する。
7. 大きくにっこりする。
8. 両手の親指を立てる。
9. 幸せそうな顔を描いて、その気分になる。
10. 元気が出る歌をちょっとハミングする。
11. 大好きな先生に「よくできました！」とほめられるところを想像する。
12. 両腕を上げて「勝ったぞ！」と言う。
13. 親友があなたのために喜んでくれるところを想像する。
14. 自分の肩や首を軽くマッサージする。
15. 「よし、うまく変化できている」と思う。
16. プレゼントを開けるところを想像する。
17. 「まさにそのとおり！」と言う。
18. フロス・ダンスをする。
19. 紙ふぶきを投げるふりをする。
20. 「バッチリだ！」と言う。
21. こぶしを握りしめて「よし！」と言う。
22. 鏡の中の自分ににっこりする。
23. 両手でガッツポーズをして「最高！」と言う。
24. 大歓声を思い浮かべる。
25. 「いい感じ！」と言う。
26. 感謝の気持ちで両手を合わせる。

によると、自分の実績に対するフィードバックを好む人もいれば、同僚との比較で評価されることに強く反応する人もいる。

以下は私が営業成績にまつわる例を想定して作成したフレームワークである。

E いい方向に向かっている	F 一貫した努力	G さらに悪い事態が回避された	H 困難に直面したにもかかわらず
この四半期は週を追うごとに売上げを伸ばしていったね。	製品を売るのに必要なことを着実にやってこれたね。	少なくとも、コストをまかなうだけの製品を売ったじゃないか。	新しい販売地域を受け持ったのに、よくやった。
誰よりも早く販売実績を向上させているね。	同僚たちよりいつも努力しているね。	この新製品の販売担当はみんな早々にあきらめたが、きみは粘ったね。	先週は本部からの支援がなかったのに、同僚の誰よりも多く売った。
閉店セールでチームの効率を上げる力になっているぞ。	きみのたゆまぬ努力がチーム全員の成功に貢献している。	今週、きみのチームは契約をまとめられなかったが、きみの支援のおかげで誰もが多くを学んだ。	小さなチームだが、きみの力でチームはうまくいっている。
製品は売れなかったが、だんだんと潜在顧客を見つける力がついているぞ。	製品は売れなかったが、一生懸命努力して手順を忠実に守っているね。	製品は売れなかったが、病気を克服してきみは強くなったね。	製品が売れなかったのに、それでもひるまなかったね。

ポジティブなフィードバックのできる32のメッセージ

「成功した」という感覚は変化を持続させるのに役立つため、ポジティブなフィードバックのできる「32通りのメッセージ」を作成した。

すべてのタイプが誰にとっても同じように効果をもたらすわけではない。私の研究

	A 単独の出来事	B 過去最高の出来事	C 前回との比較	D 節目に到達
1 優れた業績をほめる	素晴らしい売上げを達成したね。	今週はこれまででいちばんの売上げだ。自己最高じゃないか。	先週より売上げを20パーセント伸ばしたぞ。	製品を売り切って、大きな目標を達成したね。
2 他者との比較でほめる	今日は同僚よりたくさん売ったね。	これだけの売上げは過去に誰も達成していない。新記録だ。	先月は誰よりも売上げの伸びがよかったよ。	売上げ100万ドルを達成したのはきみだけだ。
3 協力の姿勢を評価する	きみのおかげで販売チームの売上げは素晴らしい。	きみはチームの社内記録更新の立役者だよ。	きみは販売チームが先月の成績を上回るのに貢献してくれた。	きみの力があったから、販売チームは100万ドル規模の売上げを達成できた。
4 成果は悪くてもいいところをほめる	製品は売れなかったが、着実に潜在顧客を見つけたね。	製品は売れなかったが、これまででもっとも多くの潜在顧客を見つけたね。	製品は売れなかったが、今月は先月より多くの潜在顧客を見つけたね。	製品は売れなかったが、この会社に来て1年という節目を迎えられたのはいいことだ。

行動変化マスタープラン：フェーズ3

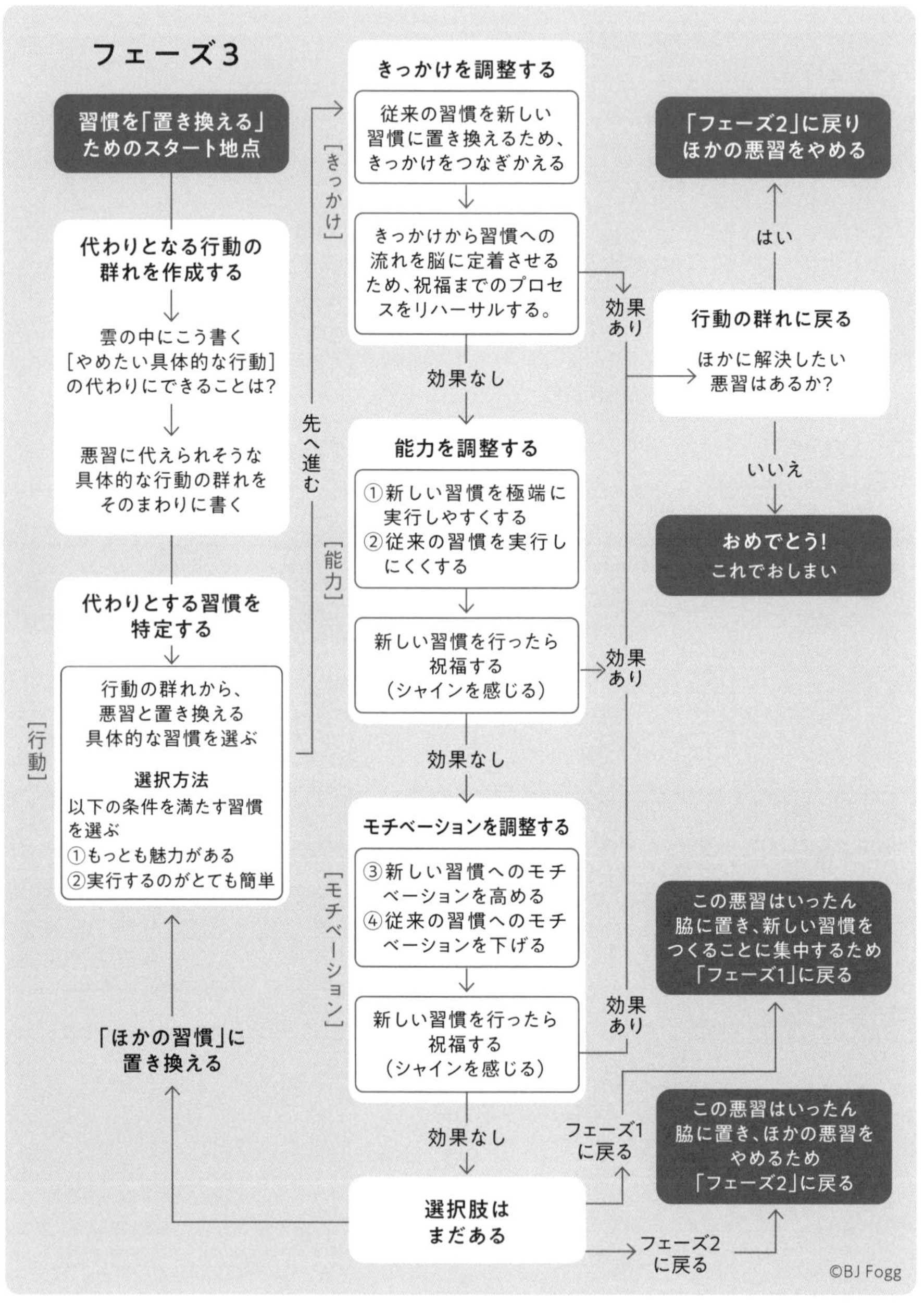

行動変化マスタープラン：フェーズ2

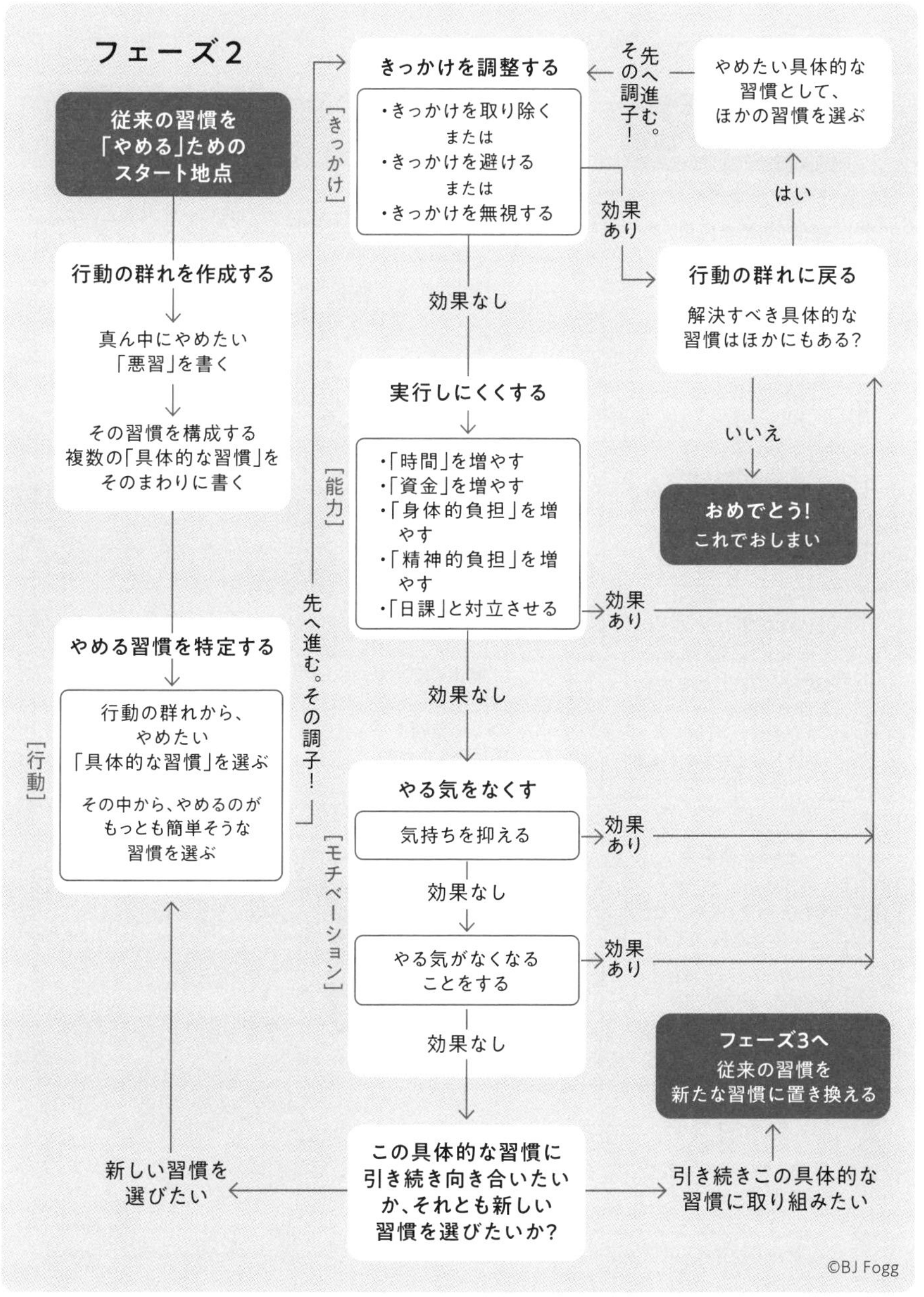

行動変化マスタープラン：フェーズ1

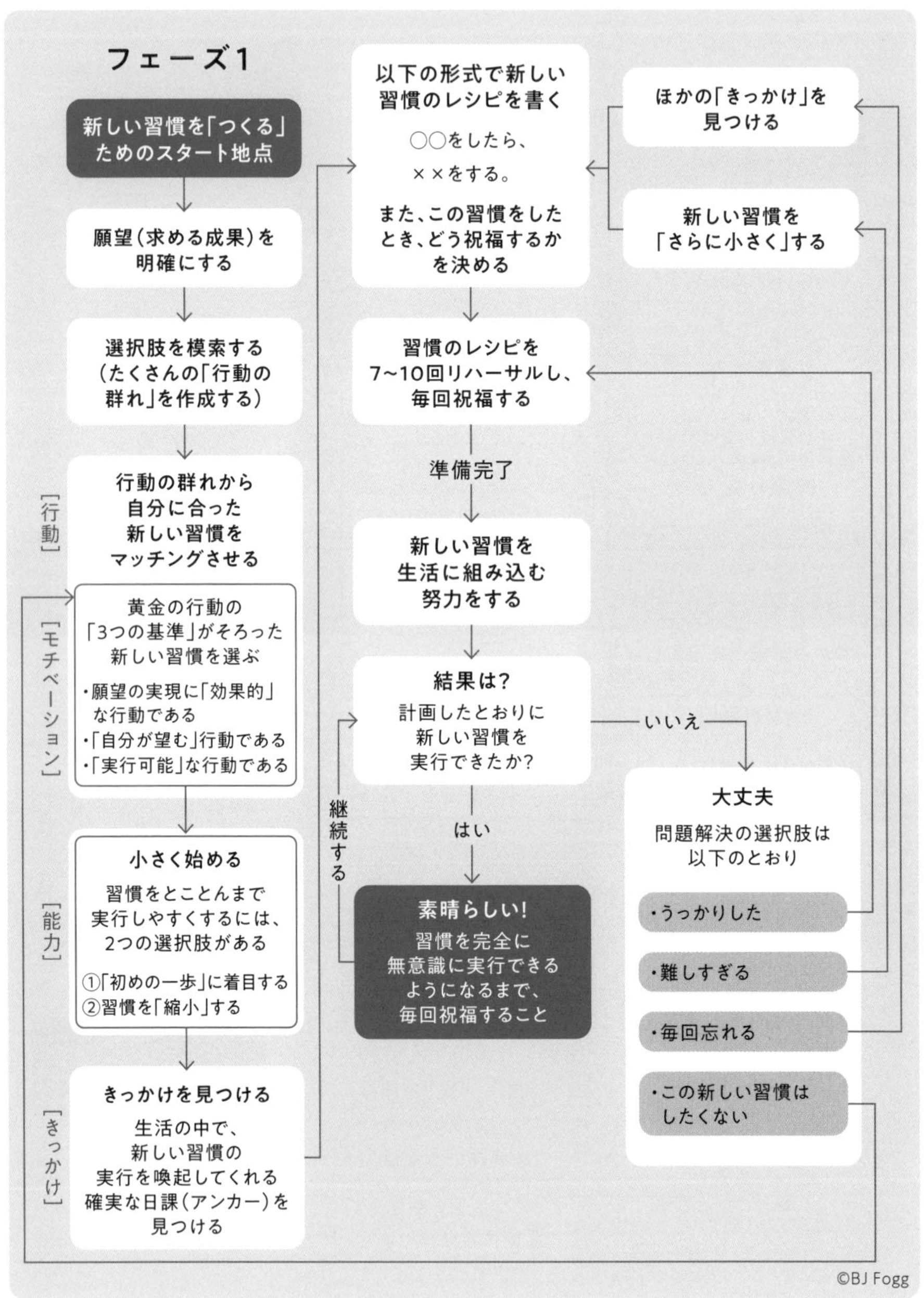

行動を実行しやすくするには?

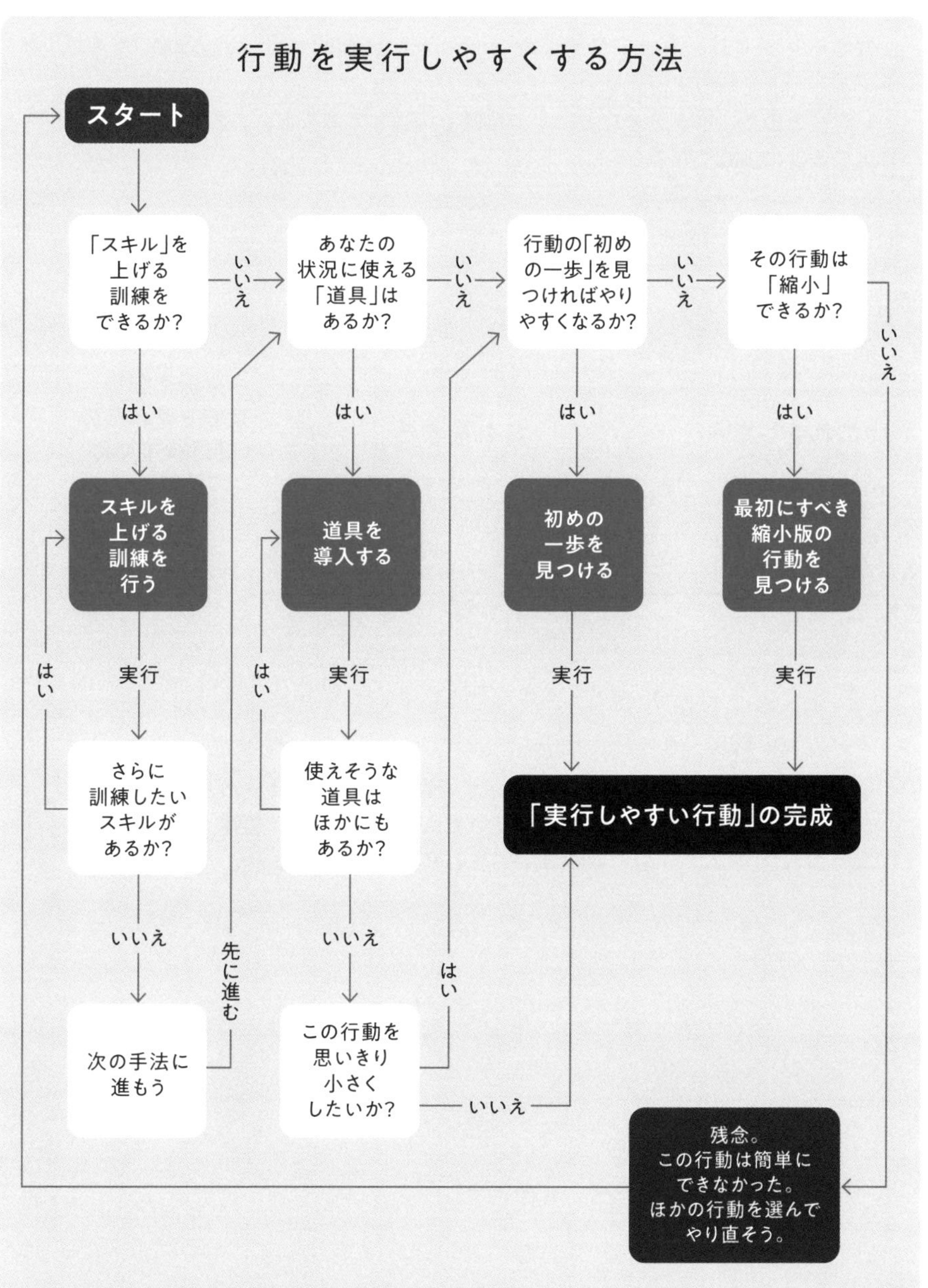

私のレシピ

習慣のレシピは、カードに書くか、https://tinyhabits.com/recipecards/（英語）のテンプレートを利用するとよい。

レシピを書き、ボックスなどにその習慣を保管しておくと、必要に応じて見直し、修正するのに役立つだろう。

私のレシピ

これをしたら……	これをする	習慣を脳に定着させるため実行後すぐにこれをする
＿＿＿＿＿＿＿＿	＿＿＿＿＿＿＿＿	
＿＿＿＿＿＿＿＿	＿＿＿＿＿＿＿＿	
＿＿＿＿＿＿＿＿	＿＿＿＿＿＿＿＿	
アンカーの瞬間	**小さい行動**	**祝福**
小さい行動を行うように思い出させてくれる既存の習慣。	身につけたい習慣をとびきり小さく、とびきり簡単にしたもの。	自分の中にポジティブな感情（シャイン）を生む動作。

タイニー・ハビットの構造

1　アンカーの瞬間

すでに習慣となっている日課（歯磨きなど）や、何かが起きたとき（電話がかかってきたときなど）。**この「錨（アンカー）」によって、「小さい行動」をすることを思い出す。**

2　小さい行動

身につけたいと思う新しい習慣を簡単にした行動。たった1本の歯をフロスする、腕立て伏せを2回だけ行う、といったこと。**「アンカー」の直後に、この「小さい行動」を実践する。**

3　祝福

ポジティブな感情を生み出す行動。たとえば「よくできた！」と自分に言う。**「小さい行動」を取った直後に自分を「祝福」する。**

行動モデルを人に教えるときに使える「2分間の台本」

ステップ1：導入

さて、人間の行動の仕組みを理解するための「フォッグ行動モデル」について説明します。説明時間は2分ほどです。

行動が実際に起きるのは、モチベーション、能力、きっかけという3つの要素が同時にそろったときです。

ステップ2：グラフを描く

このモデルをグラフで説明しましょう。縦軸はある行動に対する「モチベーション」の高低を表します。

横軸は行動を実行する「能力」を表しています。右に行くほど能力が高く、「実行しやすい」行動であることを示します。左に行くほど「実行しにくい」行動となります。

ステップ3：例

たとえば、赤十字への寄付を呼びかけるとします。相手のモチベーションが高く、それがその人にとって実行しやすい行動であれば、その人はこのグラフの右上にいるといえます。そして、この領域にいる人はきっかけさえあれば、寄付という行動を実行するでしょう。

対照的に、赤十字に寄付するモチベーションが低く、それがその人にとって実行しにくい場合、その人は左下に位置します。この人はきっかけがあっても、行動することはないでしょう。

ステップ4：行動曲線

「モチベーション」と「能力」は補完的な関係にあります。それを表すのが「行動曲線」です。行動曲線の上に位置する状態できっかけがあれば、その人は行動するでしょう。この例では、赤十字に寄付するということです。反対に、行動曲線より下に位置する状態ではきっかけがあっても、行動は起きません。

ある人が行動曲線の下にいるとき、きっかけによって行動を起こさせるには、まずはその人を曲線の上に押し上げる必要があります。そのためには、モチベーションを引き上げるか、行動を実行しやすくするか、もしくはその両方が求められます。

ステップ5：簡単なまとめ

このモデルは人間のあらゆるタイプの行動に適用できます。改めて要約すると、「モチベーション、能力、きっかけが同時にそろったとき、行動が起きる」ということです。3つのうち1つでも欠けていれば、行動は起きません。

フォッグ行動モデル

これらのグラフを転用されるときは、https://behaviormodel.org/（英語）からリクエストしてほしい。ウェブサイトには、このグラフのさまざまな変形を掲載している。

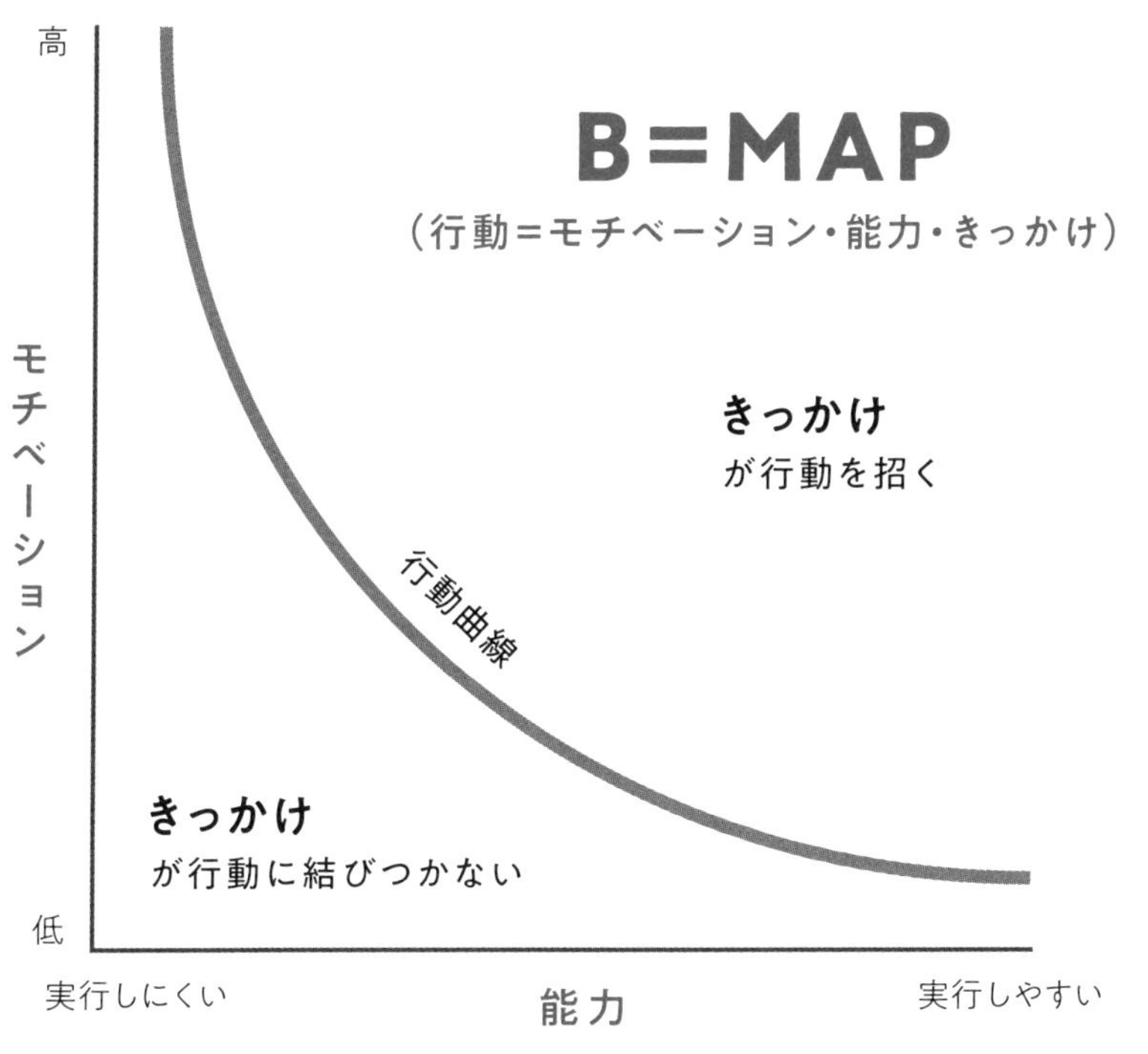

行動デザイン
モデル、メソッド、格言

この表は、行動デザインの主なモデルとメソッド、格言の一覧だ。全体像を把握できるように作成した。

モデル 行動をクリアに捉える方法	メソッド 行動をデザインする方法
■フォッグ行動モデル B=MAP （行動＝モチベーション・能力・きっかけ） モチベーション―PACパーソン モチベーションの波 モチベーションのベクトル 能力―PACパーソン 能力の鎖 きっかけ―PACパーソン	■タイニー・ハビット 「初めの一歩」戦略 「縮小」戦略 アンカーの活用（既存の日課→新しい習慣） レシピのフォーマット： 「○○をしたら、××をする」 レシピメーカー 真珠の習慣 リハーサル：アンカー→習慣→祝福 シャインを感じる祝福
■その他のモデル 行動の群れ 変化のスキル 行動変化マスタープラン フィードバック・パワーゾーン	■その他のメソッド トラブルシューティング 行動の群れを挙げる 魔法の杖 フォーカス・マッピング 発見のための質問、突破口となる質問

格言

その1：相手がしたいと思っていることをできるよう助ける。

その2：相手に達成感を実感させる。

付　録

タイニー・ハビット ツールキット

みなさんが私の研究をよりよく理解し、
利用できるようにこの付録を用意した。
では、楽しんで！

［著者］
ＢＪ・フォッグ（BJ Fogg, PhD）
スタンフォード大学行動デザイン研究所創設者兼所長。行動科学者。大学で教鞭をとるかたわら、シリコンバレーのイノベーターに「人間行動の仕組み」を説き、その内容はプロダクト開発に生かされている。タイニー・ハビット・アカデミー主宰。コンピュータが人間行動に与える影響についての実験研究でマッコービー賞受賞。フォーチュン誌「知るべき新たな指導者（グル）10人」選出。スタンフォード大学での講座では、行動科学の実践により10週間で2400万人以上がユーザーとなるアプリを開発、リーンスタートアップの先駆けとして大きな話題になった。教え子からインスタグラム共同創設者など多数の起業家を輩出、シリコンバレーに大きな影響を与えている。本書はニューヨークタイムズ・ベストセラーとなり、世界20カ国で刊行が進んでいる。

［訳者］
須川綾子（すがわ・あやこ）
翻訳家。東京外国語大学英米語学科卒業。訳書に『EA ハーバード流こころのマネジメント』『人と企業はどこで間違えるのか？』（ともにダイヤモンド社）、『綻びゆくアメリカ』『退屈すれば脳はひらめく』（ともにNHK出版）、『子どもは40000回質問する』（光文社）、『戦略にこそ「戦略」が必要だ』（日本経済新聞出版）などがある。

習慣超大全
――スタンフォード行動デザイン研究所の自分を変える方法

2021年５月25日　第１刷発行
2021年８月６日　第４刷発行

著　者――ＢＪ・フォッグ
訳　者――須川綾子
発行所――ダイヤモンド社
〒150-8409　東京都渋谷区神宮前6-12-17
https://www.diamond.co.jp/
電話／03･5778･7233（編集）　03･5778･7240（販売）

ブックデザイン―小口翔平＋畑中茜＋阿部早紀子（tobufune）
図版作成――matt's work
校正――――円水社
製作進行――ダイヤモンド・グラフィック社
印刷――――勇進印刷
製本――――ブックアート
編集担当――三浦岳

ISBN 978-4-478-10631-0